東京語における
アクセント句の形成

実験及びコーパスによるdephrasingの分析

全 美姝 Jeon Miju

Accentual Phrasing in Tokyo Japanese:
Analysis of Dephrasing Based on Experiments and Corpus

© Miju Jeon

First published 2017

All rights reserved. No part of this publication may be reproduced,
stored in a retrieval system, or transmitted in any form or by any means,
without the prior permission in writing of Kurosio Publishers.

Kurosio Publishers
3-21-10, Hongo, Bunkyo-ku, Tokyo 113-0033, Japan

ISBN 978-4-87424-739-6
printed in Japan

目　次

第 1 章　序　論 1
 1.1　本研究の目的 1
 1.2　東京語の音調型 2
 1.3　アクセント句 (AP) 6
 1.4　Dephrasing とは 10
 1.5　本研究の特徴 12

第 2 章　研 究 方 法 15
 2.1　Dephrasing の認定基準 15
  2.1.1　アクセント核 17
  2.1.2　句頭の上昇 18
 2.2　資料 20
  2.2.1　日本語話し言葉コーパス (CSJ) 20
   2.2.1.1　概要 20
   2.2.1.2　Dephrasing データの抽出 22
   2.2.1.3　CSJ のデータセット 23
  2.2.2　実験 25
   2.2.2.1　実験文 25
   2.2.2.2　話者 27
   2.2.2.3　録音 28
 2.3　分析方法 29

第 3 章　2 文節の合計モーラ数及び発話速度 31
 3.1　導入 31
 3.2　先行研究 35
  3.2.1　Poser (1984) 35
  3.2.2　Kohno (1980) 36
  3.2.3　Selkirk and Tateishi (1988) 36
 3.3　2 文節の合計モーラ数 37
  3.3.1　研究方法 37
  3.3.2　分析 38
  3.3.3　議論 43
 3.4　発話速度 43
  3.4.1　研究方法 43

ii | 目　次

	3.4.2	分析	44
	3.4.3	議論	48
3.5	まとめ		49
	3.5.1	2 文節の合計モーラ数の効果	50
	3.5.2	発話速度の効果	51
	3.5.3	今後の課題	51

第 4 章　修飾関係及び統語機能 53

4.1	導入		53
4.2	修飾関係		53
	4.2.1	先行研究	54
		4.2.1.1　McCawley（1968）	54
		4.2.1.2　Poser（1984）	55
		4.2.1.3　Kohno（1980）	56
		4.2.1.4　郡（2004, 2008, 2012）	57
		4.2.1.5　問題点	58
	4.2.2	修飾とフォーカスの相関に関する研究	58
		4.2.2.1　田窪（1987）	58
		4.2.2.2　安井（1983）	59
		4.2.2.3　金水（1986）	60
	4.2.3	研究方法	61
		4.2.3.1　CSJ からのデータ抽出	62
		4.2.3.2　実験資料	63
	4.2.4	分析	65
		4.2.4.1　CSJ の分析	65
		4.2.4.2　実験	68
	4.2.5	議論	70
		4.2.5.1　CSJ と実験資料の結果比較	70
		4.2.5.2　統語的フォーカス	71
4.3	統語機能		72
	4.3.1	問題提起	72
	4.3.2	研究方法	73
	4.3.3	資料	74
	4.3.4	分析	75
	4.3.5	議論	78
4.4	まとめ		78
	4.4.1	修飾関係の影響	79
	4.4.2	統語機能の影響	80
	4.4.3	おわりに	81

目　次 | iii

第 5 章　アクセント型の組み合わせ 83
5.1　導入 83
5.2　先行研究 85
　　5.2.1　宮田 (1927, 1928) 86
　　5.2.2　McCawley (1968) 87
　　5.2.3　Kohno (1980) 89
　　5.2.4　Poser (1984) 90
　　5.2.5　Selkirk and Tateishi (1988) 90
　　5.2.6　Kubozono (1993) 91
　　5.2.7　Sugahara (2002) 93
　　5.2.8　問題点 94
5.3　研究方法 95
　　5.3.1　CSJ からのデータ抽出 95
　　5.3.2　実験資料 97
5.4　分析 98
　　5.4.1　CSJ の分析 98
　　5.4.2　実験 99
5.5　議論 101
　　5.5.1　CSJ と実験資料の結果比較 101
　　5.5.2　アクセント型の組み合わせの影響 102
5.6　まとめと展望 103

第 6 章　フォーカス 105
6.1　導入 105
　　6.1.1　Information focus と identificational focus 105
　　6.1.2　フォーカスとイントネーション 108
6.2　先行研究 114
　　6.2.1　Poser (1984) 114
　　6.2.2　Pierrehumbert and Beckman (1988) 115
　　6.2.3　Sugahara (2002) 116
　　6.2.4　問題点及び研究方法 117
6.3　実験 118
　　6.3.1　実験文 118
　　6.3.2　録音 120
　　6.3.3　方法 120
6.4　分析 121
　　6.4.1　フォーカスの影響 121
　　6.4.2　アクセント型の組み合わせの影響 122
　　6.4.3　修飾関係の影響 124

iv | 目 次

      6.4.4　モデルの検討..126
 6.5　議論..129
      6.5.1　先行研究との結果比較...129
      6.5.2　フォーカスの効果：2 文節の前部にフォーカスがある場合...............129
      6.5.3　フォーカスの効果：2 文節の直後の文節にフォーカスがある場合.131
 6.6　まとめと今後の課題...132

第 7 章　統語境界及び 2 文節の位置......................................135
 7.1　導入..135
 7.2　統語境界...136
      7.2.1　先行研究..136
      7.2.2　研究方法..136
      7.2.3　分析..138
      7.2.4　議論..140
 7.3　2 文節の位置...143
      7.3.1　研究方法..143
      7.3.2　分析..145
      7.3.3　議論..146
 7.4　まとめ...147
      7.4.1　統語境界の効果..148
      7.4.2　2 文節の位置の効果..148
      7.4.3　今後の展望...149

第 8 章　レジスター及び話者の社会的属性.........................151
 8.1　導入..151
 8.2　レジスター..152
      8.2.1　先行研究..152
      8.2.2　研究方法..155
      8.2.3　分析..155
          8.2.3.1　レジスターと dephrasing の関係.....................................155
          8.2.3.2　レジスターと発話速度の関係...157
      8.2.4　議論..158
 8.3　話者の社会的属性..159
      8.3.1　先行研究..159
      8.3.2　研究方法..160
      8.3.3　分析..161
          8.3.3.1　話者の性別による影響..161
          8.3.3.2　話者の学歴による影響..161
          8.3.3.3　話者の年齢による影響..162

8.3.4 Dephrasing 率の年齢差と発話速度の年齢差 164
8.4 まとめ 165
8.4.1 レジスターの効果 165
8.4.2 話者の性別，学歴及び年齢の効果 166
8.4.3 残された課題 166

第 9 章　統計モデルの構築 169
9.1 導入 169
9.2 AIC によるモデル選択 170
9.3 モデリング：CSJ 資料 170
9.3.1 2 文節の合計モーラ数と話者の年齢の交互作用 172
9.3.2 発話速度とレジスターの交互作用 173
9.3.3 発話速度と話者の年齢の交互作用 174
9.3.4 レジスターと話者の年齢の交互作用 176
9.3.5 予測モデルの正答率 176
9.4 モデリング：実験資料 178
9.4.1 修飾関係とアクセント型の組み合わせの交互作用 179
9.4.2 予測モデルの正答率 180
9.5 まとめ 181
9.5.1 モデリング 1（CSJ 資料） 181
9.5.2 モデリング 2（実験資料） 182
9.5.3 今後の展望 183

第 10 章　結　論 185
10.1 本研究のまとめ 185
10.2 結論 188
10.3 今後の課題 189

引用文献 193
付録 1 197
付録 2 203
付録 3 205
謝　辞 233
索　引 235

第1章

序　論

1.1　本研究の目的

　言語には，語，句，節など様々な単位があり，それらが階層構造をなしている。階層構造の解釈次第で，語の並びが同一の文でも多義性が生じることはよく知られている。書き言葉において句読点が必要とされるのは，書き手の意図した構造についてのヒントを読み手に伝えるためである。

　話し言葉には句読点は存在しないが，書き言葉と同様，発話の構造を伝達するためのヒントが音声の特徴のなかに含まれているはずだと考えるのは自然な発想であろう。そのような特徴としてしばしば指摘されるものにイントネーション（音調）がある。

　イントネーションの形に影響する要因は非常に複雑であり，狭い意味での言語学的な情報の他に，話し手の意図や態度など，いわゆるパラ言語情報や感情も含まれる。言語学的な要因に限っていうと，まずイントネーションの形成を考えるうえで重要な点の一つに，発話が韻律的にいくつの句に区切られるのかという問題がある。

　これは，発話全体に注目していくつの句に区切るかという観点から分析することもできれば，個々の文節に注目して隣接する文節が一つの句にまとまるかまとまらないかという観点から分析することもできる。本研究で対象とする dephrasing という現象はこのうち後者のアプローチに関わるものであ

る。

　日本語の文節の単位を観察すると，普段，人と言葉を交わすとき，あるいは一人で考えごとにふけり独り言をいうときにも，我々は無意識に二つ以上の文節を一つの文節のように発話することがある。例えば，「隣のおじさん」を ト｜ナリノ　オ｜ジサンのように切り離して発音せず，ト｜ナリノオジサンのように一続きに発音する。どちらで発音しても言語的な意味の伝達に大きな支障はないが，モーラ数の多い「カンサイベンノオジサン」，有核文節が連続する「アオ'イヤ'ネ」[1] などが一続きに発音しにくいことを考えると，複数の文節が一つにまとまって発音される dephrasing の現象には何らかの言語的要因が関わっているように思われる。

　また，すべての文節を切り離して発音するのは幼い子供が本を読むときの読み方のようであるという宮田 (1927) の指摘，一続きにさらりと流して言うべきものを途中で余計な抑揚をつけるとセリフのような発話になってしまい不自然に聞こえるという川上 (1963) の指摘は，実際の発話では dephrasing が頻繁に生じており，dephrasing の生じた発話の方がより自然に聞こえる場合があることを示唆している。

　本研究は，このような dephrasing の現象がどの程度の頻度で出現しているかを把握し，どのような環境で生じるかを検討するものである。

1.2　東京語の音調型

　東京語における「庭に咲いたおみなえし」の音調型は (1.1) (a)〜(c) のいずれかをとる。川上 (1957) は，(1.1) (a) の場合は切れ目なしに全体が一続きに発音された感じを与え，(b) は一つの切れ目，(c) は二つの切れ目がある感じを与えるとし，このような切れ目を「句切り」，一続きに発音される韻律単位を「句」と称している。すなわち，(a) は一つの句，(b) は二つの句，(c) は三つの句である。いずれの場合にも ⌐ は句の冒頭で起きているので (句頭の上昇)，この上昇は句を弁別する韻律特徴であり，広い意味でのイントネーションとしてみるべきであると説明している (川上

1　アポストロフィはアクセント核の位置を表す。

1961, p. 68)[2]。句の第 1 モーラにアクセント核がある場合は，(1.2)のように句の発端に現れる。

(1.1) 川上 (1957, p. 46)
 (a) ニ⌐ワニサイタオミナ⌐エシ
 (b) ニ⌐ワニサイタ オ⌐ミナ⌐エシ
 (c) ニ⌐ワニ サ⌐イタ オ⌐ミナ⌐エシ

(1.2) 川上 (1957, p. 46)
 (a) ⌐カイドーガサイテ ⌐ボ⌐タンガサイタ
 (b) ⌐ユ⌐オワカシテ ⌐テ⌐オアラッタ
 (c) ⌐キ⌐オウエテクレタ

Pierrehumbert and Beckman (1988) にも第 1 モーラにアクセント核のある頭高型で句頭の上昇が生じた例が示されている。この研究では，句ではなく accentual phrase（アクセント句）という用語を使用している。例を図 1-1 に転写する。(a) は amai ume，(b) は amai u'ni で，amai，ume，u'ni のいずれにおいても句頭の上昇が生じている。この場合 (b) u'ni は第 1 モーラにアクセント核があるが，(1.2) と同様に第 1 モーラで句頭の上昇が生じている。

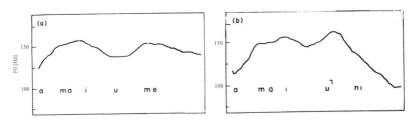

図 1-1　amai ume と amai u' ni の F0 曲線
(Pierrehumbert and Beckman 1988, p. 27 より作成)

2　川上 (1956, 1957, 1961) は句頭の上昇を⌐，アクセント核を ' で表記している。例えば，(1.1) (a) は，ニ⌐ワニサイタオミナ'エシとなっている。

4 | 第1章 序 論

　図1-2と図1-3は2.2節で説明する『日本語話し言葉コーパス』からとっ
たもので，「(Fま) 読売新聞だったと思いますけれども，小学校からの英語
教育というですね記事が出ていました (TalkID = S06M0894)」，「このエベレ
スト街道というのは，チベットとネパールの交易路にもなっておりまして
(TalkID = S01F0151)」の F0 曲線である[3]。横軸は時間［秒］，縦軸は 10 を底
とする基本周波数 (F0) の対数である。

　まず，図1-2をみると，フィラーの「マ」では直線的に進み，「ヨミウ
リシ'ンブンダッタト」では句頭の上昇後，アクセント核のある「シ'」か
ら「ブン」の「ン」へ急に下降し，「ン」から「ト」まで緩やかに下降す
る。「オモイマ'スケレドモ」では「オ」から「マ'」までほぼ直線的に進み，
「マ'」から「ケ」へ下降し（「ス」は無声化している），「ケ」から「モ」ま
で平らに続く。ポーズ (1.63 秒) の後，「ショ」から「ガ'」へ上昇し，「ガ'」
から「ノ」へ下降，また「エ」から「ゴ」へ上昇，「キョ'」から「ト」へ
下降する（「ク」は無声化している）。「イウデ'スネ」では前の音調を引き継
ぐ形で「イ」から「ウ」へ下降し，「デ'」まで平らに進んでから（「ス」は
無声化している），「ネ」へ上昇する[4]。続いて，「ジ」から「ガ」へ下降し
（「キ'」は無声化している），また「デ'」から「テ」へ下降する。「イマ'シ
タ」は全体が無声化している。

　このように F0 曲線を追っていくと，図1-2「(Fま) 読売新聞だったと思
いますけれども，小学校からの英語教育というですね記事が出ていました」
と図1-3「このエベレスト街道というのは，チベットとネパールの交易路に
もなっておりまして」は，句頭で上昇し，アクセント核で下降するといった
音調の上昇と下降が繰り返されていることがわかる。川上 (1956, 1957) 及
び上野 (1989)[5] は，東京語の音調型はこのように句頭の上昇と下降アクセン
ト（アクセント核）から成り立つとしている。

　なお，図1-3「交易路にも」の「コー」のように第 1 音節が重音節（長母
音）で第 1 モーラが無声破裂音の場合は，句頭の上昇はみられず，いきなり

3　TalkID は各講演に付与された ID である。

4　本研究ではこのような句末の上昇は対象としない。図1-3「このエベレスト街道というの
　は」の「は」における上昇も同様である。

5　1.3 節の (1.5) 参照。

高いところから始まってそこから徐々に下降することが多い。また、「コーエキ'ロニモ」ではなく「コーエキ'ロニ'モ」となっているが、これは「ニ'モ」を「コーエキ'ロ」と分離して単独で発音したためである。

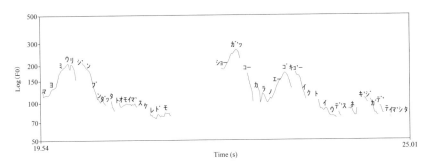

図 1-2 「ま，読売新聞だったと思いますけれども，小学校からの英語教育というですね記事が出ていました」のF0曲線

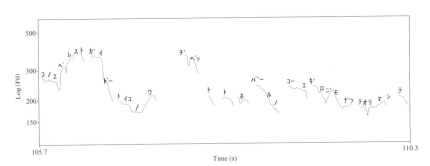

図 1-3 「このエベレスト街道というのは，チベットとネパールの交易路にもなっておりまして」のF0曲線

　東京語の音調型は句頭の上昇と下降アクセントから成り立つと述べたが，川上は句の中に含まれるアクセント核の個数を限定していない一方，Pierrehumbert and Beckman は1個までと限定している点が異なる。第2章で詳述するが，本研究で対象とするのは川上の句ではなく，アクセント核を1個までに限定している Pierrehumbert and Beckman (1988) のアクセント句である。以下では，アクセント句の特徴について述べる。

1.3 アクセント句 (AP)

東京語の韻律構造は図 1-4 のような階層構造をなす。英語の韻律構造 (Selkirk 1984, p. 26) と異なる点は，prosodic word (概略本研究で文節と呼ぶ単位に該当) の下位階層がフット (foot) ではなく音節であること[6]，そして音節の下位階層にモーラが存在することである。アクセント句 (Accentual Phrase: AP) は前節でも触れたように，句頭の上昇によって区切られ，その内部に最大 1 個までのアクセント核を持つ韻律単位である (McCawley 1968, Poser 1984, Beckman and Pierrehumbert 1986, Pierrehumbert and Beckman 1988, Kubozono 1993)。図 1-4 では na'goyani と iQta が 1AP にまとまっているが，この 2 文節が常に一つにまとまるのではない。na|goyani i|Qta のように 2AP をなすこともあり，kinoH と na'goyani が ki|noHna|goyani のように 1AP をなすこともある。IP (intermediate phrase) は AP の上位階層で，IP 境界には常に AP 境界が存在する。

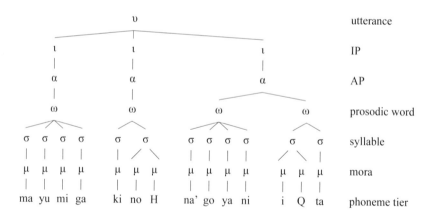

図 1-4　東京語の韻律構造
(Pierrehumbert and Beckman 1988, p. 118 を参考に作成)

6　Poser (1990a) は，日本語においてもフット階層が存在すると論じている。その理由としては，名前 kenzaburoo の愛称として kentyan は可能であるが，ketyan は不可能であること，同様に gisaburoo に対して giityan は可能であるが，gityan は不可能であることを挙げている。

AP は句頭の上昇により区切られ，最大 1 個のアクセント核を持つと述べたが，句頭の上昇は大きく分けて AP で生じるものと IP で生じるものの 2 種類がある。以下では (1.3) 及び図 1-5，図 1-6 を通してこの 2 種類の共通点と相違点，それぞれの韻律特徴について述べる。

(1.3) (a)〜(e) は Selkirk and Tateishi (1988, p. 324) に基づいて作成したものである。いずれも「オーミヤノイナヤマノユージンガイナイ」であるが，「オーミヤ」が誰の出身地であるかは (a)〜(c) と (d)(e) とで異なる。まず，これらの音調を比較すると，(a)〜(c) の「イナヤマノ」では句頭の上昇が生じていないのに対し，(d)(e) の「イナヤマノ」では生じている。(d)(e) は右枝分かれ構造を持つ文で，「イナヤマノ」で枝が展開しているからである (Selkirk and Tateishi 1988)。すなわち，(a)〜(c) の「オーミヤ」はイナヤマの出身地，(d)(e) の「オーミヤ」はイナヤマの友人の出身地を表している。

(1.3)

    (a) オ￣ーミヤノイナヤマノユージンガ イ￣ナイ

    (b) オ￣ーミヤノイナヤマノ ユ￣ージンガイナイ

    (c) オ￣ーミヤノイナヤマノ ユ￣ージンガ イ￣ナイ

    (d) オ￣ーミヤノ イ￣ナヤマノユージンガ イ￣ナイ

    (e) オ￣ーミヤノ イ￣ナヤマノユージンガイナイ

(1.3) (a)「イナイ」，(b)「ユージンガ」，(c)「ユージンガ」「イナイ」，(d)「イナイ」でも句頭の上昇が生じているが，(d)「イナヤマノ」と (e)「イナヤマノ」で生じた上昇とは音調的に違いがある。例として，(1.3)(b) と (e) の音調型を図 1-5 (a) と (b)（次頁）に示す。比較してみると，2 番目の上昇の高さが異なっていることがわかる。図 1-5 (a)「ユージンガ」より (b)「イナヤマノ」の方が顕著に高い。これを，図 1-5 (a)「ユージンガ」ではピッチがリセットされておらず，(b)「イナヤマノ」ではリセットされているという。ピッチがリセットされる領域が IP であるので (McCawley 1968, Poser 1984, Beckman and Pierrehumbert 1986, Pierrehumbert and Beckman 1988, Kubozono 1993)，図 1-5 (a) では「オーミヤノイナヤマノユージンガイナイ」が 1IP，図 1-5 (b) では「オーミヤノ」と「イナヤマ

ノユージンガイナイ」がそれぞれ 1IP になる。従って，(1.3) (b)「ユージンガ」における句頭の上昇は AP によるもので，(e)「イナヤマノ」における句頭の上昇は IP によるものということになる。

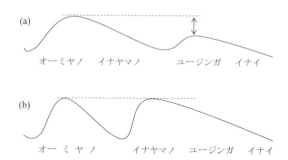

図 1-5 「大宮の稲山の友人がいない」の F0 曲線
（Selkirk and Tateishi 1988, p. 324 より作成）

ピッチレンジのリセットは図 1-6 のように有核文節のみで構成される発話で，より明確に現れる。図 1-6「キョ'ネンア'ンダエリ'マキオヌスマ'レタ」は (1.3) のような多義文で (a) ではピッチレンジがリセットされていないが，(b) では「ア'ンダ」でリセットされている。図 1-5 と同様に，図 1-6 (a) は左枝分かれ構造，(b) は右枝分かれ構造を持つ文で，前者は襟巻を編んだ時点が去年であることを表しており，後者は襟巻を盗まれた時点が去年であることを表している。この場合，図 1-6 (a) と (b) の音調型を入れ替えると，文の意味も替わる。

1.3 アクセント句（AP） | 9

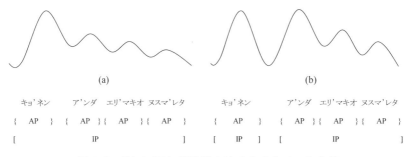

図 1-6 「去年編んだ襟巻を盗まれた」の F0 曲線

このように IP は統語構造と関連しており，生起環境が推測可能である[7]。それに対して，AP の場合は，同じ条件にある 2 文節でも 1AP にまとまることもあれば，2AP に分離されることもあり，生起が予測できないという指摘がある（Selkirk and Tateishi 1988, 1991）。

AP と類似した韻律単位として川上（1956, 1957, 1961, 1995），上野（1989）による「句」があるが[8]，前節で述べたように AP とは異なり，内部に含まれるアクセント核数を制限していない。川上（1957, p. 57）は「有核文節＋有核文節」で構成された「カナ'ザワデタオ'レタ」が (1.4) (a) のように発音されるか (b) のように発音されるかは，全体を 1 句でいうか 2 句に切っていうかによって異なるだけであると述べている。

(1.4) 川上（1957, p. 57）
　(a)〔カ⌈ナ'ザワデタオ'レタ〕
　(b)〔カ⌈ナ'ザワデ｜タ⌈オ'レタ〕

すなわち，句頭の上昇が生じているかどうかが重要であり，アクセント核数は問題にならないということである。上野（1989）は，語が具体的な音調型で実現される過程を次のように説明している。

7　フォーカスが関与する場合はこの限りではない（Kitagawa 2005, Kubozono 2007, Ishihara 2007）。

8　(1.1) (1.2) 参照。

10 | 第1章 序 論

(1.5) 上野 (1989, p. 188)

単語の抽象的なアクセント表記 (の連続) から，具体的な音調の社
会習慣的レベルを表示した音調型への派生は，極めて簡単である。
今までの考察を逆にたどるだけである。まず，核表示による形を
そのまま並べる。次に，「句切り」を決める。そして，句頭の第二
モーラから (句頭の単語の第一モーラに核がある場合は第一モーラ
から) 上げ，あとは核がない限り平らに進み，核があればそのマー
クである /˥/ に素直に従って音調を下げるだけでよい。核の後はそ
のまま平らに進み，また核があったらもう一度そこで下げる。途中
に句切りが来たら，そこで振り出しにもどる。これを繰り返すだけ
で，全く自然に，一義的に派生される。(「平ら」といっても自然下
降はある。しかし，これは文字どおり自然に生ずるので，むしろ意
識しない方がよい。)

上野 (1989) も川上 (1957) と同様にアクセント核数は問題にしていない
ことがわかる。一つの句の中に三つの有核文節があれば，第1文節で句頭
の上昇が生じた後，第1，第2，第3のアクセント核の順にピッチが下降す
るだけであるとしている。

1.4　Dephrasing とは

1.1 節で，「隣のおじさん」はト˥ナリノ　オ˥ジサンのように発音されるこ
ともあれば，ト˥ナリノオジサンのように発音されることもあると述べた
が，後者のように複数の文節が 1AP にまとまる現象を dephrasing と呼ん
でいる。研究者によっては minor phrase boundary deletion rules (McCawley
1968)，minor phonological phrase incorporation (Kohno 1980)，compression
of minimal minor phrases (Poser 1984)，accent sandhi (Fujisaki and Kawai
1988)，minor phrase formation (Kubozono 1993) とも呼んでいる。

図 1-7 は dephrasing が生じた発話，図 1-8 (12 頁) は生じていない発話を
示している (資料については 2.2.1 節で詳述する)[9]。横軸は時間 [秒]，縦軸

9　『日本語話し言葉コーパス』から抽出したデータである。図 1-7 は「一方この (Fえー) 青

は 10 を底とする基本周波数（F0）の対数で，図中の縦線は分節音の境界[10]，矢印は句頭の上昇が生じていることを表している（矢印は筆者による）。図 1-7「青いラインと」では前部の「ア」から「オ'」にかけて上昇し，アクセント核がある「オ'」の終端で下降し始めて後部の「ト」まで続く。この場合「ラインと」は第 1 モーラにアクセント核がある有核文節で，本来ならば，図 1-6（a）「ア'ンダ」のように「ラ」の冒頭で上昇し，「ラ」の終端から「イ」にかけて再び下降するか，前部の「オ」の終端から「イ」へ下降し，後部の「ラ」まで平らに進んだ後，「ラ」から「イ」にかけて再び下降するはずである。しかし，図 1-7「ラインと」ではこのような新たな下降がみられない。2.1.1 節で詳述するが，これは「ラインと」のアクセント核が消失しているからである。図 1-7「青いラインと」は句頭の上昇，アクセント核がそれぞれ 1 個であるので 1AP と認定される。F0 曲線からも 2 文節が一つにまとまっていることがわかる。一方，図 1-8「正しい文字列を」は句頭の上昇が 2 個，アクセント核が 2 個であるので（タダシ'ーモジ'レツオ），dephrasing は生じていない。

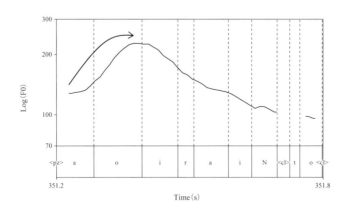

図 1-7「青いラインと」の F0 曲線

いラインとグリーンのラインは（F えー）二つの順応成分（D2 が），（F えー）の変調は一致していない場合です」のうち「青いラインと」を示したものである（Talk ID＝A01M0133）。図 1-8 は「（F えー）更に正しい文字列を出力することを目標にしておりますので」のうち「正しい文字列を」を示したものである（Talk ID＝A11M0469）。

10 <cl> は閉鎖区間，<pz> はポーズを表している。

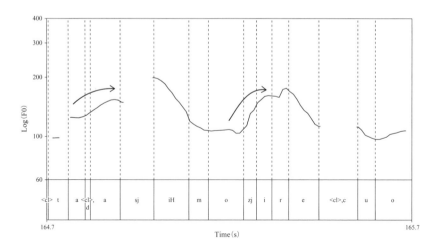

図 1-8「正しい文字列を」の F0 曲線

APの最小単位は橋本 (1934) の文節とされるが (Poser 1984, p. 148, Pierrehumbert and Beckman 1988, p. 25),｛ニ'ジュー｝｛イチ'デス｝のように数字が含まれる場合,｛モ'ト｝｛ダ'イジン｝のように接頭辞が含まれる場合は 1 文節の中に句切りが置かれることがある (川上 1957, Aoyagi 1969, Poser 1990b)。また, ト｜ーキョー ｜ニ｜ワ (東京には) もしくは図 1-3 の コ｜ーエキ｜ロ｜ニ｜モ (交易路にも) のように, 複数の 1 モーラ助詞が連続するときには最初の助詞で下降直前にピッチが上昇し, 句切りが置かれることがある。しかし, 本研究ではこのように 1 文節の中にアクセント核が 2 個あるもの, 1 文節が 2AP をなしているものは対象としない。

1.5 本研究の特徴

本研究の特徴は以下の 3 点である。第一は確率論的な観点から dephrasing の生起を説明することである。Dephrasing の生起環境についてはすでに多くの研究がなされているが (先行研究については各章で取り上げる), 研究者によって検討した要因がそれぞれ異なり, 同じ要因を分析した結果についても, 必ずしも意見の一致をみていない。その理由は, 先行研究の多くは特定

の条件が揃えば dephrasing は必ず生起するという決定論的な言語観に基づいているためではないかと思われる。しかし，上述の「隣のおじさん」の例からもわかるように，同じ条件にある 2 文節においても dephrasing は生じることも，生じないこともあり，ある特定の条件下で dephrasing が生じる，生じないと断定するのは実際の発話と乖離する。本研究では，先行研究とは異なり dephrasing を確率現象として捉える。

　第二に，2 要因間の交互作用を含む複数の要因との関係をモデル化することである。Dephrasing の生起に複数の要因が関わっていることはすでに指摘されているが，実際に複数の要因間の交互作用を検討した研究は管見の限り見当たらない。また，先行研究で言及されている要因は，2 文節の合計モーラ数，発話速度，修飾関係，アクセント型の組み合わせ，フォーカス，統語境界，年齢であるが，本研究ではこれらに統語機能，2 文節の位置，レジスター，話者の性別，学歴を加えた計 12 要因を検討する。先行研究で検討されている 7 要因中，2 文節の合計モーラ数，発話速度及び修飾関係についてはまだ定量分析が行われていない。従って，本研究で取り上げる 12 要因のうち，先行研究で定量分析が行われているのは 4 要因である。

　第三の特徴は，従来から分析されてきた朗読音声に加えて自然性の高い自発音声を分析し，両者の結果を比較していることである。

第2章

研究方法

　本章では最初に本研究の対象である dephrasing の認定方法に関わる問題を検討し，次いで本研究で分析するデータがどのようなものであるかを説明する。

2.1　Dephrasing の認定基準

　東京語は音調の高低が語の意味の弁別に関与する。例えば，「アメ」をア￣メと発音すると「飴」，「ア￣メ」と発音すると「雨」と認識される。ただし，ア￣メの第1モーラから第2モーラにかけての上昇は「飴」を単独で発音したために生じたもので，意味の弁別には関与しない。つまり，「飴」と「雨」の意味を弁別するのは第1モーラから第2モーラにかけての下降の有無である（川上 1957, p. 46，上野 1989, p. 190）。

　しかし，図 1-7「ラインと」のように，語彙的には有核であっても実際の発話ではアクセント核が消失することがある（服部 1933, p. 14, Beckman and Pierrehumbert 1986, p. 264, Pierrehumbert and Beckman 1988, p. 105）。AP は最大1個のアクセント核しか持つことができないので，このようなアクセント核の消失をどのように処理するかは，dephrasing の認定結果に大きく作用する。

例えば，図 2-1 (a)〜(c)[1] はいずれも「アオ'イヤ'ネ」であるが，(a) は「オ'」から「イ」にかけて下降した後上昇，「ヤ'」から「ネ」にかけて再度下降しており，(b) は「オ'」から「イ」にかけて下降した後停滞，「ヤ'」から「ネ」にかけて再度下降している。(c) は「オ'」から「イ」にかけて下降し，そのまま「ネ」まで下降し続けている。(c)「ヤ'ネ」ではアクセント核が消失しているのである。このように，ピッチ（またはF0）を基準とした場合，(a) は句頭の上昇とアクセント核によるピッチの下降がそれぞれ 2 個であるので 2AP，(b) は句頭の上昇が 1 個，アクセント核によるピッチの下降が 2 個であるので 2AP，(c) は句頭の上昇，アクセント核によるピッチの下降がそれぞれ 1 個であるので 1AP と認定される。しかし，語彙アクセントを基準とすると，図 2-1 (a)〜(c) はすべて 2AP と認定される。

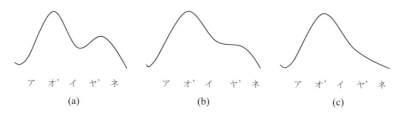

図 2-1　「青い屋根」の F0 曲線

アクセント核だけでなく，句頭の上昇を認める基準も 2 通りある。図 2-2 は「無核文節＋有核文節」で構成された「アカイヤ'ネ」で，前部の「ア」から「カ」にかけて上昇し，さらに「カ」から後部の「ヤ'」にかけて上昇し続けている。後部の「ヤ'」では図 2-1 (a)「ヤ'」ほど明確ではないが，ピッチが上昇し続けているので，F0 を基準とすると句頭の上昇が生じたことになる（すなわち 2AP）。しかし，図 2-2「アカイヤ'ネ」は 1 文節のように一続きにまとまっており，前部と後部との境界が特定できない。以下では，アクセント核及び句頭の上昇の認定方法について論じた研究を紹介し，それに関する本研究の立場を述べる。

1　Kubozono（1993, p. 104, p. 128）を参考に作成した。

図 2-2 「赤い屋根」の F0 曲線

2.1.1 アクセント核

　図 2-1 (a) (b) のような F0 曲線を持つ「有核文節＋有核文節」については，ほぼすべての研究が二つの AP と認定している。特に，(b) について Kubozono (1993, p. 144) は，後部で句頭の上昇は生じていないが，アクセント核によるカタセシス (catathesis) は生じており，カタセシスそのものが二つの AP の間に生じる変化であるので二つの AP として認めるのが妥当であると説明している[2]。

　図 2-1 (c) のような 2 文節については，1AP と認める立場と，2AP と認める立場がある。Beckman and Pierrehumbert (1986, p. 264)，Pierrehumbert and Beckman (1988, p. 105) は前者，Maekawa (1994) は後者である。Beckman and Pierrehumbert (1986)，Pierrehumbert and Beckman (1988) は「ヤ'ネ」のアクセント核が消失しており，実際にアクセント核が保持されているのは「アオ'イ」のみであるとしている。すなわち「有核文節＋無核文節」として認めている。さらに，「ヤ'」の区間ではピッチが上昇せず，下降しており，dephrasing が生じたと認定している。Maekawa (1994) は，図 2-1 (c) のような F0 曲線を持つ no'nde-mi'ru と no'nde-iru の F0 の傾きを分析した結果，mi'ru は iru より F0 の傾きが有意に急峻であり，アクセント核の存在が確認されるので，no'nde-mi'ru で dephrasing が生じたとは判定できないと述べている。すなわち，「有核文節＋有核文節」として認めている。

　アクセント核の有無は AP の認定に関わる重要なパラメータであり，図

---

[2] Kubozono (1993, p. 144) は「downstep」という用語を用いている。カタセシス (catathesis) は Poser (1984, p. 261)，Pierrehumbert and Beckman (1988, p. 58) によるものである。Pierrehumbert and Beckman (1988) は downstep はカタセシスの下位クラスの 1 種類であるとし，両者を区別しているが，Kubozono (1993, p. 247) は同じものとして扱っている。

18 | 第2章 研究方法

2-1 (c) のような場合をどのように処理するかが問題になるが，本研究では
Beckman and Pierrehumbert (1986)，Pierrehumbert and Beckman (1988) と同
様に「有核＋無核」として認定する。その理由は，図 2-1 (c) は，1AP にま
とまっている「有核＋無核」の F0 曲線とほぼ区別がつかないからである[3]。
図 2-1 (c) を語彙アクセントを基準として「有核＋有核」と認定すると，同
じ F0 曲線について 1AP とすることもあり，2AP とすることもあるという矛
盾した結果を生み出すことになる。

　また，図 2-1 (c) のように有核が無核として発音された場合，これを語彙
アクセントを基準に記述するか，あるいは実際のアクセントを基準に記述す
るかについても考える必要がある。まず，実際のアクセントを基準に記述
すると，図 2-1 (c) は「有核＋有核」ではなく，「有核＋無核」で dephrasing
が生じたものとしてカウントされ，「有核＋有核」の後部のアクセント核が
消失しているものと「有核＋無核」とが区別できなくなる。この問題を解決
するために本研究では，アクセント核の有無を認定する際には実際のアクセ
ントを基準とし，記述する際には語彙アクセントを基準とすることにした。
従って，本研究で「有核＋有核」で dephrasing が生じたと認定したデータ
は，前部か後部のいずれかの核が消失していることになる。

2.1.2　句頭の上昇

　図 2-3 は，Pierrehumbert and Beckman (1988, p. 106) に示されている amai
mame'wa の F0 曲線である。前部 (amai) にフォーカスがある発話で，後部
の ma から me' にかけて上昇しているが，2 文節の間に AP 境界を特定でき
ず，1AP として認定されている。すなわち，後部の ma から me' にかけての
上昇を句頭の上昇として認めていない。

　Sugahara (2002) は後部の F0 を計測し，第 1 音節より第 2 音節（長母
音）が高い場合を句頭の上昇が生じたと認定しているが，具体的な F0 曲
線は示していない。Kubozono (1993) も F0 を測定し，第 1 モーラより第 2
モーラが高い場合を句頭の上昇が生じたと認めている。Sugahara (2002) と

3　図 7-1 (a) の「アオ'イノレンガ」，(b) の「アマ'ッタリンゴデ」参照。

Kubozono（1993）に記されている通り F0 値を基準とすると，図 2-3 の amai mame'wa は句頭の上昇の数が 2 であり，2AP と認定されることになる。

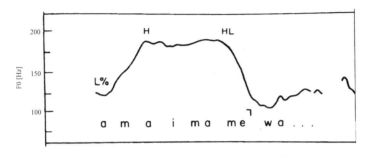

図 2-3 「amai mame'wa」の F0 曲線
(Pierrehumbert and Beckman 1988, p. 106 より作成)

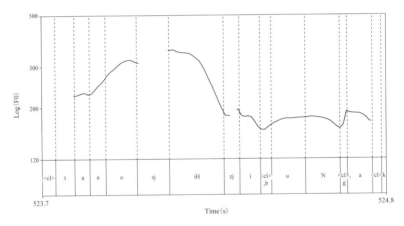

図 2-4 「楽しい自分が」の F0 曲線
(『日本語話し言葉コーパス』から抽出，TalkID＝S01F0074)

しかし，有核文節（中高型，尾高型）の場合は，第 1 モーラから第 2 モーラにかけて上昇した後もアクセント核があるモーラまで上昇し続けることがしばしばある。図 2-4 は tanosji'H zjibuNga であるが，tanosji'H は ta から sji'にかけて上昇しており，図 2-3 と類似した F0 曲線を示している。F0 曲線上では図 2-3 の amai mame'wa と図 2-4 の tanosji'H とに大きな違いはない

20 | 第 2 章 研究方法

ので，本研究でも Pierrehumbert and Beckman（1988, p. 106）と同様に図 2-3 の amai mame'wa は一つの AP と認定する。すなわち，mame'wa における上昇は句頭の上昇として認めない。

　本研究では実験環境で収録した朗読音声と『日本語話し言葉コーパス』に格納されている自発音声，この 2 資料を対象とする。2.2.1 節で詳しく述べるが，『日本語話し言葉コーパス』を対象に検討する際には『日本語話し言葉コーパス』に提供されているアノテーションを用いて dephrasing の有無を認定する。本節で述べたアクセント核，句頭の上昇及び dephrasing の有無に関する認定基準は，すべて実験資料を対象としたものである。しかし，dephrasing の認定基準については『日本語話し言葉コーパス』と本研究の実験とで大きな相違はない。

2.2　資料

　資料は，『日本語話し言葉コーパス』と実験資料を対象とする。『日本語話し言葉コーパス』は一般に公開されている現代日本語の話し言葉研究用データベースで，音声と韻律研究用アノテーションが提供されている。実験資料は日本語母語話者（東京語）5 名に実験文を読んでもらい，録音したものである。

　本研究では 12 要因を取り上げるが（1.5 節参照），このうち 9 要因は『日本語話し言葉コーパス』，5 要因は実験資料を用いて検討する。修飾関係，アクセント型の組み合わせによる影響は『日本語話し言葉コーパス』と実験資料の 2 資料を用いて分析し，結果を比較する。次の 2.2.1 節では『日本語話し言葉コーパス』の概要及びデータの抽出について，2.2.2 節では実験手順及び実験文の構成について述べる。

2.2.1　日本語話し言葉コーパス（CSJ）

2.2.1.1　概要

　『日本語話し言葉コーパス』（Corpus of Spontaneous Japanese: 以下 CSJ）は，国立国語研究所，情報通信研究機構，東京工業大学の三者が共同開発したも

ので，約752万語に及ぶ大規模な音声データが格納されている。このうち CSJ の「コア」（前川 2004a, 2006）には，約50万語に対して，日本語の韻律ラベリング体系として開発された J_ToBI を自発音声にあわせて拡張した X-JToBI（Maekawa et al. 2002, 五十嵐・菊池・前川 2006）が実装されている。本研究で対象とするのはこの「コア」部分である。

　CSJ コアには学会講演，模擬講演，対話，再朗読の4種類の音声が収録されている（表2-1）。学会講演は理工学，人文，社会の3領域における研究発表を実況録音したもので，模擬講演は「あなたの住んでいる町や地域について」「今までの人生を振り返って，一番嬉しかった／楽しかった出来事」など日常的なトピックについてスピーチを行ったものである。講演時間は1講演当たり，学会講演で10〜25分程度，模擬講演で10〜15分程度である。対話はあらかじめ収録された学会講演ないし模擬講演についての質疑応答である。再朗読は収録済の自発音声の転記テキストを同一話者が朗読したものである。同一話者による同一の言語音が自然発話と再朗読とでどのように異なるかをみるため設計されたものであるが，自発性という面では他の音声タイプと性質が異なるので，対象から除外した。従って，本研究で対象とするのは学会講演，模擬講演，対話の3種類である。

表2-1　CSJ コアの内訳

音声タイプ	女性話者	男性話者	時間数*
学会講演	23	45	14.2
模擬講演	38	37	15.0
対話	3	3	3.0
再朗読	3	3	1.4
計	67	88	33.6

＊発話間のポーズを除去した実質発話時間（前川 2010 を参考に作成）

　話者の生年は1930〜1954年が27名，1955〜1964年が35名，1965〜1979年が77名で[4]，収録当時（1999〜2003年），若い年齢層が多数含まれている。話者の出身地は東京及び首都圏（千葉，埼玉，神奈川の3県）に限定されている。

4　話者によっては1人で2講演を行ったものもある。

2.2.1.2　Dephrasing データの抽出

　CSJ では音声の他に韻律研究用付加情報（アノテーション）が施されているが，その中に dephrasing の有無に関するアノテーションは含まれていない。従って，本研究では必要な情報を抽出し，その情報に基づいて dephrasing の有無を認定した。以下，その方法を述べる。データの検索には CSJ-RDB Ver.1.0（小磯・伝・前川 2012）を利用した。

　CSJ では各 AP ごとに ID が付与されている。図 2-5 (a) (b) は，図 1-7 と図 1-8 に APID を追加したものである。(a)「青いラインと」は 1AP であるので一つの APID（00351250L）が付与されており，(b)「正しい文字列を」は 2AP であるので二つの APID（00164641L，00165070L）が付与されている。1AP に含まれる各文節にはそれぞれ同じ APID が付与されているので，(a)「青い」と「ラインと」の APID を検索するとそれぞれ 00351250L が出力される。同様に，(b)「正しい」と「文字列を」の APID を検索すると，「正しい」は 00164641L，「文字列を」は 00165070L が出力される。このように前部，後部の APID を検索して APID が同じ場合には dephrasing が生じたと認定し，異なる場合には dephrasing が生じていないと認定した。認定後，dephrasing が生じた 2 文節を 1，生じていない 2 文節を 0 とした 2 値データを作成した。

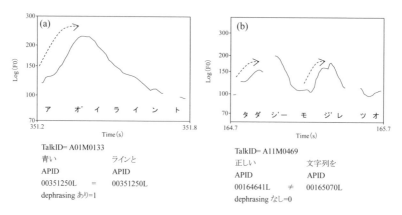

図 2-5　「青いラインと」と「正しい文字列を」の F0 曲線及び APID

2.2.1.3 CSJ のデータセット

CSJ を対象に 9 要因の影響を検討する。表 2-2 のように各要因の影響を検討できるサンプルを抽出し，分析に用いる。サンプルの抽出に関する詳細は各章で記述することにし，本節では各サンプルの違いについて述べる。

表 2-2　サンプル数（CSJ）

	要因	水準	サンプル数
第 3 章	2 文節の合計モーラ数	6〜13 モーラ	7650
第 3 章	発話速度	（連続データ）	
第 4 章	修飾関係	形容詞＋名詞（AN），動詞＋名詞（VN），名詞ノ＋名詞（NN），名詞ガ格＋動詞（gaV），名詞ヲ格＋動詞（woV）	
第 8 章	レジスター	学会講演，模擬講演，対話	5116
第 8 章	話者の性別	男，女	
第 8 章	話者の学歴	高校卒，学部卒，修士以上	
第 8 章	話者の年齢	（生年）1930 〜 1970 年代	
第 4 章	統語機能	ニ・デ・ガ・ヲ格	2059
第 5 章	アクセント型の組み合わせ	無核＋無核（UU），無核＋有核（UA），有核＋無核（AU），有核＋有核（AA）	242

表 2-2 にはサンプル数として 7650，5116，2059，242 が示されているが，これらのサンプル数は包含関係にある。つまり，第 8 章で利用する 5116 個のサンプルは，第 3，4 章で利用する 7650 個のサンプルに含まれており，以下同様である。7650 個からなるデータセットに含まれる 2 文節の修飾構造は，形容詞＋名詞（AN），動詞＋名詞（VN），名詞ノ＋名詞（NN），名詞ガ格＋動詞（gaV），名詞ヲ格＋動詞（woV）の 5 種類である。2 文節の合計モーラ数は 6〜13 モーラで，各文節の最小モーラ数は 2 モーラ，最大モーラ数は 9 モーラである。

AP は最大 1 個のアクセント核を持つ韻律単位である（1.3 節参照）。CSJ でも AP に含まれるアクセント核数は最大 1 までに制限されている（五十嵐・菊池・前川 2006）。また，辞書レベルのアクセント指定ではなく，実際

24 | 第2章 研究方法

に発音された音声のアクセントがアノテーションの対象となっている[5]。つまり，語彙的には「有核＋有核」であってもいずれかのアクセント核が消失していれば「有核＋無核」あるいは「無核＋有核」と認定している。「有核＋有核」（実際のアクセント）の2文節はどのような修飾関係，発話速度，モーラ数を持っていても dephrasing 率は常に0であるので対象から外した。

　本研究では，アクセント型の組み合わせと dephrasing の生起との関係を検討するときは，CSJ のアクセントラベルを用いず，辞書アクセントを基準とする。アクセント型の組み合わせの影響を検討するデータの数が242個と少ないのは，実験資料と分析結果を比較するために，実験資料と同じ条件にある文節を対象としたからである。すなわち，修飾関係は AN, VN, NN, gaV, woV の5種類，モーラ数は4＋4モーラ，有核文節はアクセント核が第2モーラにあるものに限定した（4.2.3.2節参照）。

　2059個からなるデータセットは，7650個のセットから連体修飾（AN, VN, NN）を選び出し，さらに後部に格助詞ニ・デ・ガ・ヲがつくデータを抽出したものである。5116個からなるデータセットは，7650個のうち話者1人が1講演を行ったものに限定したものである。

　7650サンプルについて，2文節の合計モーラ数（6〜13モーラ）ごとに修飾関係別の dephrasing 率を算出した結果を表2-3に示す。表中の「N」はサンプル数，「dephrasing」は dephrasing の生起頻度で，7650サンプルの話者数は137名である。CSJ から2文節の合計モーラ数を検索する方法，修飾関係5種類を検索する方法については3.3.1節，4.2.3.1節で述べる。

5　ここで辞書と言っているのは，lexicon の意味であって，市販のアクセント辞書の意味ではない。

表 2-3　修飾関係及び 2 文節の合計モーラ数別 dephrasing 率（CSJ）

2文節の合計 モーラ数	AN			NN			VN		
	N	dephrasing	dephrasing 率	N	dephrasing	dephrasing 率	N	dephrasing	dephrasing 率
6	124	102	0.82	275	221	0.80	342	279	0.82
7	117	82	0.70	606	400	0.66	332	241	0.73
8	133	91	0.68	801	412	0.51	344	213	0.62
9	50	24	0.48	748	352	0.47	452	237	0.52
10	37	15	0.41	620	195	0.31	308	129	0.42
11	27	13	0.48	415	137	0.33	216	73	0.34
12	13	5	0.38	335	80	0.24	138	49	0.36
13	6	0	0.00	230	39	0.17	85	23	0.27
全体	507	332	0.65	4030	1836	0.46	2217	1244	0.56

2文節の合計 モーラ数	gaV			woV			合計		
	N	dephrasing	dephrasing 率	N	dephrasing	dephrasing 率	N	dephrasing	dephrasing 率
6	17	15	0.88	8	7	0.88	766	624	0.81
7	40	27	0.68	21	13	0.62	1116	763	0.68
8	57	25	0.44	36	10	0.28	1371	751	0.55
9	89	36	0.40	50	16	0.32	1389	665	0.48
10	84	32	0.38	87	17	0.20	1136	388	0.34
11	64	18	0.28	92	16	0.17	814	257	0.32
12	51	15	0.29	92	20	0.22	629	169	0.27
13	40	4	0.10	68	9	0.13	429	75	0.17
全体	442	172	0.39	454	108	0.24	7650	3692	0.48

2.2.2　実験

2.2.2.1　実験文

　本研究では，CSJ を利用した自発音声の分析に加えて，実験環境で収録された朗読音声の分析も行う。実験では表 2-4 の 40 文を用いて修飾関係，アクセント型の組み合わせ，フォーカス，統語境界，2 文節の位置の影響を検討する。修飾関係，アクセント型の組み合わせ，2 文節の位置の影響は実験文 1〜40（600 サンプル），統語境界の影響は 600 サンプルの一部（360 サンプル），フォーカスによる影響は実験文 1〜20（900 サンプル）を対象とする（表 2-5 参照）。

26 │ 第2章 研究方法

表 2-4　実験文

1.　山田のお店で梅酒を飲んだ	21.　梅酒を山田のお店で飲んだ
2.　丸いお盆にお茶を載せた	22.　お茶を丸いお盆に載せた
3.　出掛ける真由美に買い物を頼んだ	23.　買い物を出掛ける真由美に頼んだ
4.　野球が終わってビールを飲んだ	24.　ビールを野球が終わって飲んだ
5.　扉を開けると我が家が見えた	25.　我が家が扉を開けると見えた
6.　山田の事務所に電話をもらった	26.　電話を山田の事務所にもらった
7.　甘い匂いが家中に漂った	27.　家中に甘い匂いが漂った
8.　出掛ける従兄に買い物を頼んだ	28.　買い物を出掛ける従兄に頼んだ
9.　入れ歯が傷んで歯医者に行った	29.　歯医者に入れ歯が傷んで行った
10.　土産を選んでレジに並んだ	30.　レジに土産を選んで並んだ
11.　従兄のお店で梅酒を飲んだ	31.　梅酒を従兄のお店で飲んだ
12.　青い暖簾が日焼けで褪せた	32.　日焼けで青い暖簾が褪せた
13.　余ったリンゴでジャムを作った	33.　ジャムを余ったリンゴで作った
14.　お昼が終わるとお茶を出した	34.　お茶をお昼が終わると出した
15.　雨戸を開けると霙が降っていた	35.　霙が雨戸を開けると降っていた
16.　従兄の事務所に電話をもらった	36.　電話を従兄の事務所にもらった
17.　旨い匂いが家中に漂った	37.　家中に旨い匂いが漂った
18.　余った予備費を貯金に回した	38.　貯金に余った予備費を回した
19.　従兄が歩いて学校に行った	39.　学校に従兄が歩いて行った
20.　雨具を選んでレジに並んだ	40.　レジに雨具を選んで並んだ

表 2-5　サンプル数（実験）

要因		水準	サンプル数
第6章	フォーカス	フォーカスがない発話（focus 0） 2文節の前部にフォーカスがある発話（focus 1） 2文節の直後の文節にフォーカスがある発話（focus 3）	900
第4章	修飾関係	形容詞＋名詞（AN），動詞＋名詞（VN）， 名詞ノ＋名詞（NN），名詞ガ格＋動詞（gaV）， 名詞ヲ格＋動詞（woV）	600
第5章	アクセント型の組み合わせ	無核＋無核（UU），無核＋有核（UA）， 有核＋無核（AU），有核＋有核（AA）	
第7章	2文節の位置	発話の文頭（Sentence Initial: SI） 発話の文中（Sentence Medial: SM）	360
第7章	統語境界	統語境界あり（Syntactic Boundary: SB） 統語境界なし（Non Syntactic Boundary: NonSB）	

900 サンプルは，実験文の中にフォーカスがない発話（focus 0），第 1 文節にフォーカスがある発話（focus 1），第 3 文節にフォーカスがある発話（focus 3）で構成した（各 300 サンプル）。検討対象の 2 文節は第 1 文節と第 2 文節である。

600 サンプルは，実験文 1～20 では第 1 文節と第 2 文節，実験文 21～40 では第 2 文節と第 3 文節が検討対象である。実験文 1～20 は focus 0 の音声を用いた（フォーカスは限定していない）。360 サンプルについては 7.2 節で述べる。

2 文節のモーラ数は前部 4 モーラ，後部 4 モーラの計 8 モーラであるが，「形容詞＋名詞」の 2 文節は 3＋4 モーラの計 7 モーラとした。形容詞のアクセント核の位置を他の文節と一致させるためである（詳細は 4.2.3.2 節で述べる）。統語境界の影響を検討する 360 サンプルは計 6～9 モーラで構成した。

2.2.2.2　話者

被験者は表 2-6 のように女性（F）3 名，男性（M）2 名で，いずれも一橋大学の学生，東京生まれの日本語母語話者である[6]。F3 を除いた 4 名は，生まれてから高校卒業まで同じ地域で過ごした。F3 は 15 歳以後 3 年間，東北地方及び海外で暮らしたことがある。F2，M1，M2 の 3 名は，本実験とは別の音声実験に参加し，録音した経験がある。話者全員，音声学の授業を受けたことがなく，また実験目的も知らされていない。

表 2-6　話者の属性

話者	生育地	所属	年齢
F1	東京都杉並区	大学院生	24
F2	東京都八王子市	大学生	20
F3	東京都世田谷区	大学院生	25
M1	東京都港区	大学院生	27
M2	神奈川県横浜市	大学院生	25

6　年齢は収録当時のものである。

2.2.2.3 録音

録音は一橋大学の音声分析室にある防音室において被験者ごとに実施した。実験文を一文ずつ記したカードの束を話者に渡し，ランダムに一枚ずつ読み上げてもらった。試行数は3回である。録音はPCMレコーダ（Roland社のEDIROL R-09），単一指向性マイク（SHURE社のSM58）を使用して行い，サンプリング周波数44.1kHz，量子化精度16ビットで記録した。

Dephrasingの有無の認定は（2.1節参照），音響分析ソフトウェアPraat（Ver.5.4.02）[7]を用い，音声波形，F0曲線及びサウンドスペクトログラムを参照しながら，すべて手作業で行った。図2-6に例を示す。上端は音声波形，下端はF0曲線である。「丸いお盆にお茶を載せた」の「丸い」にフォーカスがある発話で，この場合dephrasingの有無を検討するのは「丸いお盆に」である。この2文節のF0曲線をみると，maからruにかけて急に上昇し，ruからは単調に下降している。/b/の区間でF0が凹んでおり，一時的に下降した後再度上昇したようにみえるが，これは破裂音/b/のmicro prosodyによる変動で（Kohler 1990, Silverman 1990），本研究で注目する句頭の上昇によるものではない。「丸い」と「お盆に」の間にAP境界が存在しないので，このような場合はdephrasingが生じたと認定した。Dephrasingが生じたと認定した場合は，TextGridファイル（Praat用アノテーション形式ファイル）に「1」，生じていないと認定した場合は「0」を記入し，1，0のデータはマイクロソフト・エクセル及びtextファイルを用いて管理した。

なお，図2-6では「ちゃ（cja）」の破裂音のため明確ではないが，「丸いお盆に」だけでなく，「丸いお盆にお茶を載せた」全体が一つのAPにまとまっているようにみえる。「丸い」にあるフォーカスが「丸い」以降のイントネーションに影響を与えているためと考えられる。フォーカスの影響については第6章で詳述する。

---

7 http://www.fon.hum.uva.nl/praat/ よりダウンロード可能。

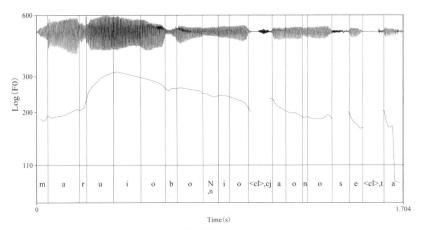

図 2-6 「丸いお盆にお茶を載せた」の F0 曲線 (話者 F2)

2.3 分析方法

　先行研究の多くは，特定の条件では必ず dephrasing が生じるという言語観に基づいている (1.5 節参照)。逆に解釈すると，特定の条件では dephrasing が生じないということになる。実際に，アクセント型の組み合わせの影響を検討した先行研究のほとんどが dephrasing が生じる組み合わせと生じない組み合わせを特定している。しかし，現実のデータをみると，同じアクセント型の組み合わせでも dephrasing は生じることも生じないこともある。従って，dephrasing の生起環境を的確に把握するためには，例えば「無核＋無核」で dephrasing が生じるか否かを論ずるより，まず dephrasing が生じた比率を算出し，「無核＋有核」「有核＋無核」「有核＋有核」と比較する必要があると思われる。本研究では上述の認識に立ち，確率論的な観点から dephrasing の現象を分析する。

　1.5 節で述べたように，本研究で取り上げる要因は，2 文節の合計モーラ数，発話速度，修飾関係，統語機能，アクセント型の組み合わせ，フォーカス，統語境界，2 文節の位置，レジスター，話者の性別，学歴，年齢の 12 要因である。第 3 章から第 8 章までは各要因の影響を検討し，第 9 章では多数の要因を同時に考慮した統計モデルを構築することで要因間の関係を検

討する。なお，次章から第8章までは当該章で検討する要因をタイトルとする。

第3章

2 文節の合計モーラ数及び発話速度

3.1 導入

　本章では，2 文節の合計モーラ数及び発話速度が dephrasing の生起に与える影響を検討する。モーラ数と発話速度は，統語構造とは無関係であるが，種々の音声現象の解明に関わる重要な要因とされる。まず，本節では，イタリア語，スペイン語，ギリシャ語，韓国語において文字列 (string) の長さと発話速度がそれぞれ AP，IP の形成に関係することを指摘した研究を概観し，東京語における dephrasing の生起要因として 2 文節の合計モーラ数と発話速度を取り上げる妥当性を検討する。

　Nespor and Vogel (2007, p. 187) は，文字列の長さと発話速度は IP 数が減少する（IP 境界が消滅する）現象と関係するとしている。特に，発話速度が速い場合には，2IP で発話されたものが 1IP で発話される傾向があると報告している[1]。イタリア語，スペイン語，ギリシャ語を検討しているが，主な結果をまとめると以下のようになる。

　イタリア語のトスカナ方言には，無声破裂音 [p, t, k] が母音に挟まれた

1　Nespor and Vogel (2007, p. 16) は，英語に関する韻律階層として，syllable < foot < phonological word < clitic group < phonological phrase < intonational phrase を提案している。この場合，phonological phrase と intonational phrase は，本研究における accentual phrase と intermediate phrase にほぼ相当すると考えられる。

環境で無声摩擦音 [ɸ, θ, h] に変化する Gorgia Toscana 規則（GT）がある。Nespor and Vogel（2007）は，話者 5 名が読み上げた 900 文について GT の現れる環境を調べた結果，母音と無声破裂音 [p, t, k] の間に IP 境界が存在しない場合は GT が適用されるが，IP 境界が存在する場合は GT が適用されないと述べている。(3.1) はその例である。下線の「＿」は GT が適用されることを表しており，「⌣」は適用されないことを表している。[I は IP の発端，]I は IP の終端を表している。

(3.1) (a) では corre の c[k] に GT が適用されているのに対して，(b) では GT が適用されていない。Nespor and Vogel（2007）は，(a) では先行する nigeriano の母音 o と corre の間に IP 境界が存在しないが，(b) では IP 境界が存在するためであると説明している。そして，(3.1) (a) と (b) のように，同じ発話文においても IP 数が異なる原因として発話速度の影響を指摘している。

(3.1) Nespor and Vogel (2007, p. 206)
  (a) [I Il pericolosissimo struzzo nigeriano corre più velocemente di quello siriano]I
    ' The extremely dangerous Nigerian ostrich runs faster than the Syrian one. '
  (b) [I Il pericolosissimo struzzo nigeriano]I [I corre più velocemente di quello siriano]I

また，スペイン語の鼻音は後続子音に同化するとされる（Nasal Assimilation, NA）。(3.2) (a) のように tiene[n] に cuatro が後続する場合は，tiene[n] の [n] が cuatro の c[k] に同化して同じ軟口蓋音の [ŋ] で発音される。

(3.2) Nespor and Vogel (2007, pp. 44–45)
  (a) tiene[ŋ] cuatro gatos (< tiene[n])
    '(they) have four cats '
  (b) canta[m] bien (< canta[n])
    '(they) sing well '

（c）no se vea aquella especia de escorpió[n̠]（< escorpió[n]）

'（one）doesn't see that speciese of scorpion very frequently in Brazil.'

　Nespor and Vogel（2007）は，このような NA は，当該鼻音と後続子音の間に IP 境界が存在しない場合にのみ現れるとしている。例えば，次の（3.3）（a）において escorpión, espantó, tucán, espantó, faisán の鼻音 /n/ はそれぞれ後続子音に同化するが，これは鼻音と後続子音の間に IP 境界が存在しないからである。一方，（b）の escorpión, tucán, faisán のように，鼻音 /n/ と後続子音の間に IP 境界が存在する環境では NA が適用されない。Nespor and Vogel（2007）は，このような NA は，IP の文字列の長さ及び発話速度の影響を受けやすいと述べている。

（3.3）Nespor and Vogel（2007, p. 213）

　　（a）[I Eso es el escorpió̠n que espa̠ntó al tucá̠n que espa̠ntó al faisá̠n que se paseaba en el jardín]I

　　　' That is the scorpion that frightened the toucan that frightened the pheasant that was taking a walk in the garden. '

　　（b）[I Eso es el escorpió̠n]I [I que espa̠ntó al tucá̠n]I [I que espa̠ntó al faisá̠n]I [I que se paseaba en el jardín]I

　次の（3.4）は，ギリシャ語にみられる s-Voicing（SV）が，GT，NA と同様に，IP 境界が存在しない場合にのみ現れることを示している。S-Voicing（SV）とは，無声音 /s/ が有声子音の前で有声化する現象である。「＿」は SV が適用されること，「＿」は適用されないことを表している。

（3.4）Nespor and Vogel（2007, p. 215）

　　（a）το σπίτι τις μητέρας της Μαρίας μου αρέσει πολύ.

　　　[I to spíti ti̠s mitéra̠s tis Mar ía̠s mu arési polí]I

　　　' The house of the mother of Mary pleases me a lot. '

　　（b）[I to spíti ti̠s mitéra̠s tis Marías]I [I mu arési polí]I

（3.4）(a) は 1IP であるが，(b) は Marías の後ろに IP 境界が置かれ，2IP
となっている。(a) において，mitéras に先行する tis，Marías に先行する
tis，mu に先行する Marías の最後の s にはそれぞれ SV が適用される。一
方，(b) において，mitéras に先行する tis と Marías に先行する tis には SV
が適用されるが，mu に先行する Marías には SV が適用されない。Nespor
and Vogel (2007, p. 215) によると，発話速度が速いときは (3.4) (a) のよう
に 1IP が形成され，発話速度が遅いときは (3.4) (b) のように 2IP が形成さ
れる。

　最後に，韓国語を対象とした Jun (1993) によれば，発話速度の速い場合
には AP 数が減少する傾向がある。Jun (1993, p. 180) の例を図 3-1 に示す。
同図の (a) は普通の速度，(b) はより速い速度で発話したもので，(b) にお
ける空白は (a) との時間差を表している（{ } は AP）。図からわかるよう
に，普通の発話速度 (a) では {igən} {ɑdʒu} {ʧoin} {kirimija} の 4AP をなして
いるものが，より速い発話速度 (b) では {igən} {ɑdʒu dʒoin girimija} の 2AP
をなしている。

　また，韓国語の語頭無声破裂音は，母音に挟まれた環境で有声化する傾向
があるが，このような語頭無声破裂音の有声化は，先行する母音と語頭無声
破裂音の間に AP 境界が存在しない場合にのみ現れるとしている。図 3-1 (a)
における語頭無声破裂音 /ʧ/, /k/ が発話速度の速い (b) では /dʒ/, /g/ と有声
化していることがその根拠である。このような発話速度の効果は，AP と IP
に共通すると述べている。

　さらに，Jun (1993, p. 181) は，5 音節を超える場合は 2AP に分離され
るとしている。例えば，/mi.un − kaŋ.i.nin − ʧa.gin − kjəŋ.mi.ɾil − ʧo.a.he/'Ugly
Kangi likes small Kyungmi' は，通常 {mi.un − gaŋ.i.nin} {ʧa.gin − gjəŋ.mi.ɾil}
{ʧo.a.he} の 3AP をなすが，第 2 文節と第 4 文節の音節数が増加した /mi.un
− kaŋ.man.i.ne.nin − ʧa.gin − kjəŋ.man.i.ne.ɾil − ʧo.a.he/ 'Ugly Kangman's mom (or
Kangman's family) likes small Kyungman's mom (or Kyungman's family)' は {mi.
un} {kaŋ.man.i.ne.nin} {ʧa.gin} {kjəŋ.man.i.ne.ɾil} {ʧo.a.he} のように 5AP をな
すとしている（/./ は音節の境界，/−/ は文節の境界，筆者による）。

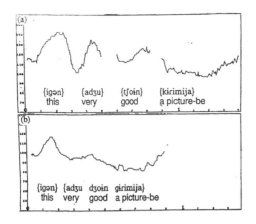

図 3-1　発話速度と AP 数の関係 (Jun 1993, p. 180 より作成)

以上で Nespor and Vogel (2007), Jun (1993) を検討したが, これらの研究はイタリア語, スペイン語, ギリシャ語, 韓国語だけでなく, 日本語においてもモーラ数及び発話速度が AP の形成に関与している可能性を示唆している。

3.2　先行研究

本節では東京語における dephrasing の生起要因として, 2 文節の合計モーラ数及び発話速度に言及した研究を概観し, 先行研究の問題点を述べる。まず, モーラ数の影響を示唆している Poser (1984) を検討し, 発話速度の影響を指摘している Kohno (1980), Selkirk and Tateishi (1988) を検討する。

3.2.1　Poser (1984)

Poser (1984) では, 以下のようにモーラ数の影響を示唆する内容が記されている。ここでいう minor phrase は AP と同じ概念である。

(3.5)　…it is certainly true that speakers tend to avoid extremely large minor phrases (p. 153).

36 | 第3章 2文節の合計モーラ数及び発話速度

(3.6)　　The size and number of the minor phrases within a parent constituent influences the decision as to whether to unify the parent. There is a tendency to avoid constructing excessively large minor phrases (p. 155).

　要約すると，話者は発話するとき長大な AP を避ける傾向があり，AP の個数や大きさは dephrasing の生起に関係している，ということである。いずれも一つの AP に含まれる語数を意識した表現であると推察されるが，日本語において AP の大きさを比較できる韻律単位はモーラであるので，モーラ数の影響を示唆しているものと解釈される。しかし，Poser (1984) では定量分析が行われておらず，モーラ数が大きい場合と小さい場合とで dephrasing 率の差がどの程度あるかを比較できない。また，1AP を構成するモーラ数の大きさには言及しているが，2文節の前部，後部のモーラ数には言及していない。

3.2.2　Kohno (1980)

　Kohno (1980) は，kotorini tumetai mizuo yatta を普通の速度で発話すると (3.7) (a) のように 4AP になるが，より速い速度で発話すると (3.7) (b) のように 2AP になる傾向があると述べている。発話速度が dephrasing の生起に影響することを示唆しているが，定量分析は行っていない。

(3.7)　Kohno (1980, p. 56)
　　(a) ko|tori ni　tu|metai　mi|zu o　yat|-ta
　　(b) ko|tori ni　tu|metai mizu o yat-ta

3.2.3　Selkirk and Tateishi (1988)

　Selkirk and Tateishi (1988) は，AP の形成条件について検討している。(3.8) のように発話速度が遅い環境では 1文節が 1AP を形成すると述べている。すなわち，発話速度が遅い場合には AP 数が増加するということである。Minor phrase は AP と同じ概念である。

（3.8） Selkirk and Tateishi（1988, p. 327）

All speakers allow unary Minor Phrases, consisting of single Prosodic Words, usually in slower tempos.

　以上，先行研究を概観した。多くの研究が 2 文節の合計モーラ数と発話速度の影響を指摘しているが，実際にその関係を定量的に分析した研究は見当たらない。次節以降では 2 文節の合計モーラ数及び発話速度が dephrasing の生起にどのように影響するかを定量的に調べる。3.3 節で 2 文節の合計モーラ数の影響，3.4 節で発話速度の影響を検討し，3.5 節では分析結果をまとめる。

3.3　2 文節の合計モーラ数

3.3.1　研究方法

　3.3 節では，2 文節の合計モーラ数が dephrasing の生起に及ぼす影響を明らかにする。前部，後部の各モーラ数の影響もあわせて検討する。資料は，CSJ の 7650 サンプルを対象とする（2.2.1 節参照）。

　検討する 2 文節の合計モーラ数の範囲を決める前に，まず 2 文節の修飾関係を「形容詞 + 名詞（AN）」「動詞 + 名詞（VN）」「名詞ノ + 名詞（NN）」「名詞ガ各 + 動詞（gaV）」「名詞ヲ格 + 動詞（woV）」の 5 種類に限定した。CSJ では「文節」単位でモーラ数の情報が提供されているので，この文節情報を用いて修飾関係別に 2 文節の合計モーラ数を調べた。2 文節の合計モーラ数ごとに dephrasing 率を算出した結果，いずれの修飾関係においても合計モーラ数が 6 モーラ未満であるか 13 モーラを超過する場合は，dephrasing 率が 0 であるデータが多かったので，2 文節の合計モーラ数はこの 6〜13 モーラの範囲内で検討することにした（ただし，AN の 13 モーラの dephrasing 率は 0 である）。各文節（前部，後部）の最小モーラ数は 2 モーラ，最大モーラ数は 9 モーラである。

　修飾関係と dephrasing の関係は第 4 章で，修飾関係と 2 文節の合計モーラ数の交互作用は第 9 章で検討することとし，ここでは 2 文節の合計モーラ数と dephrasing の関係を中心に分析を行う。

3.3.2 分析

2文節の合計モーラ数6～13モーラごとにdephrasingが生じたデータと生じていないデータを集計した。合計モーラ数がAPの形成に影響するならば，dephrasing率は合計モーラ数6モーラで最高値を示し，13モーラで最低値を示すはずである。他方，6～13モーラにおけるdephrasing率がすべて同じ場合には，2文節の合計モーラ数はdephrasingの生起に関与しないことになる。集計の結果を表3-1と図3-2に示す。表中の「N」列はサンプル数である。

表3-1　2文節の合計モーラ数別dephrasingの生起頻度

2文節の合計モーラ数	N	dephrasingあり	dephrasingなし
6モーラ	766	624	142
7モーラ	1116	763	353
8モーラ	1371	751	620
9モーラ	1389	665	724
10モーラ	1136	388	748
11モーラ	814	257	557
12モーラ	629	169	460
13モーラ	429	75	354
計	7650	3692	3958

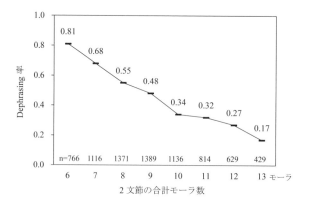

図3-2　2文節の合計モーラ数ごとのdephrasing率

3.3 2文節の合計モーラ数 | 39

　図 3-2 は 2 文節の合計モーラ数が増加するにつれ dephrasing 率が減少することを示している。モーラ数が最も少ない 6 モーラでは 0.81，最も多い 13 モーラでは 0.17 で，その差は 4.76 倍にもなる。7650 サンプル全体の dephrasing 率は 0.4826 である[2]。

　以下では，2 文節の合計モーラ数を説明変数とした統計モデルにより，dephrasing の生起がどの程度予測できるかを検討する。一般化線形混合モデル（Generalized Liner Mixed Model: GLMM，Breslow and Clayton 1993，久保 2012）のロジスティック回帰分析を行い，パラメータを推定するが，まず dephrasing の生起と 2 文節の合計モーラ数がどのようにモデル化されるかについて述べる。

　Dephrasing が生じる確率を P としたとき，dephrasing が生じない確率は 1-P で表される。P/(1-P) はオッズ，その対数をとったものは対数オッズ（あるいはロジット）と呼ばれる。Dephrasing が生じる確率と 2 文節の合計モーラ数（X_1）が線形関係にあると仮定して一次式で表すと (3.9) のようになる。b_0 は切片，b_1 は傾き，X_1 は説明変数であり，(3.9) を一般化線形モデル（Generalized Liner Model: GLM）と呼んでいる。説明変数はある現象（目的変数）を説明するために用いられる変数で，説明変数 X_1 を除外した b_0，b_1 をあわせてパラメータ（あるいは係数）と呼んでいる。これに各個体を独立的なパラメータ（r_i）として追加したのが一般化線形混合モデル（GLMM）である。式で示すと (3.10) のようになる。固定効果（b_0，b_1X_1）とランダム効果（r_i）で構成されるという意味で「混合」モデルと呼ばれている。ランダム効果は個体差あるいは場所差の効果を表すものとしてよく使われるが，本研究ではもっぱら個人差を検討するために利用する。(3.10) を変形すると (3.11) のようになる。GLM，GLMM の目的はパラメータ（主に b_1）を推定することにある。

(3.9)　　$\log\left(\dfrac{P}{1-P}\right) = b_0 + b_1 X_1$

(3.10)　　$\log\left(\dfrac{P}{1-P}\right) = b_0 + b_1 X_1 + r_i$

2　サンプル全体の dephrasing 率は，説明変数を持たないヌルモデルの正答率でもある。モデルの正答率は一般に百分率で示すため，百分率に換算することを考慮して小数点第 4 位まで求めた。

40 | 第3章 2文節の合計モーラ数及び発話速度

$$(3.11) \quad P = \frac{1}{1+\exp^{\{-(b_0+b_1X_1+r_i)\}}}$$

　2文節の合計モーラ数を説明変数とした場合，dephrasing の生起がどの程度予測できるかを検討するため，GLMM のロジスティック回帰分析を行い，パラメータを推定した。GLMM の作成には，R言語（Ver.3.0.2）の lme4 パッケージの glmer 関数を用い，dephrasing の有無（1,0）を目的変数，2文節の合計モーラ数を固定効果，被験者の個体差をランダム効果として指定した。Rの出力結果を表 3-2 に示す。

表 3-2　Dephrasing の有無を目的変数とし，2文節の合計モーラ数を固定効果，話者の個体差をランダム効果とした GLMM によるパラメータ推定

Random effects:	Groups Name	Variance	Std.Dev.		
	SpeakerID（Intercept）	0.2562	0.5062		
	Number of obs: 7650, groups: SpeakerID, 137				
Fixed effects:		Estimate	Std. Error	z value	Pr (>|z|)
	（Intercept）	3.6752	0.1385	26.54	<2e-16 ***
	2文節の合計モーラ数	-0.4183	0.0144	-29.05	<2e-16 ***

(Signif. codes: 0 '***' 0.001 '**' 0.01 '*' 0.05 '.' 0.1 ' ' 1)

　パラメータの推定値（Estimate）が -0.4183 と負の値を示しているのは，2文節の合計モーラ数の増加が dephrasing 率を低下させる効果を持つことを意味する。この推定値を用いて GLMM を式で表すと次のようになる。予測値は通常 y ハットで表されるが，ここでは便宜上 y と表記する。

$$(3.12) \quad y = 1/[1+\exp^{\{-(3.6752-0.4183\times2\text{文節の合計モーラ数}+(1|subjec))\}}]$$

　（3.12）の GLMM が予測する dephrasing の有無（1,0）を実際に発話された 7650 個のデータにフィッティングした結果，予測値と観測値の一致率（以下，正答率）は 67.95％であった。切片のみを含むヌルモデルの正答率が 48.26％であるので（サンプル全体の dephrasing 率を百分率に換算した値），19.69％上昇したことになる。

3.3 2文節の合計モーラ数

　ところで，2文節の合計モーラ数が増加するということは，前部，後部のいずれかが増加することを意味する。そこで，実際に前部，後部のいずれか一方のみの増加であっても dephrasing 率が減少するかを調べた。図 3-3 の横軸は前部のモーラ数，縦軸は dephrasing 率，図中の折れ線の別は後部のモーラ数を示している[3]。まず，後部が 2 モーラである 2 文節をみると（折れ線②），前部のモーラ数が最も小さい 4 モーラでは dephrasing 率が最も高く（0.88），前部のモーラ数が最も大きい 9 モーラでは dephrasing 率が最も低くなっており（0.43），前部のモーラ数のみが増加しても dephrasing 率が減少することがわかる。前部が 4 モーラである 2 文節においても，後部のモーラ数が最も小さい 2 モーラでは dephrasing 率が最も高く（0.88），後部のモーラ数が最も大きい 9 モーラでは最も低くなっており（0.13），後部のモーラ数のみが増加しても dephrasing 率が減少することがわかる。他の合計モーラ数を対象にした場合にも同様の傾向がみられる。従って，前部のモーラ数のみが増加しても dephrasing 率が低下し，後部のモーラ数のみが増加しても dephrasing 率が低下するといえる。

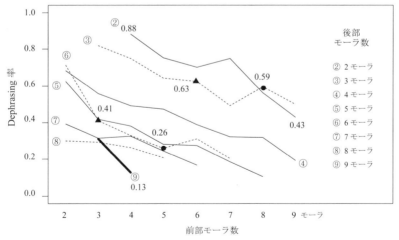

図 3-3　前部・後部のモーラ数と dephrasing 生起との関係

3　後部が 9 モーラである場合，前部のモーラ数は 2〜4 モーラのいずれかになる。ただし，後部が 9 モーラで前部が 2 モーラである 2 文節では dephrasing 率が 0 であったので，後部が 9 モーラである場合，前部のモーラ数は 3 モーラ，4 モーラのみが示されている。

前部と後部のモーラ数の違いも dephrasing の生起に関係しているようである。例えば，合計モーラ数が9モーラであるとき，前部と後部のモーラ数は 2＋7, 3＋6, 4＋5, 5＋4, 6＋3, 7＋2 モーラのいずれかであるが，前部のモーラ数が後部より大きい場合（5＋4, 6＋3, 7＋2 モーラ）と小さい場合（2＋7, 3＋6, 4＋5 モーラ）とで dephrasing 率に差がみられる。図 3-3 中の▲ 0.63 は 6＋3 モーラで構成された 9 モーラの dephrasing 率であるが，前部のモーラ数が後部より小さい 3＋6 モーラの dephrasing 率は▲ 0.41 で 0.22 も低下している。また，8＋3 モーラと 5＋6 モーラはいずれも 11 モーラであるが，前部が後部より大きい 8＋3 モーラでは● 0.59 であるのに対し，前部が後部より小さい 5＋6 モーラでは● 0.26 まで低下している。

他の合計モーラ数の場合にも同様の傾向がみられるかを検討するため，合計モーラ数 6～13 モーラごとに，前部が後部より大きい場合と逆の場合に分け dephrasing 率を計算した。前部と後部のモーラ数が同じデータ（3＋3, 4＋4, 5＋5, 6＋6 モーラ）は除外した。分析の結果を図 3-4 に示す。13 モーラを除くほぼすべての合計モーラ数において，前部のモーラ数が後部より大きい「長＋短」がその逆の「短＋長」より dephrasing 率が高くなっている。2 文節の合計モーラ数が同じであっても，前部のモーラ数が後部より大きい方が dephrasing 率がより高いことを示している。

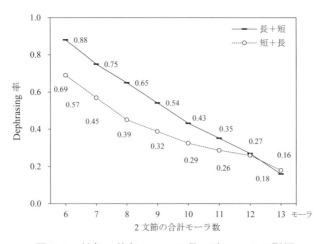

図 3-4　前部・後部のモーラ数の違いによる影響

3.3.3 議論

2文節の合計モーラ数が増加するにつれて dephrasing 率は単調に減少した。また，前部のモーラ数のみが増加しても dephrasing 率は減少し，後部のモーラ数のみが増加しても減少した（図3-3 参照）。Poser（1984）が述べているように，発話の際にはモーラ数の多い AP を避ける傾向があるためと思われる。2文節の合計モーラ数が同じ場合は，前部のモーラ数が後部より大きい方が dephrasing 率がより高かった（図3-4 参照）。

Sugahara（2002, p. 656）は2文節の間に統語境界が存在せず，前部，後部とも無核で，前部にフォーカスがあるときにのみ dephrasing が生じるとしている。つまり，2文節の間に統語境界が存在せず，「無核＋無核」で構成されていても前部にフォーカスが置かれない場合には dephrasing は生じないとしている。しかし，Sugahara（2002）は14モーラに及ぶ2文節（yokohama-de＋yunyuu-daikooya-no, yokohama-no＋yunyuu-daikooya-de）を分析に用いている。本研究で検討した13モーラの dephrasing 率が0.17 であることを考えると（図3-2 参照），Sugahara（2002）でも0.17 と同程度かこれより低い数値が得られていることが推察される[4]。Sugahara（2002）の結果は，モーラ数が多い場合にも2文節の間に統語境界が存在せず，前部，後部とも無核で，前部にフォーカスがある条件では dephrasing が生じることがあることを示している点で重要な意味を持つ。ただし，モーラ数の影響のため，統語境界，アクセント型の組み合わせ，フォーカスの影響が現れなかった可能性も考えられる。統語境界，アクセント型の組み合わせ，フォーカスの影響を調べる際には，14モーラより小さいモーラを対象に分析を行い，Sugahara（2002）の結果と比較する必要があると思われる。

3.4　発話速度

3.4.1　研究方法

CSJ の7650 サンプルを対象に発話速度と dephrasing の生起との関係を検

4　Sugahara（2002）は dephrasing 率は分析していない。

討する。初めに 2 文節の合計モーラ数（6〜13 モーラ）をプールして分析を行い，次に 6〜13 モーラごとに分析を行う。発話速度は 2 文節の合計モーラ数を持続時間［秒］で除して求める。2 文節の持続時間は CSJ で提供されている各文節の開始時刻と終了時刻を用いて計算する。

$$（3.13）\quad 発話速度 = \frac{2 \text{文節の合計モーラ数}}{2 \text{文節の持続時間}} \quad ［単位：mora/s］$$

　発話速度が速い場合は AP 数が減少するという Kohno（1980）の指摘及び発話速度が遅い場合は AP 数が増加するという Selkirk and Tateishi（1988）の指摘が正しければ，発話速度の増加に伴い dephrasing 率が上昇するはずである。他方，発話速度が変化しても dephrasing 率に差がなければ，先行研究の記述は支持されないことになる。

3.4.2　分析

　7650 サンプルの個々の発話速度［mora/s］を算出した後，1mora/s 単位で dephrasing が生じたデータと生じていないデータを集計し，dephrasing 率を求めた。表 3-3 は発話速度 1 mora/s 単位で 7650 サンプルを集計したもので，図 3-5 は表 3-3 を基に dephrasing 率を算出したものである。「dephrasing あり」の頻度が 10 未満のものはデータ数が少なく dephrasing 率の差が大きいので図表から除外した。そのため，サンプル数（N）は 7636 となっている。

表3-3　発話速度別 dephrasing の生起頻度

発話速度 [mora/s]	N	dephrasing あり	dephrasing なし	発話速度 [mora/s]	N	dephrasing あり	dephrasing なし
4〜4.9	26	10	16	11〜11.9	719	386	333
5〜5.9	132	51	81	12〜12.9	398	213	185
6〜6.9	459	183	276	13〜13.9	201	130	71
7〜7.9	1084	461	623	14〜14.9	79	43	36
8〜8.9	1653	763	890	15〜15.9	34	23	11
9〜9.9	1601	777	824	16〜16.9	18	12	6
10〜10.9	1232	635	597	計	7636	3687	3949

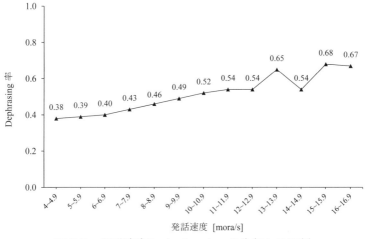

図3-5　発話速度と dephrasing の生起との関係

　図3-5をみると，発話速度の増加に伴い dephrasing 率が増加することがわかる。発話速度が最も遅い 4〜4.9mora/s では dephrasing 率が 0.38 であるが，発話速度が最も速い 16〜16.9mora/s では 0.67 となっている。

　発話速度を説明変数とした場合，7650 サンプルにおける dephrasing の生起がどの程度予測できるかを調べるため，まず dephrasing の有無 (1,0) を目的変数とし，発話速度を固定効果，話者の個体差をランダム効果とした一般化線形混合モデル (GLMM) のロジスティック回帰分析を行い，パラメータを推定した。R の出力結果を表3-4 に示す。発話速度の推定値 (Estimate) が

46 | 第3章 2文節の合計モーラ数及び発話速度

0.15303 と正の値を示しているのは，発話速度の増加が dephrasing 率を上昇
させる効果を持つことを意味する。

表 3-4　Dephrasing の有無を目的変数とし，発話速度を固定効果，話者の
　　　　個体差をランダム効果とした GLMM によるパラメータ推定

Random effects:	Groups Name		Variance	Std.Dev.		
	SpeakerID (Intercept)		0.2531	0.5031		
	Number of obs: 7650, groups: SpeakerID, 137					
Fixed effects:		Estimate	Std. Error	z value	Pr (>|z|)	
	(Intercept)	-1.52011	0.14223	-10.69	<2e-16	***
	発話速度	0.15303	0.01419	10.78	<2e-16	***

(Signif. codes: 0 `***` 0.001 `**` 0.01 `*` 0.05 `.` 0.1 ` ` 1)

(3.14)　$y = 1/[1 + \exp^{\{-(-1.52011 + 0.15303 \times 発話速度 + (1|subject))\}}]$

　表 3-4 の推定値を用いて発話速度と dephrasing の生起に関する GLMM を
式で表すと（3.14）のようになる。このモデルが予測する dephrasing の有無
（1,0）を 7650 サンプルにフィッティングした結果，正答率は 61.73％であっ
た。ヌルモデル（48.26％。注 2 参照）より 13.47％上昇している。
　図 3-6 は，2 文節の合計モーラ数 6〜13 モーラごとに平均発話速度を求め
たものである。Dephrasing の生起との関係を検討するため，dephrasing が生
じたものと生じていないものに分けた。6〜13 モーラのいずれにおいても
「dephrasing あり」の方が「dephrasing なし」より発話速度が速くなってお
り，合計モーラ数が同じ条件では，発話速度の速い方が dephrasing の生じ
る可能性が高いことがわかる。

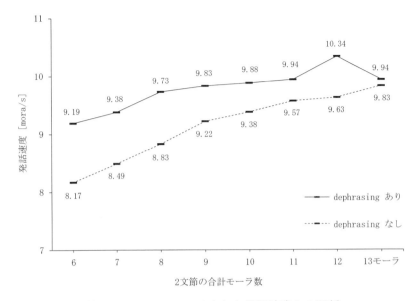

図 3-6　Dephrasing の有無と発話速度との関係

　2 文節の合計モーラ数と発話速度を説明変数とした場合，dephrasing 生起がどの程度予測できるかを調べるために，一般化線形混合モデル（GLMM）のロジスティック回帰分析を行った。モデルの作成には dephrasing の有無（1,0）を目的変数とし，2 文節の合計モーラ数と発話速度を固定効果，被験者の個体差をランダム効果として指定した。分析の結果は表 3-5 の通りである。推定値（Estimate）は 2 文節の合計モーラ数が負の値（-0.46），発話速度が正の値（0.24）で，2 文節の合計モーラ数の増加は dephrasing 率を低下させる効果を持ち，発話速度の増加は dephrasing 率を増大させる効果を持つことを示している。

48 | 第3章 2文節の合計モーラ数及び発話速度

表3-5 Dephrasing の有無を目的変数とし，2文節の合計モーラ数と発話速度を固定効果，話者の個体差をランダム効果とした GLMM によるパラメータ推定

Random effects:	Groups Name		Variance	Std.Dev.		
	SpeakerID（Intercept）		0.2689	0.5186		
	Number of obs: 7650, groups: SpeakerID, 137					
Fixed effects:		Estimate	Std. Error	z value	Pr（>|z|）	
	（Intercept）	1.80921	0.18232	9.923	<2e-16	***
	2文節の合計モーラ数	-0.45604	0.01500	-30.395	<2e-16	***
	発話速度	0.23627	0.01579	14.967	<2e-16	***

(Signif. codes: 0 '***' 0.001 '**' 0.01 '*' 0.05 '.' 0.1 ' ' 1)

$$(3.15) \quad y = 1/[1+\exp^{\{-(1.80921-0.45604\times2文節の合計モーラ数+0.23627\times発話速度+(1|subject))\}}]$$

表3-5の推定値を用いて GLMM を式で表すと（3.15）のようになる。このモデルが予測する dephrasing の有無（1,0）を7650サンプルにフィッティングした結果，モデルの正答率は69.52％であった。ヌルモデル（48.26％）より21.26％上昇している。

3.4.3 議論

発話速度の増加に伴い dephrasing 率が上昇し（図3-5参照），2文節の合計モーラ数（6〜13モーラ）が同じ条件では dephrasing が生じた場合の方が生じていない場合より発話速度が速かった（図3-6参照）。この結果は，発話速度の速い場合は AP 数が減少する傾向があるという Kohno（1980）の指摘及び発話速度の遅い場合は AP 数が増加する傾向があるという Selkirk and Tateishi（1988）の指摘と整合するものである。

図3-7（a）（b）は，五十嵐・菊池・前川（2006）に示されている mayumiga oyo'ida の F0 曲線である。CSJ のアノテーション（BI 層のラベル参照）にも示されているように，（a）では dephrasing が生じており，（b）では生じていない。本研究の分析結果，2文節の合計モーラ数が同じ条件下では dephrasing の生じた発話の方が生じていない発話より平均発話速度が速かったので，図3-7では（a）の方が（b）より発話速度が速いと推定される。また，

二つの曲線の違いは oyo'ida で句頭の上昇が生じているか否かにあるので，これに発話速度の影響を関連付けると，発話速度の速い方が句頭の上昇が消失しやすいことになる．従って，句頭の上昇の有無は発話速度と密接に関係していると考えることができる．

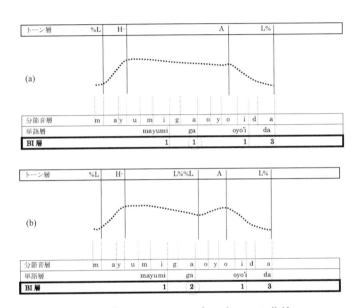

図 3-7 「mayumiga oyo'ida」の F0 曲線
(BI = 1 は語境界，BI = 2 は AP 境界，BI = 3 は IP 境界を表す．五十嵐・菊池・前川 2006 より作成)

3.5 まとめ

本章では CSJ を対象に 2 文節の合計モーラ数 (6〜13 モーラ) 及び発話速度が dephrasing の生起に与える影響を検討した．分析結果をまとめると以下のようになる．

3.5.1　2文節の合計モーラ数の効果

イ）2文節の合計モーラ数（6〜13モーラ）が増加するにつれて dephrasing
率は単調に減少した。6モーラから順に 0.81，0.68，0.55，0.48，0.34，
0.32，0.27，0.17 であった。

ロ）イ）の結果を受け，dephrasing 率の低下に影響するのが，前部のモーラ
数であるか後部のモーラ数であるかを検討したところ，両者ともに関係
していることがわかった。2文節のうち前部のモーラ数のみが増加して
も dephrasing 率が低下し，後部のモーラ数のみが増加しても dephrasing
率は低下した。

ハ）例えば，2文節の合計モーラ数が9モーラである場合，前部と後部の
モーラ数は 2＋7，3＋6，4＋5，5＋4，6＋3，7＋2 モーラのいずれかで
ある。このような前部，後部のモーラ数の差が dephrasing の生起に影響
するかを調べた結果，前部のモーラ数が後部より大きい場合（5＋4，6
＋3，7＋2 モーラ）の方が小さい場合（2＋7，3＋6，4＋5 モーラ）より
dephrasing 率が高かった。

ニ）2文節の合計モーラ数を固定効果とし，話者の個体差をランダム効果と
した GLMM の正答率は 67.95％で，ヌルモデルの正答率（48.26％）よ
り 19.69％上昇した。

　上記のうちイ）と ニ）は，話者は長大な AP を避ける傾向があるという
Poser（1984）の主張と一致している。Poser（1984）は2文節の合計モーラ数
が影響する可能性があることを指摘するに留まっているが，本研究ではその
関係を定量的に明らかにした。

　また，先行研究は前部と後部のモーラ数には注目していないが，本研究で
は前部と後部のモーラ数も dephrasing の生起に関係することを綿密に分析
した。その点で，上記のロ）と ハ）は本研究により得られた新たな知見であ
るといえる。

3.5.2 発話速度の効果

イ）発話速度の増加に伴い，dephrasing 率が上昇した。

ロ）また，2 文節の合計モーラ数 6〜13 モーラのいずれにおいても，dephrasing が生じた場合の方が生じていない場合より発話速度が速かった。

ハ）発話速度を固定効果とし，話者の個体差をランダム効果とした GLMM の正答率はヌルモデル（48.26％）より 13.47％上昇した 61.73％である。

ニ）発話速度と 2 文節の合計モーラ数を固定効果とし，話者の個体差をランダム効果とした GLMM の正答率は 69.52％で，ヌルモデル（48.26％）より 21.26％上昇した。

　上記のイ）〜ハ）は，発話速度が速い場合は AP 数が減少し，遅い場合は AP 数が増加するという Kohno（1980），Selkirk and Tateishi（1988）の主張と整合的である。これらの研究では定量分析を行っていないが，本研究では CSJ を対象に定量分析を行った。また，ニ）のように，発話速度と 2 文節の合計モーラ数，この 2 要因との関係をモデル化した。2 文節の合計モーラ数と発話速度と交互作用については第 9 章で検討する。

3.5.3 今後の課題

　Nespor and Vogel（2007）は，イタリア語・スペイン語・ギリシャ語においては，発話速度が速くなると IP 数が減少する傾向があるとしている（3.1 節参照）。Jun（1993）は韓国語母語話者の発話を分析した結果，発話速度が速くなると AP 数が減少し，2 文節が 5 音節を超えると 2AP に分離されるとしている（3.1 節参照）。本章では，東京語においてはモーラ数の増加とともに dephrasing 率が減少し，発話速度の増加とともに dephrasing 率が上昇することを明らかにした。AP 数，IP 数，dephrasing と検討対象はそれぞれ異なるが，dephrasing が生じると，AP 数，IP 数が減少するので，実質的に扱っている現象は同じである。その点で本研究の結果は，Nespor and Vogel（2007），Jun（1993）を支持しているといえる。

最後に，2文節の合計モーラ数が同じ条件では（例えば9モーラ），前部のモーラ数が大きい方（6＋3モーラ）が後部のモーラ数が大きい方（3＋6モーラ）より dephrasing 率が高いという結果が得られたが，原因は不明である。F0 値などが関係している可能性も考えられるが，これは今後の課題である。

第4章

修飾関係及び統語機能

4.1 導入

　本研究では検討対象の文節数を2文節に限定しているが，この2文節は後部が名詞か動詞かによって連体修飾と連用修飾に分けられ，さらに連体修飾は述語に対してどのような機能を果たすかによって副次補語と必須補語に分けられる。本章では，このような2文節の関係に着目し，dephrasing の生起環境を検討する。

　まず，連体修飾関係にある2文節と連用修飾関係にある2文節の dephrasing 率を算出し，結果を比較する（4.2 節）。その後，2文節全体（連体修飾）が必須補語として機能する場合と副次補語として機能する場合の dephrasing 率を比較する（4.3 節）。

4.2 修飾関係

　2文節の修飾関係が dephrasing の生起に与える影響についても研究が行われている。ただし，「形容詞＋名詞」あるいは「動詞＋名詞」でのみ dephrasing が生じるという指摘と，連体，連用の区別なしに修飾関係にあれば，いずれの場合にも dephrasing が生じるという指摘があり，意見の一致が得られていない。にも拘わらず，修飾関係の影響があまり注目されていな

いのは，その結果を裏付ける理論的な根拠が十分に検討されていないためではないかと思われる。

本研究では，統語的なフォーカスの観点から修飾関係を再解釈し，その結果を基に dephrasing の生起環境を検討する。まず，修飾関係と dephrasing の生起との関係を検討した研究を紹介し，問題点を述べる。その後，統語的な観点からフォーカスを論じた研究を概観し，本研究の方法について述べる。

4.2.1　先行研究

2 文節の修飾関係と dephrasing の生起との関係を検討した研究には，McCawley (1968)，Poser (1984)，Kohno (1980) がある。また，dephrasing の生起については検討していないが，統語的な観点から 2 文節の音調型を分析した研究に郡 (2004, 2008, 2012) がある。本研究と共通する部分があるので，あわせて紹介する。

4.2.1.1　McCawley (1968)

McCawley (1968) は AP 境界が消滅する条件，すなわち dephrasing が生じる条件について次のように説明している（% は AP 境界）[1]。

(4.1)　McCawley (1968, pp. 177–178)

　　　The rules involved in the deletion of % are as follows:

　　　Rule 3. Delete phrase boundary between a modifier and its head if either
　　　　　　of them is unaccented. Here, subject, direct object, adverbial
　　　　　　elements, etc. counts as modifiers of the verb (as they are
　　　　　　traditionally regarded by Japanese scholars).

2 文節のうち一方が無核であるときは修飾語と被修飾語の間の AP 境界が消滅する，と記述されている。動詞を修飾する語の品詞が挙げられていることから，連体修飾ではなく連用修飾について述べていることがわかる。

1　McCawley (1968) に記述されている Rule 1，2 及び cycle 規則については 5.2.2 節を参照。

4.2 修飾関係 | 55

　また，2文節の一方が無核であることを条件としており，アクセント型の組み合わせも dephrasing の生起に関与することを示唆しているが，これについては第5章で検討することにする。

4.2.1.2　Poser (1984)

　Poser (1984) は，dephrasing が生じるのであれば，それは連続する2文節が「形容詞＋名詞」か「動詞＋名詞」で構成された場合にのみ可能であると述べている。「形容詞＋名詞」が一つの AP をなす原理について，次のように説明している。Minor phrase, major phrase はそれぞれ AP，IP に該当する。

(4.2)　Poser (1984, p. 153)

> A good candidate for a strict restriction is that minor phrase boundaries may not be deleted in the locations in which major phrase boundaries tend to occur. Thus, it is possible for a Noun Phrase consisting of an Adjective and a Noun to be produced as either one minor phrase or two, depending on the level at which the analysis of the tree stops.

　すなわち，major phrase (IP) の境界が存在するところでは minor phrase (AP) の境界が消滅しないが，major phrase の境界が存在しないところでは minor phrase の境界が消滅することがある。そして，「形容詞＋名詞」で構成される連体修飾では通常「形容詞」と「名詞」の間に major phrase の境界が存在しないので，この「形容詞＋名詞」では dephrasing が生じることがある，ということである。「動詞＋名詞」で dephrasing が生じることについては，次のように述べている。

(4.3)　Poser (1984, p. 153)

> There is at least one situation in which reanalysis of the syntactic tree is required. This occurs in relative clauses. In Japanese a relative clause is formed by preposing the sentence, with a gap corresponding to the head noun, to the head. Since Japanese is rigidly verb final, this means that the verb of the relative clause always immediately precedes the head

noun. The verb and the following head noun frequently form a single minor phrase which, however, does not include the remainder of the relative clause. This cannot be accounted for in terms of proper analysis, since the verb must extracted from its parent constituent and adjoined to the head noun.

　要約すると，以下の通りである。日本語は英語とは異なり，述語が文の最後に位置する。名詞修飾節の場合も従属節の動詞は主節の名詞の直前に位置するが，このとき，従属節の動詞と主節の名詞が一つの AP にまとまることがしばしばある。Poser（1984）は，このように従属節の動詞が同じ従属節の中の構成要素とではなく，主節の名詞と一つの AP にまとまる現象を統語的に説明するためにはさらなる検討が必要であるとしている。

4.2.1.3　Kohno（1980）

　Kohno（1980）は，dephrasing が生じる環境として（4.4）のように二つの条件を提示している。MiPP は Minor phonological phrase の略語で AP に該当する。PP_2 は 2 文節の前部，PP_1 は後部を表している。まず，（4.4）をみると，2 文節の後部が無核であり，かつ Complex MiPP でないことが条件となっている。Complex MiPP については（4.5）の例を用いて説明する。/ は AP 境界，⌢は dephrasing が生じることを表している。

（4.4）　Kohno（1980, p. 61）

　　　　Minor phonological phrase incorporation:

　　　　　　X　/　PP_2　/　　PP_1　]
　①　　　　　　　　　　　[- accented]　　$\{$ V, NP, S $\}$
　②　　　　Condition : PP_1 is not a Complex MiPP

（4.5）　Kohno（1980, p. 58）

　　[$_{NP0}$ / tonari no [$_{NP1}$ [$_{NP2}$ / akai $\overset{\frown}{/}$ hana no] $\overset{\frown}{/}$ kodomo]] /

　　　　　　　　　　　　　　　　　　　　the neighbor's child with a red nose

　NP_2 の akai hana no においては，akai が PP_2，hana no が PP_1 に当たるが，

PP_1 は（4.4）の2条件を満たしており PP_2 と融合する。また，NP_1 の akai hana no kodomo では akai hana no が PP_2，kodomo が PP_1 に当たるが，このときも PP_1 は（4.4）の2条件を満たしており，PP_2 と融合する。一方，NP_0 の tonari no akai hana no kodomo では，tonari no が PP_2，akai hana no kodomo が PP_1 に当たるが，PP_1 は complex MiPP であり，（4.4）の条件を満たさないため PP_2 と融合しないとしている。NP_0 の PP_1 を complex MiPP と称していることから，ここでいう complex MiPP とは akai hana no kodomo のように，3文節以上からなる AP あるいは dephrasing が繰り返されるものであることがわかる。

　PP_2 と PP_1 の関係として V（動詞句），NP（名詞句），S（文）が示されているが，これは，連用であるか連体であるかの違いは dephrasing の生起に影響しないことを意味している。次の（4.6）は，S，V において dephrasing が生じる例である。

(4.6)　Kohno（1980, pp. 59–60）

 (a)　$[_S$ / kotori ni / mizu o ⌒/ yat-ta$]$

        （Someone）gave some water to a bird.

 (b)　$[_S$ / mizu o / kodomo ga ⌒/ yat-ta$]$

        The child gave some water（to something）.

 (c)　$[_S$ / mizu o / takusan ⌒/ yat-ta$]$

        （Someone）gave water（to something）a lot.

 (d)　/ $[_{V0}$ / $_{V1}$ / $[_N$ denwa $]$ ⌒/ $[_{V3}$ site $]]$ ⌒/ $[_{V2}$ morau$]]$ /

        get（someone）telephone.

4.2.1.4　郡（2004, 2008, 2012）

　郡（2004）では，文節の第1モーラから第2モーラにかけての上昇は，AP（原文では「句」）そのものの特徴ではなくアクセントの一部であり，環境によって顕在化しないと考えるべきであるとされている。その環境とは，「前文節から意味的な限定を受ける場合，しかも前文節が無核か，核位置が文節末に近い場合，あるいは前文節以外にフォーカスがある場合（p. 16）」である。

　郡（2008）は，連体修飾「マ'フラーノア'ンデ（案で）」であるか連用修飾「マ'フラーオア'ンデ（編んで）」であるかという修飾関係の種類は2文節の

音調型に影響しないが，意味的限定関係の有無は影響するとしている。「ス’イスノビ’ール（飲み物）」のように2文節の間に意味的限定関係があるときは，後部（ビ’ール）のF0ピークが抑えられる。一方，「ス’イスノビ’ール（地名）」のように意味的限定関係がないときは，後部のF0ピークは抑えられない。郡（2008）は「名詞ノ＋名詞」と「名詞ヲ格＋動詞」の2種類のみを検討対象としている。

また，郡（2012）も，意味的限定関係にある「ナ’ラノラ’ーメンオ（奈良のラーメンを）」では後部「ラ’ーメンオ」のF0ピークが抑えられるが，意味的限定関係にない「ナ’ラデラ’ーメンオ（奈良でラーメンを）」では後部のF0ピークが抑えられないと報告している。しかし，郡（2004, 2008, 2012）ではdephrasingの現象は取り上げられていない。

本研究では修飾関係ごとにdephrasing率を算出し，その影響を比較するが，郡（2004, 2008, 2012）は意味的限定関係にある場合とない場合に分け，F0ピークを比較している点が異なる。しかし，統語構造的な観点から2文節の音調型を捉えようとする点は共通している。

4.2.1.5　問題点

以上，連用修飾の影響を主張したMcCawley（1968），「形容詞＋名詞」と「動詞＋名詞」の影響を指摘したPoser（1984），連体修飾と連用修飾のいずれにおいてもdephrasingが生じるというKohno（1980）を検討したが，これらの研究は定量分析を行っていない。また，連体修飾と連用修飾を区別しているが，dephrasingの生起条件を探るうえで，このような区別がどのような意味を持つかについては議論していない。

次の4.2.2節では，統語的な観点からフォーカスを論じた研究に基づき，連体と連用の相違を考察する。先行研究によっては「焦点」という語を用いることもあるが，その場合は原文のまま引用する。

4.2.2　修飾とフォーカスの相関に関する研究

4.2.2.1　田窪（1987）

田窪（1987）によれば，焦点位置には，焦点化可能な位置と実際の焦点位

置とがある。このうち，統語的に決定できるのは焦点化可能な位置，すなわち潜在的焦点位置のみであり，実際の焦点は潜在的焦点位置の中から文脈によって決まる。田窪（1987）は，英語において無標の場合に潜在的焦点位置にくるのは補語と制限的修飾語句であるという Greenbaum（1969）の理論が日本語の場合においてもある程度当てはまるとしている。

4.2.2.2　安井（1983）

安井（1983, p. 16）は，統語的なフォーカスの観点から連体と連用の違いを論じている。原文の一部を以下に転載する。

> 次の（8）と（9）は，述部にある名詞に形容詞による修飾語が冠せられている例である。
> 　（8）They were busy people.（彼らは忙しい人たちであった。）
> 　（9）They wanted to buy a new car.（彼らは新しい車を買いたいと思った。）
> これらの場合，修飾要素は名詞の直前の位置に形容詞という形をとって生じており，統語的にみれば，確かに，あってもなくてもよい随意的要素であり，主要語に対しては，従位的要素であるに過ぎない。
> けれども，意味的に，特に情報構造的にみると，事態は逆転する。（8）と（9）の文において，意味的に卓越している部分，すなわち，話し手が問題となっている発話を行う際，聞き手の注意を最も引き付けたいと思っている部分，は修飾要素の部分であるからである。（中略）ほかの条件が同じである限り，義務的要素は，随意的要素に比べ，文の基本的骨組みを支えるという，だれかがしなければならない仕事で，いわば，手一杯といったところがあるからである。
> ある要素が談話の流れの中で意味的な卓越要素であるかないかということをテストする方法はいくつかある。（8）の文を例にとって，次の（10），（11），（12）の文をみることにしよう。
> 　（10）They were not busy people.（中略）
> （10）は（8）に not を加えただけの文であるが，問題は，真に否定の対象となっているのは，どの部分であるかという点にある。「彼らが

60 | 第4章 修飾関係及び統語機能

人である」ことは既定の事実でそれを否定することはできない。した
がって，否定作用の対象は busy という部分であることになる。とい
うことは，これが意味的卓越部であるということである。一般に，否
定の対象となるのは，その文における情報価値の最も高い部分である
ことが知られているからである。（中略）

(15) a. The red book on the shelf is about semantics.

（棚の上の 赤い本は意味論の本だ。）

　　b. That cold cup of coffee you left on the table is of very best
quality.（あの，君がテーブルの上に残して冷たくなったコー
ヒーは極上のものだ。）

これらの場合，主語の名詞を修飾している要素に「限定」という働き
のあることは，否定のしようがないと思われる。

　話し手が聞き手の注意を最も引き付けたいと思っている部分，または情報
価値の最も高い部分を随意的要素と称しているが，この随意的要素には統語
的な面でフォーカスがあると考えることができる。例えば，上記の「新しい
車」の「新しい」は，統語的には存在しなくてもよい随意的要素であるが，
大きい車，黒い車，古い車などではなく，新しい車であることを取り立てる
という点でフォーカスがあると考えられる。また，「棚の上の赤い本」の中
の「棚の上の」「赤い」も統語的には存在しなくてもよい随意的要素である
が，椅子の下，鞄の中などではなく棚の上であること，小さい本，厚い本，
青い本などではなく赤い本であることを強調するという点でフォーカスがあ
るといえる。安井 (1983) の例に示されている「忙しい」「新しい」「棚の上
の」「赤い」はすべて田窪 (1987) が指摘している潜在的焦点位置に当たる。

4.2.2.3　金水 (1986)

　金水 (1986) も修飾と限定について論じている。この研究によれば，「焼
いた魚を食べた」において「焼いた」は「魚」に対して限定を行う。それは
「焼いた魚」の集合が「魚」の真部分集合であるためである。このような限
定を行う形式として「形容詞類・動詞による連体修飾」を挙げており，限定
は焦点とも密接に関連するとしている。ただし，限定の働きは統語構造のみ

で特徴付けられるものではないと述べ，次の例を挙げている。

「どのような映画をみようかと家族で相談した結果，今回は (A) 息子が好きな映画を見ることにした」では「息子が好きな」に焦点が置かれる。しかし，「日曜日に何をしようかと家族で相談した結果，今回は (B) 息子が好きな映画を見ることにした」では「映画」に焦点が置かれる。このとき，焦点のある部分は音声的に強調されるが，音声的に強調される部分を取り替えることはできない。そして一般に，限定的連体 (A) には焦点が置かれやすく，情報付加連体 (B) には焦点が置けないとしている (A，B の表記は筆者による)。

4.2.3 研究方法

本研究では，田窪 (1987)，安井 (1983) に基づき，修飾により同一のパラダイムに存在する複数の要素の中から一つの要素を取り立てることを統語的フォーカスと定義する。そして，連体修飾の前部には統語的フォーカスがあるが，連用修飾 (名詞助詞＋動詞) の前部には統語的フォーカスがないことが多いと仮定し，この仮定から予想される dephrasing の生起頻度の偏りがデータに観察されるかどうかを検討する。連体修飾は「形容詞＋名詞 (AN)」「動詞＋名詞 (VN)」「名詞ノ＋名詞 (NN)」の 3 種類，連用修飾は「名詞ガ格＋動詞 (gaV)」「名詞ヲ格＋動詞 (woV)」の 2 種類を対象とする。この 5 種類は，全 (2013) の分析結果を参考にした[2]。

2　筆者は先に連続する 2 文節が一つにまとまっている発話を対象に修飾関係を分析した。NHK (日本放送協会) のウェブに公開されているラジオとテレビのニュースが一部一致していることを知り，ウェブから二人のアナウンサー (ラジオニュースとテレビニュースのアナウンサー) の音声をダウンロードして二人の発話に共通して連続する 2 文節が一つにまとまっているデータを収集した後，その修飾関係を分析した。結果，「名詞助詞＋動詞」(35.4%)，「名詞ノ＋名詞」(19%)，「〜テイル」(16.5%)，「形容詞＋名詞」(10.1%)，「〜トイウ」(7.6%)，「程度副詞＋動詞」(7.6%)，「動詞＋名詞」(3.8%) の 7 種類で構成されていることがわかった。本研究では，この中から「形容詞＋名詞」「動詞＋名詞」「名詞ノ＋名詞」「名詞助詞＋動詞」を採用し，さらに「名詞助詞＋動詞」の場合は，助詞をガ格とヲ格の 2 種類に分けた。「程度副詞＋動詞」は，程度副詞にフォーカスが置かれている可能性があると判断し対象から除外した。なお，この 7 種類の中には，2 文節の後部がイ形容詞，ナ形容詞である構造 (例：気温が高いです) は含まれていない。ニュース記事の特性上，元々形容詞類の述語が少ないか，句頭の上昇が認められ，収集対象から除外された可能性がある。

62 | 第4章 修飾関係及び統語機能

分析は，CSJと実験資料の両方を対象とする（表4-1）。CSJ資料の場合，
2文節の合計モーラ数は6～13モーラで，アクセント核の位置は統一してい
ない。実験資料は，2文節の合計モーラ数は8モーラ（ANは7モーラ）で，
アクセント核は第2モーラにある（4.2.3.2節参照）。以下では，CSJからの
データ抽出方法及び実験文について説明する。

表4-1 データの構成

要因	水準	例	統語構造	フォーカス
修飾関係	形容詞＋名詞（AN） 動詞＋名詞（VN） 名詞ノ＋名詞（NN）	赤い車 料理する男 妹の鞄	前部が後部の随意的要素	前部にフォーカスあり
	名詞ガ格＋動詞（gaV） 名詞ヲ格＋動詞（woV）	日が出る 雑誌を読む	前部が後部の義務的要素	前部にフォーカスなし
	CSJ，実験資料			
2文節の合計モーラ数	CSJ：6～13モーラ			
	実験資料：8モーラ（ANは7モーラ）			

4.2.3.1 CSJからのデータ抽出

CSJコアには文節情報の下位階層に，長単位と短単位と呼ばれる2種類の
単位の形態論情報が付与されている（小椋 2006）[3]。長単位は，文節単位を自
立語と非自立語とに分割し，それによって得られたものを1単位としてい
る。AN，VN，NN，gaV，woVを抽出するためには，自立語と非自立語の
情報が必要であるので，データの検索には主に長単位情報を用いた。また，
CSJの文節情報，係り受け構造情報，韻律情報を用いた。以下，2文節の検
索方法について述べる。

まず，時間的に連続している2文節を抽出するため，CSJの文節情報を用
いて前部の終了時刻と後部の開始時刻が一致するものに限定し，係り受け構

---

3 例えば，「（Fえ）私は（Fあの）元々旅行が大変好きで，で，独身時代から（Fえー）世界各
国を」（TalkID＝S00F0014）は，短単位で分割すると，|（Fえ）|私|は|（Fあの）|元々|旅行|
が|大変|好き|で|で|独身|時代|から|（Fえー）|世界|各国|を|であるが，長単位で分割
すると，|（Fえ）|私|は|（Fあの）|元々|旅行|が|大変|好きで|で|独身時代|か
ら|（Fえー）|世界各国|を|である。

造情報を用いて前部と後部が係り受け関係にあるものに限定した。AN, VN
を検索する際には，「楽しい＋思い出」「旅行した＋経験」のように前部が連
体形であるものだけを対象とし，「検討すべき＋問題点」のように連体形以
外の非自立語が含まれるものは事例をみながら手作業で除外した。

　GaV, woV の場合は，「映画が＋始まるのを＋待っていた」「予約を＋取
るのが＋難しい」のように，2 文節の後部（下線部の第 2 文節）がその後続
文節（第 3 文節）に係るものは対象外とした。GaV においては「この子は逆
上がりができる」「田中さんには娘さんがいる」のようにガ格が主体ではな
く能力の対象や所有の対象を表すことがあるが（日本語記述文法研究会編
2009），本研究ではガ格が主体を表すかどうかは区別していない。

　後部の自立語の品詞は名詞（連体）及び動詞（連用）に限定したが，これに
続く非自立語の有無及び品詞は限定していない。例えば，NN であれば，後
部に非自立語のない「昔の＋写真」と非自立語のある「昔の＋写真を」がす
べて含まれている。

　また，「資料がない人」の「ない＋人」のように AN における形容詞が
「無い」に対応するもの，「来なかった＋理由」のように前部に否定形が含ま
れるものは否定の意味にフォーカスが存在する可能性があると判断し，対象
から外した。

　CSJ では話し言葉の中に現れる様々な非流暢性現象，例えば，語中のポー
ズ（例：十六名の有効（0.157 秒間のポーズ）データを），言い直し（例：(D
かい) 書いた），言い間違い（例：そこ (D が) に），フィラー（例：今回の (F
おー) 議論でも），笑いながらの発話（例：あれ (笑 なんだっけ)（笑 わすれ
ちゃった)) などについてタグを付与している（小磯・西川・間淵 2006）。こ
れらのタグを利用して，非流暢性要素を含む発話は対象から除外した[4]。2 文
節の合計モーラ数は，CSJ に提供されている各文節のモーラ数の情報を用い
て検索した（3.3.1 節参照）。抽出したサンプル数は 7650 である。

4.2.3.2　実験資料

　実験文を表 4-2 に示す。表 2-4 を AN, gaV, NN, VN, woV の順に並べ

4　CSJ-RDB を用いてデータを抽出する方法については付録 3 を参照されたい。

64 | 第4章　修飾関係及び統語機能

替えたもので，下線を施した2文節が検討対象である。アクセント型の組み合わせの影響を避けるために，修飾関係ごとにアクセント型の組み合わせの種類及びその頻度を一致させた（Aは有核文節，Uは無核文節）。

表4-2　実験文

[AN]					
1.	マルイ オボンニ オチャオ ノセタ	UU	5.	オチャオ マルイ オボンニ ノセタ	UU
2.	アマイ ニオ'イガ イエジューニ タダヨッタ	UA	6.	イエジューニ アマイ ニオ'イガ タダヨッタ	UA
3.	アオ'イ ノレンガ ヒヤケデ ア'セタ	AU	7.	ヒヤケデ アオ'イ ノレンガ ア'セタ	AU
4.	ウマ'イ ニオ'イガ イエジューニ タダヨッタ	AA	8.	イエジューニ ウマ'イ ニオ'イガ タダヨッタ	AA
[gaV]					
9.	ヤキューガ オワッテ ビールオ ノ'ンダ	UU	13.	ビールオ ヤキューガ オワッテ ノ'ンダ	UU
10.	イレバガ イタ'ンデ ハイシャニ イッタ	UA	14.	ハイシャニ イレバガ イタ'ンデ イッタ	UA
11.	オビ'ルガ オワルト オチャオ ダ'シタ	AU	15.	オチャオ オビ'ルガ オワルト ダ'シタ	AU
12.	イト'コガ アル'イテ ガッコーニ イッタ	AA	16.	ガッコーニ イト'コガ アル'イテ イッタ	AA
[NN]					
17.	ヤマダノ オミセデ ウメシュオ ノ'ンダ	UU	21.	ウメシュオ ヤマダノ オミセデ ノ'ンダ	UU
18.	ヤマダノ ジム'ショニ デンワオ モラッタ	UA	22.	デンワオ ヤマダノ ジム'ショニ モラッタ	UA
19.	イト'コノ オミセデ ウメシュオ ノ'ンダ	AU	23.	ウメシュオ イト'コノ オミセデ ノ'ンダ	AU
20.	イト'コノ ジム'ショニ デンワオ モラッタ	AA	24.	デンワオ イト'コノ ジム'ショニ モラッタ	AA
[VN]					
25.	デカケル マユミニ カイモノオ タノ'ンダ	UU	29.	カイモノオ デカケル マユミニ タノ'ンダ	UU
26.	デカケル イト'コニ カイモノオ タノ'ンダ	UA	30.	カイモノオ デカケル イト'コニ タノ'ンダ	UA
27.	アマ'ッタ リンゴデ ジャムオ ツク'ッタ	AU	31.	ジャ'ムオ アマ'ッタ リンゴデ ツク'ッタ	AU
28.	アマ'ッタ ヨビ'ヒオ チョキンニ マワシタ	AA	32.	チョキンニ アマ'ッタ ヨビ'ヒオ マワシタ	AA
[woV]					
33.	トビラオ アケルト ワ'ガヤガ ミ'エタ	UU	37.	ワ'ガヤガ トビラオ アケルト ミ'エタ	UU
34.	ミヤゲオ エラ'ンデ レ'ジニ ナランダ	UA	38.	レ'ジニ ミヤゲオ エラ'ンデ ナランダ	UA
35.	アマ'ドオ アケルト ミゾレガ フッテイタ	AU	39.	ミゾレガ アマ'ドオ アケルト フッテイタ	AU
36.	アマ'グオ エラ'ンデ レ'ジニ ナランダ	AA	40.	レ'ジニ アマ'グオ エラ'ンデ ナランダ	AA

　2文節の合計モーラ数は形容詞＋名詞（AN）以外は8モーラ（4+4モーラ）で構成した。平均dephrasing率が0.5前後をとるものを対象として（図3-2参照），モーラ数の影響を最小化するためである。有核文節の場合は第2モーラにアクセント核があるものを採用したが，4モーラの形容詞は第3

モーラに核があるので，形容詞に限って 3 モーラの語を採用し，アクセント核の位置をすべて一致させた。そのため，「形容詞＋名詞（AN）」は 7 モーラである。モーラ数の増加は dephrasing 率を減少させるので（3.3 節参照），7 モーラの AN は，8 モーラの gaV，NN，VN，woV に比べ dephrasing 率が高いことが予想される。従って，dephrasing 率を比較する際には AN のモーラ数も考慮する。発話数は計 600（5 水準 × 8 文 × 繰り返し数 3 回 × 話者 5名）である。

4.2.4　分析

　CSJ と実験資料を対象に，修飾関係 5 種類の dephrasing 率を分析する。Poser（1984）が述べているように，一つの AP を形成できる構造が「形容詞＋名詞（AN）」と「動詞＋名詞（VN）」のみであるならば，gaV，NN，woVにおける dephrasing 率は 0 になると予想される。他方，AN，gaV，NN，VN，woV における dephrasing 率がすべて同じか大きな差がないならば，Kohno（1980）で示唆されているように，修飾関係の種類は影響しないことになる。まず，CSJ の分析結果から検討する。

4.2.4.1　CSJ の分析

　表 4-3 は修飾関係別の dephrasing 率を示している。N はサンプル数，「dephrasing あり」は dephrasing の生起頻度である。7650 サンプルを抽出するとき「有核＋有核」（実際のアクセント）の 2 文節はすべて除外したので，AN のサンプル数は VN，NN より少なくなっている。形容詞のほとんどが有核であるからである。GaV，woV のサンプル数が VN，NN より少ないのは，後部（すなわち V）がその後続文節に係っているものを対象から外したためである。サンプル全体における dephrasing 率は 0.48（0.4826）である。

66 | 第4章 修飾関係及び統語機能

表4-3 修飾関係別 dephrasing の生起率（CSJ）

修飾関係	N	dephrasing あり	dephrasing なし	dephrasing 率
AN	507	332	175	0.65
gaV	442	172	270	0.39
NN	4030	1836	2194	0.46
VN	2217	1244	973	0.56
woV	454	108	346	0.24
計	7650	3692	3958	0.48

　修飾関係による dephrasing 率の差が統計的に有意であるかを調べるため，dephrasing の有無（1,0）を目的変数とし，修飾関係を説明変数とした Kruskal-Wallis 検定（Kruskal and Wallis 1952）を実施した[5]。検定の結果，有意差が認められ（chi-squared ＝251.0628，df＝4，p<.001），Scheffe 法による多重比較を行ったところ[6]，gaV と NN の間を除くすべての水準間に有意差が認められた（各 p<.01）。従って，修飾関係による dephrasing 率の差は統計的に有意であり，その影響は AN > VN > NN・gaV > woV の順に強いといえる。

　2 文節の合計モーラ数 6〜13 モーラのいずれにおいても，上記と同様の傾向がみられるかを調べるため，合計モーラ数ごとに修飾関係別 dephrasing 率を分析した。図 4-1 をみると，全体的な傾向として連体修飾（中でも AN，VN）の方が連用修飾より高いことがわかる。また，いずれの修飾関係においても 2 文節の合計モーラ数が増加するにつれ，dephrasing 率が一様に減少していることから，モーラ数と修飾関係の間には交互作用がないことが読み取れる。この交互作用については 9.3 節で検討する。

5　分散分析ではなく，Kruskal-Wallis 検定を用いるのは，dephrasing の有無（1,0）という 2 値データは正規分布に従わないためである。

6　下位検定には，青木繁伸氏により作成された公開ソース（http://aoki2.si.gunma-u.ac.jp/R/kruskal-wallis.html）を利用した（最終接続日：2016 年 11 月 1 日）。

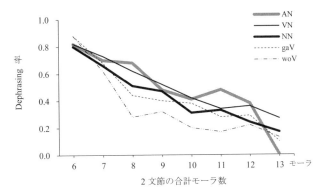

図 4-1　2 文節の合計モーラ数と修飾関係の影響

　修飾関係を説明変数とした場合，dephrasing の生起がどの程度予測できるかを調べるため，dephrasing の有無 (1,0) を目的変数とし，修飾関係を固定効果，話者の個体差をランダム効果とした一般化線形混合モデル (GLMM) のロジスティック回帰分析を行い，パラメータを推定した。分析の結果を表 4-4 に示す。

表 4-4　Dephrasing の有無を目的変数とし，修飾関係を固定効果，話者の個体差をランダム効果とした GLMM によるパラメータ推定 (CSJ)

Random effects:	Groups Name		Variance	Std.Dev.		
	SpeakerID (Intercept)		0.2369	0.4867		
	Number of obs: 7650, groups: SpeakerID, 137					
Fixed effects:		Estimate	Std. Error	z value	Pr (>|z|)	
	(Intercept)	0.6052	0.1063	5.695	1.23E-08	***
	gaV	-1.1164	0.1399	-7.979	1.48E-15	***
	NN	-0.8124	0.1026	-7.918	2.42E-15	***
	VN	-0.3432	0.1069	-3.209	0.00133	**
	woV	-1.8022	0.1494	-12.066	< 2e-16	***

(Signif. codes: 0 '***' 0.001 '**' 0.01 '*' 0.05 '.' 0.1 ' ' 1)

　表 4-4 中の Estimate 列は，AN の推定値を 0 に設定したうえで，gaV，NN，VN，woV に変わったとき，0 に設定しておいた推定値がどのように変

68 | 第4章 修飾関係及び統語機能

化するかを示している。従って，モデルが予測する dephrasing の生起確率
は，AN が最も高く，次に VN，NN，gaV，woV の順に高いことになる。表
4-4 の推定値を用いて GLMM を式で表すと次のようになる。

(4.7) $y = 1/[1+\exp^{\{-(0.6052 + 0AN -1.1164gaV -0.8124NN -0.3432VN -1.8022woV + (1|subject))\}}]$

　このモデルが予測する dephrasing の有無（1,0）を実際に発話された 7650
サンプルにフィッティングした結果，正答率は 62.80% であった。ヌルモデ
ルの正答率が 48.26% であるので 14.54% 上昇したことになる。

4.2.4.2　実験

　実験資料 600 サンプルについて，修飾関係 AN，gaV，NN，VN，woV
ごとに dephrasing 率を算出した結果を表 4-5 に示す。表中の N はサンプル
数，「dephrasing あり」は dephrasing の生起頻度である。サンプル全体の
dephrasing 率は 0.54（0.5367）で，AN が最も高く，次に VN，woV，gaV，
NN の順に高くなっている。

　修飾関係による dephrasing 率の差が統計的に有意であるかを検討する
ため，dephrasing の有無（1,0）を目的変数とし，修飾関係を説明変数とし
た Kruskal-Wallis 検定を実施した結果，有意であった（Kruskal-Wallis chi-
squared = 25，df = 4，p<.001）。Scheffe 法による多重比較の結果，AN と
NN の間，VN と NN の間に有意差が認められた（p<.01，p<.05）。従って，
dephrasing の生起に影響するのは AN，VN，NN であり，中でも AN と VN
の影響力が最も大きく，NN の影響力が最も小さいといえる。

表 4-5　修飾関係別 dephrasing の生起率（実験）

修飾関係	N	dephrasing あり	dephrasing なし	dephrasing 率
AN	120	81	39	0.68
gaV	120	60	60	0.50
NN	120	46	74	0.38
VN	120	74	46	0.62
woV	120	61	59	0.51
計	600	322	278	0.54

　修飾関係を説明変数とした場合，dephrasing の生起がどの程度予測できるかを調べるため，一般化線形混合モデル（GLMM）のロジスティック回帰分析を行い，パラメータを推定した。GLMM の作成には dephrasing の有無（1,0）を目的変数，修飾関係を固定効果，話者の個体差をランダム効果として指定した。分析の結果を表 4-6 に示す。表中の推定値（Estimate）は AN を基準（0）としたもので，AN，VN，woV，gaV，NN の順に高くなっている。

表 4-6　Dephrasing の有無を目的変数とし，修飾関係を固定効果，話者の個体差をランダム効果とした GLMM によるパラメータ推定（実験）

Random effects:	Groups Name		Variance	Std.Dev.	
	subject（Intercept）		0.01535	0.1239	
	Number of obs: 600, groups: subject, 5				
Fixed effects:		Estimate	Std. Error	z value	Pr (>|z|)
	（Intercept）	0.7336	0.2030	3.614	0.000302 ***
	gaV	-0.7336	0.2676	-2.741	0.006117 *
	NN	-1.2108	0.2712	-4.464	8.05E-06 ***
	VN	-0.2563	0.2711	-0.946	0.344361
	woV	-0.7001	0.2676	-2.616	0.008889 **

（Signif. codes: 0 '***' 0.001 '**' 0.01 '*' 0.05 '.' 0.1 ' ' 1）

$$(4.8) \quad y = 1/\left[1+\exp^{\{-(0.7336 + 0\text{AN}-0.7336\text{gaV}-1.2108\text{NN}-0.2563\text{VN}-0.7001\text{ woV} + (1\,|\,\text{subject}))\}}\right]$$

　表 4-6 の推定値を用いて GLMM を定式化すると（4.8）のようになる。この GLMM が予測する dephrasing の有無（1,0）を実際に発音された 600 サン

70 | 第4章 修飾関係及び統語機能

プルにフィッティングした結果，正答率は 59.00% であった。ヌルモデル
（53.67%）より 5.33% 上昇している。

4.2.5 議論

4.2.5.1 CSJ と実験資料の結果比較

CSJ，実験資料とも AN，VN の dephrasing 率が最も高かった。しかし，
実験資料の場合は AN のモーラ数（7 モーラ）が他の修飾関係（8 モーラ）よ
り少ないので，AN の dephrasing 率がモーラ数の効果により得られた偶然で
ある可能性を確認する必要がある。以下ではこの問題を検討する。

7 モーラの AN は CSJ が 0.70（表 2-3 参照），実験資料が 0.68 で，その差
はわずか 0.02 である。また，8 モーラの VN は CSJ が 0.62（表 2-3 参照），
実験資料が 0.62 で，この場合は完全に一致している。このように両資料に
おける AN，VN の dephrasing 率がほぼ一致することから，実際に 8 モーラ
の AN については実験していないが，実験したとすれば，CSJ の 8 モーラの
AN と同じ 0.68 か（表 2-3 参照），これより 0.02 低い 0.66 あるいはこれらと
同程度の数値が得られることが推定される。

CSJ		実験資料
0.70	7 モーラ AN	0.68
0.62	8 モーラ VN	0.62
0.68	8 モーラ AN	?

実験資料における AN（8 モーラ）の dephrasing 率が CSJ より 0.02 低
い 0.66 であると仮定すると，dephrasing 率は AN，gaV，NN，VN，woV
の順に 0.66，0.50，0.38，0.62，0.51 となる。この場合も AN と VN の
dephrasing 率が高いという結果は変わらないので，AN の dephrasing 率が最
も高いという本実験の結果は，単純にモーラ数が少ないために得られた偶然
の数値ではないと思われる。

また，本章で分析した CSJ の 7650 サンプルには 6〜13 モーラすべて含ま
れていたが，この中から 8 モーラで構成された 2 文節だけを分析した場合

にも（平均 dephrasing 率は 0.55 である），dephrasing 率は AN，gaV，NN，VN，woV の順に 0.68，0.44，0.51，0.62，0.28 であり（表 2-3 参照），AN と VN の dephrasing 率が最も高かった。

4.2.5.2　統語的フォーカス

Dephrasing 率は CSJ において AN > VN > NN・gaV > woV の順に高く，実験資料においては AN・VN（・gaV・woV）> NN（・gaV・woV）の順に高かった。両資料に共通して「形容詞＋名詞（AN）」「動詞＋名詞（VN）」が高値を示したが，これは連体修飾の前部（形容詞，動詞）にある統語的なフォーカスが dephrasing の生起に影響するためと考えられる。

安井（1983）は，NN 構造では前部が後部の部分集合にならず，「ふところのぐあい」のように，逆に「ぐあい」が「ふところ」の意味を「所持金」の意味に限定する場合もあると述べている。連体修飾 AN，VN，NN のうち NN の dephrasing 率が最も低いのは，安井（1983）で指摘されているように，前部と後部の関係が AN，VN より多様であることと関連していると思われる。

郡（1989）はフォーカスが発話のイントネーションにどのように影響するかを検討している。「まゆみは（が）まもるにぬいぐるみをもらった」にフォーカスを限定していない発話と第 1 文節，第 2 文節，第 3 文節，第 4 文節にフォーカスを限定した発話の F0 曲線を比較している（図 6-2 参照）。以下のように記述されている。

> 特定の語にフォーカスがある発話では，フォーカスがある語の音調の盛り上がりが増大している。フォーカス以後の語群の音調は，フォーカス語の音調を引き継ぐ形で文末に向かって緩やかに，ほぼ直線的に下降して行く。…（中略）…このように，フォーカス語の後にある平板アクセントの語は音調の変化が目立たなくなる。さらに，図には示さないが，フォーカス以後の語群が音調的に完全に融合しているように見えることもある。　　　　　　　　　　　　　　　　　　（p. 324）

「平板アクセントの語は音調の変化が目立たなくなる」の音調の変化とは

72 | 第4章　修飾関係及び統語機能

句頭の上昇を意味している。「フォーカス以後の語群が音調的に完全に融合している」の「融合」とは，郡 (1989) に挙げられている他の F0 曲線を参考にすると，dephrasing が生じた現象を指しているものと解釈される。すなわち，フォーカスのある語は F0 が増大し，その以降の語群は句頭の上昇が弱まるかフォーカス語と一つにまとまることがあるということである。これを本研究の結果に当てはめると，統語的なフォーカスのある形容詞，動詞で F0 が増大し，そのまま後部（名詞）に引き継がれ，前部と後部（形容詞＋名詞，動詞＋名詞）が一つの AP にまとまったと考えることができる。本研究において AN，VN の dephrasing 率が最も高いという結果は，AN もしくは VN でのみ dephrasing が生じるとした Poser (1984) の主張と部分的に一致する。

　Bolinger (1972) は，フォーカスは統語構造によって決まるのではなく，文脈あるいは発話者の意図によって決まると主張している。金水 (1986) は限定を行う部分は音調的に強調されるが，すべての形容詞，動詞が限定を行うのではなく，文脈によって限定が働く場合とそうでない場合があると述べている（4.2.2.3 節参照）。

　本研究では，このような意味論的なフォーカスだけでなく，潜在的焦点位置（田窪 1987）すなわち随意的要素（安井 1983）にも統語的なフォーカスがあると想定し，統語的なフォーカスが dephrasing の生起にどのように影響するかを検討した。CSJ には多量のデータが格納されており，Bolinger (1972) と金水 (1986) が指摘しているように，統語構造だけではフォーカスの有無を特定できない場合も含まれている。しかし，それにもかかわらず，CSJ 資料及び実験資料において，連体修飾（特に AN，VN）が連用修飾より dephrasing 率が高いという一貫した結果が得られたことには意味があると考えられる。

4.3　統語機能

4.3.1　問題提起

　日常の会話では，「姉の襟巻。」のように名詞の形で発話が終わるより，「姉の襟巻を」「姉の襟巻で」のように名詞に格助詞がついて述語を修飾する

形で用いられることが多い。「姉の襟巻を」は安井（1983）でいうところの義務的要素，「姉の襟巻で」は随意的要素に該当するもので，それぞれ異なる統語機能を担っている。

しかし，先行研究の多くは，例えば「姉の襟巻を」「姉の襟巻で」の構造を論ずるときは，「姉」と「襟巻」の関係に注目して「姉の襟巻を」「姉の襟巻で」のいずれも連体修飾として扱っており，ヲ格，デ格が持つ統語機能は問題にしていない。

4.2 節では 2 文節の前部と後部との関係に注目したが，本節では 2 文節全体（連体修飾）と述語との関係に注目し，dephrasing の生起環境を探る。ここでも，随意的要素には統語的なフォーカスがあり，義務的要素には統語的なフォーカスがない，と捉える。すなわち，2 文節全体（連体修飾）が述語の随意的要素（副次補語）である場合には 2 文節全体に統語的なフォーカスがあり，義務的要素（必須補語）である場合には統語的なフォーカスがないと見なす。格助詞は使用頻度の高いニ・デ・ガ・ヲ格を対象とする。

4.3.2 研究方法

格助詞に先行する連体修飾は「形容詞＋名詞（以下 AN）」「動詞＋名詞（以下 VN）」「名詞ノ＋名詞（以下 NN）」すべてを分析対象とする。ニ・デ格は，対象や主体を表す場合と場所，手段，頻度，時間などを表す場合があるが，前者はガ・ヲ格と重複するので後者に限定する。表 4-7 では格助詞 4 種類を副次補語と必須補語とに二分しているが，分析の際にはニ・デ・ガ・ヲ格を個別に扱う。

表 4-7　格助詞別統語機能

要因	水準	統語機能	例
格助詞	ニ格 デ格 ガ格 ヲ格	副次補語	（新しい車）に・で・が・を （掃除した部屋）に・で・が・を
		必須補語	（隣の家）に・で・が・を

検討を容易にするため，次の二つの仮説を立てる。

74 | 第4章 修飾関係及び統語機能

(1) 仮説A：「統語機能の違いは dephrasing の生起に影響を与えない」
   この仮説が正しければ，
   (a) 格助詞ニ・デ・ガ・ヲにおける dephrasing 率はすべて同じか大差ないことが予想される。または，
   (b) dephrasing 率は格助詞の種類によって異なるものの，ニ・デ格（副次補語）とガ・ヲ格（必須補語）との間には，明確な差がないことが予想される。すなわち，ニ・ガ格の方がデ・ヲ格より高いか，その逆の結果が示されるであろう。

(2) 仮説B：「統語機能の違いは dephrasing の生起に影響を与える」
   この仮説が正しければ，
   (a) ニ・デ格の方がガ・ヲ格より dephrasing 率が高いことが予想される。もしくは，
   (b) ガ・ヲ格の方がニ・デ格より dephrasing 率が高いことが予想される。

4.3.3 資料

　CSJ の 7650 サンプルから連体修飾 AN・VN・NN を取り出した後，CSJ の品詞情報を用いて，さらに名詞（後部）の後に格助詞ニ・デ・ガ・ヲがつくものを抽出した。ニ・デ格は，「やはり人が一つの場所に集まるというのはですね」「軽いジョギングで行くと二十分ぐらい」のように2文節全体が副詞として機能するものに限定し，「メーカーの人に組んでもらって」「全国の警察で受理した110番の件数は」のように動作の対象や主体を表すものは事例をみながら手作業で取り除いた。

　ニ・デ・ガ・ヲ格ごとに dephrasing が生じた頻度を集計した結果，合計モーラ数が6モーラ未満であるか9モーラを超過する場合は，dephrasing の生起頻度が0であるデータが多かったので，2文節の合計モーラ数はこの6〜9モーラの範囲内で検討することにした。各文節の最小モーラ数は2モーラ，最大モーラ数は6モーラである。このように，連体修飾 AN・VN・NN に格助詞ニ・デ・ガ・ヲがついており，2文節の合計モーラ数が6〜9モーラであるものを抽出して得られたサンプル数は 2059（延べ数）である。以下ではこのサンプルを分析する。

4.3.4　分析

表 4-8 はニ・デ・ガ・ヲ格の dephrasing 率を算出したものである。表中の N はサンプル数，「dephrasing あり」は dephrasing の生起頻度である。サンプル全体の dephrasing 率は 0.59（0.5925）で，ニ格は 0.71，デ格は 0.66，ガ格は 0.58，ヲ格は 0.45 である。

表 4-8　格助詞ニ・デ・ガ・ヲにおける dephrasing 率

格助詞	N	dephrasing あり	dephrasing なし	dephrasing 率
ニ	549	390	159	0.71
デ	280	184	96	0.66
ガ	742	428	314	0.58
ヲ	488	218	270	0.45
計	2059	1220	839	0.59

　格助詞による dephrasing の生起頻度に有意差があるかを検討するため，dephrasing の有無（1,0）を目的変数とし，格助詞ニ・デ・ガ・ヲを説明変数とした Kruskal-Wallis 検定を実施した。格助詞の効果が有意であり（Kruskal-Wallis chi-squared＝80.1145，df＝3，p<.001），Scheffe 法による多重比較を行った結果，デ格とガ格の間，デ格とニ格の間を除くすべての水準間で有意であった（各 p<.001）[7]。すなわち，ニ・デ>デ・ガ>ヲの順に有意に高かった。
　格助詞を説明変数とした場合に，dephrasing の生起がどの程度予測できるかを調べるため，dephrasing の有無を目的変数とし，格助詞を固定効果，話者の個体差をランダム効果とした一般化線形混合モデル（GLMM）のロジスティック回帰分析を行った。

7　ニ・デ格とガ・ヲ格とに分け，Kruskal-Wallis 検定を実施した分析結果においてもニ・デ格（0.69）の方がガ・ヲ格（0.53）より dephrasing の生起頻度が有意に高かった（Kruskal-Wallis chi-squared＝57.3114，df＝1，p-value＝3.72e-14）。

76 | 第4章 修飾関係及び統語機能

表 4-9 Dephrasing の有無を目的変数とし，格助詞を固定効果，話者の個
体差をランダム効果とした GLMM によるパラメータ推定

Random effects:	Groups Name		Variance	Std.Dev.		
	SpeakerID（Intercept）		0.1422	0.377		
	Number of obs: 2059, groups: SpeakerID, 137					
Fixed effects:		Estimate	Std. Error	z value	Pr（>|z|）	
	（Intercept）	0.6821	0.1349	5.058	4.23E-07	***
	ガ格	-0.3864	0.1511	-2.557	0.0106	*
	ニ格	0.2146	0.1619	1.325	0.185	
	ヲ格	-0.9218	0.1611	-5.722	1.05E-08	***

（Signif. codes: 0 `***` 0.001 `**` 0.01 `*` 0.05 `.` 0.1 ` ` 1)

　表中のパラメータ推定値（Estimate）はデ格を基準（0）としたもので，デ
格からガ格，ニ格，ヲ格に変わるとき，推定値がどのように変化するかを示
している。ニ格（0.2146），デ格（0），ガ格（-0.3864），ヲ格（-0.9218）の順に
高くなっている。ニ・デ格がガ・ヲ格より高いのは，ニ・デ格がガ・ヲ格よ
り dephrasing 率を上昇させる効果が大きいことを意味する。

(4.9)　$y = 1/[1+\exp^{\{-(0.6821 + 0\,デ格\, -0.3864\,ガ格\, + 0.2146\,ニ格\, -0.9218\,ヲ格\, + (1\,|\,subject))\}}]$

　(4.9) は推定値を用いて GLMM を定式化したものである。このモデルが
予測する dephrasing の有無 (1,0) を実際に発話された 2059 サンプルにフィッ
ティングした結果，正答率は 65.03% であった。説明変数を持たないヌルモ
デル（59.25%）より 5.78% 上昇している。
　AN，VN，NN を個別にみた場合にも格助詞の効果が認められるかを検討
するため，修飾関係ごとにニ・デ・ガ・ヲ格の dephrasing 率を求めた。図
4-2 をみると，AN ではヲ格（0.64）がデ格（0.61）より高いが，この部分を除
けば，概してニ・デ格がガ・ヲ格を上回っている。

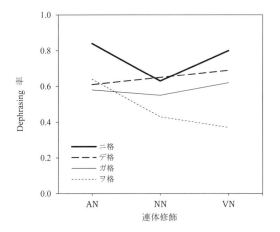

図 4-2　連体修飾と統語機能の影響

　格助詞ニ・デ・ガ・ヲの dephrasing 率を合計モーラ数（6〜9 モーラ）ごとに示すと図 4-3 のようになる。ニ・デ格がガ・ヲ格より一様に高くなっており，6〜9 モーラのいずれにおいても格助詞の効果が保たれていることがわかる。また，格助詞 4 種類とも合計モーラ数の増加に伴い dephrasing 率が低下しており，モーラ数の効果（3.3 節参照）が保持されていることが確認できる。

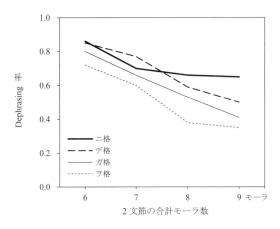

図 4-3　2 文節の合計モーラ数と統語機能の影響

4.3.5 議論

分析の結果，連体修飾（AN，VN，NN）の種類及び 2 文節の合計モーラ数（6〜9 モーラ）によらず，ニ・デ格の方がガ・ヲ格より dephrasing 率が高い傾向にあった。この結果は，4.3.2 節で立てた仮説 B (a) と一致している。

安井（1983）は，話し手が聞き手に最も伝えたいと思っている情報は義務的要素ではなく随意的要素であり，その点で随意的要素には限定の働きがあると述べている（4.2.2.2 節参照）。田窪（1987）は，潜在的焦点位置に来るのは補語及び制限的修飾語句であるとしている（4.2.2.1 節参照）。

ニ・デ格は述語の随意的要素（副次補語）として機能し，ガ・ヲ格は義務的要素（必須補語）として機能するので，安井（1983），田窪（1987）の記述に従えば，ニ・デ・ガ・ヲ格のうち統語的なフォーカスが置かれるのはニ・デ格であることになる。述語の行われる場所，手段，頻度，時間などを限定するという点で，ニ・デ格には統語的なフォーカスがあると考えられる。従って，本研究の結果については，ニ・デ格にある統語的なフォーカスによってピッチレンジが増大し，前部と後部が一つにまとまったと解釈できる。Dephrasing 率の分析結果が仮説 B (b) と一致しないことがこの解釈を支持している。

4.4 まとめ

本章では，修飾関係及び統語機能に着目して dephrasing の生起環境を検討した。まず，CSJ の 7650 サンプル（6〜13 モーラ），実験資料の 600 サンプルを対象に（8 モーラ），前部が後部の随意的要素である連体修飾（AN，VN，NN）と前部が後部の義務的要素である連用修飾（gaV，woV）とで dephrasing の生じる傾向がどのように異なるかを分析し，結果を考察した。次に，CSJ の 2059 サンプル（6〜9 モーラ）を対象に，2 文節全体（連体修飾）が述語の副次補語である場合（ニ・デ格）と必須補語である場合（ガ・ヲ格）とで dephrasing 率がどのように異なるかを検討した。分析から得られた主な結果は以下の通りである。

4.4.1 修飾関係の影響

イ) CSJ，実験資料に共通して AN と VN の dephrasing 率が最も高かった。これについて本研究では，名詞の前で名詞を修飾する部分は限定を行うという先行研究に基づき (4.2.2 節参照)，連体修飾の前部にある統語的なフォーカスが dephrasing の生起を促すためと解釈した。統語的なフォーカスにより dephrasing が形成されるメカニズムとして次のロ)を提案した。

ロ) 「形容詞 + 名詞 (AN)」「動詞 + 名詞 (VN)」の前部 (A, V) では統語的なフォーカスによりピッチレンジが増大するが，すぐにもとの位置に戻らず，そのまま後部に引き継がれる。その結果，前部と後部が一つにまとまり，dephrasing が生じる。図で示すと次のようになる。アクセント型の組み合わせとの関係については 5.6 節及び 6.6 節で詳述する。

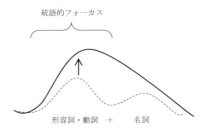

図 4-4　統語的フォーカスによる dephrasing の生起

ハ) 両資料に共通して NN は AN，VN より dephrasing 率が低かった。本研究では，連体修飾 NN における 2 文節の関係を検討した先行研究に基づき，NN の dephrasing 率が低いのは，前部が後部を限定しない場合もあり，2 文節の意味関係が AN，VN より多様であるためと解釈した。

ニ) 修飾関係を固定効果とし，話者の個体差をランダム効果とした GLMM の正答率は，CSJ の 7650 サンプルにおいて 62.80%，実験資料の 600 サンプルにおいて 59.00% であり，ヌルモデル (48.26%，53.67%) よりそれぞれ 14.54%，5.33% 上昇した。

Poser (1984) は AN，VN でのみ dephrasing が生じるとしたが，本研究では

AN,gaV,NN,VN,woV のいずれにおいても dephrasing が生じており，中でも AN, VN での dephrasing 率が最も高いという結果が得られた。その点で，上記のイ）は Poser (1984) の主張と部分的に一致している。Poser (1984) は，形容詞と名詞 (AN) の間には統語境界が存在しないので dephrasing が生じ得るとしたが，従属節の動詞 (V) が主節の名詞 (N) と一つにまとまる背景については明確に説明していない。それに対して，本研究ではロ）のような解釈を提案した。Poser (1984) は統語的な観点から解釈したが，本研究では統語的フォーカスに伴う韻律特徴に着目して解釈した点が異なるといえる。

4.4.2 統語機能の影響

イ）Dephrasing 率は，2 文節の合計モーラ数（6〜9 モーラ）及び連体修飾の種類（AN, VN, NN）にかかわらず，ニ・デ格の方がガ・ヲ格より高い傾向にあった。

ロ）イ）の結果は，述語の随意的要素であるニ・デ格には統語的なフォーカスがあるためと考えられる。つまり，統語的なフォーカスによって 2 文節のピッチレンジが増大し，前部と後部が一つの AP にまとまる。図で示すと次のようになる。

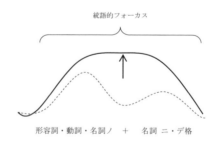

図 4-5　統語機能による dephrasing の生起

ハ）格助詞を固定効果とし，話者の個体差をランダム効果とした GLMM の正答率は，ヌルモデル（59.25%）より 5.78% 上昇した 65.03% であった。

先行研究は主に，連体修飾と連用修飾のどちらで dephrasing が生じるかを検討しており，2 文節全体が持つ統語機能の違いには注目していない。従って，上記のイ）ロ）ハ）は本研究により得られた新たな知見であるといえる。

副次補語（ニ・デ格）における統語的なフォーカスが dephrasing を引き起こすメカニズムとして上記のロ）を提案した。しかし，2 文節全体に統語的なフォーカスがあるということ以外は，4.4.1 節ロ）と同じである。実際にF0 曲線を比較してみても，前部が後部の随意的要素である場合（連体修飾）と 2 文節全体が述語の随意的要素である場合（副次補語）とで明確な違いはない。2 文節全体が随意的要素である場合にも 4.4.1 節ロ）のような F0 曲線を示すことがあり，前部が後部の随意的要素である場合にも 4.4.2 節ロ）のような F0 曲線を示すことがある。

4.4.3　おわりに

2 文節が連続する場合だけでなく，3 文節以上が連続する場合にもdephrasing が生じることがある。本研究では検討対象を 2 文節に限定したが，この短い 2 文節にもモーラ数，発話速度など様々な変数が存在する。先行研究の多くは，統語的な観点あるいは韻律的な観点の一方からdephrasing が生じる原因を検討しているが，本研究では統語的な観点に韻律的な観点を加え，定量的に検討した。この章で扱った要因の効果は，前章の要因に比べると相対的に小さいと考えられるが，最終的な判断は総合的な統計モデルにより検討する（第 9 章参照）。

第 6 章では実際のフォーカスが dephrasing の生起に与える影響を検討する。先にその結果と比較すると，本章で検討した統語的フォーカスより第 6章で検討する実際のフォーカスの方が影響が大きい。なお，実験資料ではアクセント型の組み合わせの影響を最小限にするため，修飾関係ごとにアクセント型の組み合わせの種類と頻度を一致させたが，実際にその影響は分析しなかった。アクセント型の組み合わせの影響については次章で検討する。

第5章

アクセント型の組み合わせ

5.1 導入

　2文節の合計モーラ数及び統語構造が同じであっても，アクセント型の組み合わせによって dephrasing の生じる傾向が異なる。例えば，図 5-1 (a) (b)（次頁）はいずれも4文節からなる発話で文法的な構成要素も同じであるが，(a) は {アオ'イ} {ヤネガ'ワラノ} {イエ'ガミエ'ル} の 3AP を，(b) は {アカイヤネガ'ワラノ} {イエ'ガミエ'ル} の 2AP をなしている ({ } は AP，筆者による)。「有核＋有核」で構成された「アオ'イ＋ヤネガ'ワラノ」は二つに分離されているのに対し，「無核＋有核」で構成された「アカイ＋ヤネガ'ワラノ」は一つにまとまっており，アクセント型の組み合わせが dephrasing の生起に関係していることが窺える。

第 5 章 アクセント型の組み合わせ

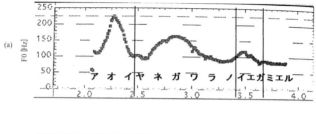

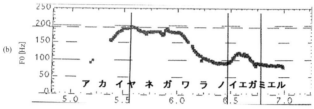

図 5-1 「青い屋根瓦の家が見える」と「赤い屋根瓦の家が見える」の F0 曲線
（図中の縦線は文節の境界。前川 2004b, p. 44 より作成）

　しかし，アクセント型の組み合わせが同じ場合にも dephrasing は生じることもあり，生じないこともある。図 5-2 の (a)「ジブンノミギカラ」，(b)「ジブンノカラダワ」はともに「無核＋無核」であるが，(a) では dephrasing が生じておらず，(b) では生じている[1]。本章ではこのような dephrasing の生起を確率現象として捉え，アクセント型の組み合わせと dephrasing の生起との関係を検討する。アクセント型の組み合わせは「有核＋有核 (AA)」「有核＋無核 (AU)」「無核＋有核 (UA)」「無核＋無核 (UU)」すべてを対象とする。

---

[1] CSJ から抽出した音声の F0 曲線。(a) は TalkID＝S06M0895，(b) は TalkID＝S02F0100 より抽出した。

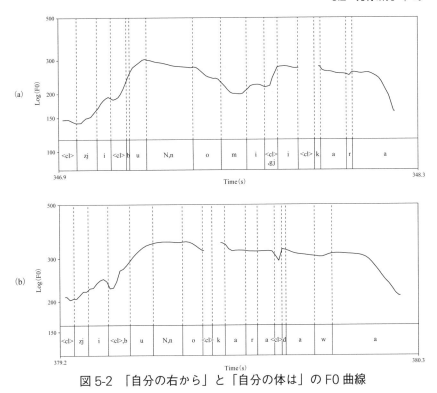

図 5-2 「自分の右から」と「自分の体は」の F0 曲線

　まず，5.2 節ではアクセント型の組み合わせの影響を取り上げた研究を概観し，問題点を述べる。続く 5.3 節で資料について説明し，5.4 節で分析結果を述べる。5.5 節では結果を考察し，5.6 節ではまとめと展望について述べる。

5.2　先行研究

　McCawley (1968), Kohno (1980), Poser (1984), Selkirk and Tateishi (1988), Kubozono (1993), Sugahara (2002) はアクセント型の組み合わせが dephrasing の生起に及ぼす影響を検討している。この中には複数の要因を取り上げた研究もあるが，ここでは，主にアクセント型の組み合わせに関する内容を紹介する。宮田 (1927, 1928) は AP, dephrasing については論じ

86 | 第5章 アクセント型の組み合わせ

ていないが，アクセントによる音調型の変化を詳細に検討しているので，あわせて紹介する。

5.2.1 宮田 (1927, 1928)

宮田 (1927) は，高さの変化に注目したアクセント表記法について述べている。具体的には，一連の2文節が上昇的に発音されるか，下降的に発音されるか，または水平的に発音されるかといった高低の変化を中心に表記することを提案している。「ヤマノ'ボリ」の場合は「ヤマ」が上昇的に，「マノ」が水平的に，「ノボ」が下降的に，「ボリ」が水平的に発音されるとしている。

また，文節の第1モーラ[2]から第2モーラにかけての音調の上昇は，文節を単独で発音する場合には常に現れるものであるので，さほど重要ではなく，むしろ下降アクセントがアクセント現象の中心をなすので重視する必要があると指摘している。実際の談話の際には，次のような音調型で発音されると述べている。

(5.1) 宮田 (1927, p. 21)

実際の談話に於いてはいわゆる sentence-stress の現象として，重要なる語の次に重要でない語が来る時，後者は前者に全く隷属し，両者が合してさながら一つの単語のようになってしまう。この際，後の単語のアクセントは極めて微弱となるか，又は全然消え失せてしまうかする。（微弱なアクセントは（／）（＼）に対して（ ´ ）（ ` ）で表す。）この場合注意すべきは第一の単語の惰性によって第二の単語の第一音が第一の単語の最後の音と同じ高さで発音されることである。即ち前の音節が低ければ低く，高ければ高く発音される。

これと関連して次のような例を挙げている。

---

2 原文では「音節」と記されている。

(5.2) 宮田（1927, p. 21）

(a)	＿／＿＋＿／＿＝＿／＿＿＿＿	na／o-uru	（名を売る）
(b)	＿＼＿＋＿／＿＝＿＼＿＿＿＿	na＼o-uru	（菜を売る）
(c)	＿／＿＋＿＼＿＝＿／＿＿＿｀＿	na／o-u｀ru	（名を得る）
(d)	＿＼＿＋＿＼＿＝＿＼＿＿＿｀＿	na＼o-u｀ru	（菜を得る）

（5.2）(a) は「nao」が上昇的に「o-u」「uru」が水平的に発音される。(b) は「nao」が下降的に，「o-u」「uru」が水平的に発音され，(c) は「nao」が上昇的に，「o-u」が水平的に，「uru」が下降的に発音される。(d) は「nao」が下降的に，「o-u」が水平的に，「uru」が下降的に発音される。

宮田（1928, p. 33）も，二つのアクセント単位が合一する場合，その第二の要素においては音調の上昇が失われることがあると述べている。[akai hanaŋa sakimaʃita]（赤い花が咲きました）においては [akai] [hanaŋa] [sakimaʃita] の三つのアクセント単位があるが，この中のはじめの二つが合一して [akai-hanaŋa……] となると，その第二の要素における音調の上昇は失われてしまうと説明している。

5.2.2 McCawley（1968）

McCawley（1968）によれば，名詞句，副詞句，動詞もしくは助動詞，従属節の終端には AP 境界が置かれる。ただし，(5.3) のように，場合によっては AP 境界 (%) が消滅することがある。具体的な条件は (5.4) の通りである。

(5.3) McCawley（1968, p. 177）

(a) ?a｜?o｜i ％do｜resu

(b) ?a｜kai do｜resu

(c) yu｜kku｜ri ％ha｜nasima｜sita

(d) ?i｜ssyo ni hanasima｜sita

(e) ?a｜sita｜ku ru ％hi｜to｜desu

(f) ?a｜sita ?iku hito｜desu

88 | 第5章　アクセント型の組み合わせ

（5.4）　McCawley（1968, pp. 177–178）

The rules involved in the deletion of % are as follows:

Rule 1. remove final accent from a noun followed by *no*.

Rule 2. delete accent which is on the *mora*（not syllable）before %.

Rule 3. delete phrase boundary between a modifier and its head if either of them is unaccented. Here subject, direct object, adverbial elements, etc. count as modifiers of verb（as they are traditionally regarded by Japanese scholars）. If rule 3 is part of cycle, it will be unnecessary to use concepts such as "modifier" and "head": it will sufficice to say that phrase boundary is deleted when it is preceded or followed by an unccented phrase.

　Rule 3 は修飾関係とアクセント型の組み合わせの影響について述べているが，要約すると次のようになる（4.2.1.1 節参照）。

　　2 文節の前部，後部のどちらかが無核である場合は，修飾語と被修飾語の間の AP 境界が削除される。主語，目的語，副詞などは動詞を修飾する修飾語として扱う。ただし，cycle の一部である場合，修飾語，被修飾語という概念は重要ではない。

　ここでいう cycle とは，McCawley による accent reduction rule を用いて説明すると，左側のアクセント核 1 個だけを残し，他のアクセント核をすべて削除する処理（accent reduction rule）を，小さい構成要素，より大きい構成要素の順に繰り返して行うことである。例として（5.5）が挙げられている。数字 1，2，3 はそれぞれ第 1，第 2，第 3 のアクセント核である。kabu'tte mi'ta'ra に accent reduction rule の cycle が適用されると，最終的に ka|bu|tte mi|tara がアウトプットされる。この場合，第 3 のアクセント核は発音されない。

(5.5) McCawley (1968, p. 173)

	kabu'r & te	%	mi' & ta'ra	
original accents	1		1	1
first pass through cycle : accent reduction	1		1	2
second pass through cycle : accent reduction	1		2	3

　しかし，McCawley は AP 境界が消滅する条件を別の章で次のようにまとめている。% は AP 境界，# は AP 境界が消滅することを表している。

(5.6) McCawley (1968, p. 181)

　　　　Boundary deletion rules:

　(a) Lower % to # if no <1acc> either precedes or follows it.

　(b) Optionally lower all %'s to #'s

　同じ rule 3 についての記述であるが，(5.4) rule 3 と (5.6) (a) には相違がみられる。(5.4) rule 3 は 2 文節の前部，後部のいずれかが無核であることを条件としているのに対し，(5.6) (a) は前部と後部がともに無核であることを条件としている。McCawley の (5.4) rule 3 と (5.6) (a) の記述に不一致がみられるのは，Poser (1984, p. 157) でも指摘されている。

　　　The first rule is apparently incorrect as stated, since in the text (pp. 177–8)
　　　McCawley twice describes it as deleting the minor phrase boundary if
　　　either of the phrases is unaccented, rather than only if both are.

　なお，McCawley の (5.4) rule 3 と (5.6) (a) の記述を総合すると，無核文節が含まれた UU，UA，AU のいずれにおいても AP 境界が消滅するとの結論が導かれる。

5.2.3 Kohno (1980)

Kohno (1980) は後部が無核であるとき dephrasing が生じるとしている（4.2.1.3 節参照）。UU，UA，AU，AA の中では UU と AU でのみ dephrasing が生じるということである。Kohno (1980) の例を (5.7) に示す。/ は AP 境界，⌢は dephrasing が生じることを表している。後部が無核である (a)，(c) は 2 文節が 1AP にまとまっているが，後部が有核である (b)，(d) は 2AP に分離されている。

(5.7) Kohno (1980, pp. 57–58)

    (a) / a̱kai ⌢ ha̱na ga /   →   a̱kai hana ga   red nose

    (b) / a̱kai / ha̱na ga /   red flower

    (c) / si̱ro̱i ⌢ ha̱na ga /   →   si̱ro̱i hana ga   white nose

    (d) / si̱ro̱i / ha̱na ga /   white flower

5.2.4 Poser (1984)

Poser (1984, p. 157) は，前部が無核である場合は前部が有核である場合より dephrasing が生じる可能性が高いとしている。後部がどのようなアクセントを有するかは dephrasing の生起に関与しないようである，と述べている。

5.2.5 Selkirk and Tateishi (1988)

Selkirk and Tateishi (1988) は (5.8) の実験文を用い，どのアクセント型の組み合わせで dephrasing が生じるかを検討している。下線の 4 文節が検討対象で，有核文節は (a)〜(d) の順に第 1 文節，第 2 文節，第 3 文節，第 4 文節にある。(5.8) の下線の 4 文節は (5.9) のように発話されると報告している。[ ] (IP)，{ } (AP) の表記は筆者による[3]。

3　Selkirk and Tateishi (1988, p. 328) では，次のように記されている。( ) は AP を表している。

(a) (u) (u u)，(a u) (u u)

(u) (a) (u u)，(u a) (u u)

5.2 先行研究 | 91

(5.8) Selkirk and Tateishi (1988, p. 328)

　(a) <u>Yama'mori-no yamagoya-no uraniwa-no umagoya-ni</u> kabi-ga ha'e-ta

　(b) <u>Yamaai-no yama'dera-no uraniwa-no umagoya-ni</u> kabi-ga ha'e-ta

　(c) <u>Yamaai-no yamagoya-no yama'mori-no umagoya-ni</u> kabi-ga ha'e-ta

　(d) <u>Yamaai-no yamagoya-no uraniwa-no yama'gomi-ni</u> kabi-ga ha'e-ta

(5.9) (a) [{A} {U} {UU}], [{AU} {UU}]

　　(b) [{U} {A} {UU}], [{UA} {UU}]

　　(c) [{UU} {A} {U}], [{UU} {AU}]

　　(d) [{UU} {U} {A}]

　Selkirk and Tateishi (1988) は，(5.8) (a) の Yama'mori-no yamagoya-no は
(5.9) (a) {A} {U} のように 2AP をなす場合も，(5.9) (a) {AU} のように 1AP
をなす場合もあることから，「有核＋無核」の 2 文節に dephrasing が生じ
るか否かは予測できないとしている。ただし，一つにまとまっている 2
文節には，以下のような共通点があると述べている。Major Phrase は IP
(intermediate phrase) と同じ概念である。

(5.10) Selkirk and Tateishi (1988, p. 329)

　　　Peripherality Constraint on Minor Phrasing:

　　　An unaccented Prosodic Word at the periphery of Major Phrase must be
　　　dominated by the same Minor Phrase as an adjacent unaccented Prosodic
　　　Word.

　要約すると，「無核＋無核」のうち前部か後部のいずれかが IP 境界に接
する場合は必ず dephrasing が生じる，ということである。(5.9) でも，IP 境
界に接した無核文節が有核文節に隣接しているときは [{U} または {U}] の
ように 1AP をなしているが，無核文節に隣接しているときは [{UU} または
{UU}] のように，その無核文節と 1AP をなしている。

(u u) (a) (u)，(u u) (a u)

(u u) (u) (a)

92 | 第5章　アクセント型の組み合わせ

5.2.6　Kubozono (1993)

　Kubozono (1993, p. 151) は，無核文節と有核文節を組み合わせた27ペア（繰り返し数11回）の検査語を対象に，後部で句頭の上昇が生じる環境を検討している。後部の第1モーラと第2モーラのF0を計測し，第2モーラの方が第1モーラより高い場合は句頭の上昇が生じたと認定している。検査語及び分析結果は (5.11), (5.12) の通りである。キャリア文は「sorewa_____desu」を用いている。

(5.11) Kubozono (1993, p. 229–231)

アクセント型の組み合わせ	検査語		
AA	uma'i me'ron na'ma-no u'ni o'okina me'ron yo'nmai-no o'oba	o'onosan-no i'rui uma'i nomi'mono nau'i iromo'yoo uma'i maamare'edo	uma'i nomi'mono na'oko-no o'obaa na'oko-no eri'maki
AU	uma'i oimo na'ma-no oimo o'okina oimo	yo'nmai-no nurie o'onosan-no namae	uma'i yamaimo na'okono omamori
UA	amai me'ron amai nomi'mono	naomi-no o'obaa naomi-no eri'maki	omoi ya'mai
UU	amai oimo amai yamaimo	naomi-no omamori	omoi yoroi

(5.12) Kubozono (1993, p. 151)

Accent type	[+IL2]	[-IL2]	Total
AA	121	0	121
AU	77	0	77
UA	25	30	55
UU	17	27	44

　[+IL2] [-IL2] の中にある数字2は2文節の後部を表し，IL は initial lowering の略語で，+IL は句頭の上昇が生じていること，-IL は生じていないことを表している。AA・AU の後部ではすべて句頭の上昇が生じているが，UA・UU の後部では句頭の上昇が生じていない発話（30，27）が生じている発話（25，17）より多い。Kubozono (1993, p. 152) はこの結果に基づき，

前部が有核である条件（AA, AU）では dephrasing が生じないが，前部が無核である条件（UA, UU）では dephrasing が生じる傾向があると述べている。

しかし，Kubozono（1993）では，キャリア文「sorewa……desu」により，「desu」を含む文節が有核文節として発音されることが反映されていない。例えば，有核の「ナ'ゴヤ（名古屋）」に「デス」がつくとそのまま「ナ'ゴヤデス」であるが，無核の「ヨコハマ（横浜）」に「デス」がつくと「ヨコハマデ'ス」になる。すなわち，「デス」がつく場合はすべて有核文節として発音される（秋永 2001, p. 83）。従って，2 文節の前部が無核であるとき dephrasing が生じる傾向があるという Kubozono の結論は，実際には（AA, AU →）AA と（UA, UU →）UA の 2 種類のみを対象としたものであるといえる。

5.2.7　Sugahara（2002）

Sugahara（2002）は，①アクセント型の組み合わせ 2 種類（AA, UU），②統語境界の有無，③フォーカスの有無を組み合わせた 8 ペアの検査語を対象に dephrasing が生じる環境を検討している。検査語は以下のように構成されている。

（5.13）Sugahara（2002, pp. 655–656）

		Word 1	Word 2
①	AA	[Ha'yama-Case]	[yunyuu-daiko'oten-Case]
	UU	[Yokohama-Case]	[yunyuu-daikooya-Case]
②	統語境界あり	（UU の場合） [Yokohama-de]	[yunyuu-daikooya-no]
	統語境界なし	[Yokohama-no]	[yunyuu-daikooya-de]
③	focus あり	（UU, 統語境界ありの場合） Ao'yama-dewa-naku [YOKOHAMA-de] [yunyuu-daikooya-no] maneejaa-wa	
	focus なし	[yokohama-de] [yunyuu-daikooya-no] maneejaa-wa	

後部の第 1 音節と第 2 音節（長音節）の平均 F0 を比較し，第 2 音節の方が第 1 音節より低い場合を dephrasing が生じたと認定している。（5.14）（a）は分析結果である。S21 は後部の第 1 音節，S22 は後部の第 2 音節を表しており，NN は前部にフォーカスのない条件，FG は前部にフォーカスのある

94 | 第5章　アクセント型の組み合わせ

条件，UU2FG の中の数字 2 は統語境界のない条件を表している。(5.14)(a)
のように，「無核＋無核」で (UU)，統語境界が存在せず (2)，前部にフォー
カスのある条件 (FG)，すなわちこの三つがすべて満たされた場合にのみ
dephrasing が生じるとしている。(5.14)(b) は後部で句頭の上昇が生じる環
境，すなわち dephrasing が生じない環境を表している。

(5.14) Sugahara (2002, p. 658)
　　　Observation <when there is no XP boundary>
　　　(a) No F0 rise from S21 to S22: UU2FG
　　　(b) Significant F0 rise: UU2NN, AA2NN, AA2FG

　AA と UU では UU の方が影響力が大きいことが推定されるが，(5.14)(a)
の結論はアクセント型の組み合わせが UU であっても前部にフォーカスがな
い条件では dephrasing が生じないことを示している。しかし，Sugahara (2002)
では分析に用いられた 2 文節の長さが 14 モーラに及んでおり，モーラ数の
多いことが dephrasing の生起に影響した可能性がある (3.3 節参照)。14 モー
ラよりモーラ数が小さい 2 文節を対象とした場合にも，AA，UU の前部に
フォーカスがない条件では dephrasing が生じないかを確認する必要がある。

5.2.8　問題点

　以上のように，アクセント型の組み合わせの影響を検討した研究は多数
存在するが，どのようなアクセント型の組み合わせが dephrasing の生起
に影響するかについては，研究者の間で意見が分かれている。McCawley
(1968) は AU，UA，UU のいずれにおいても dephrasing が生じることを示
唆しており，Kohno (1980) は後部が無核であるとき，Poser (1984) は前部
が無核であるとき，Selkirk and Tateishi (1988) は前部，後部ともに無核であ
るとき dephrasing が生じるとしている。このうち，定量分析を行ったのは
Kubozono (1993)，Sugahara (2002) であるが，AA と UA の 2 種類，または
AA と UU の 2 種類のみを分析対象としている。従って，アクセント型の組
み合わせ AA，AU，UA，UU すべてを対象に定量的に検討する必要がある。

5.3 研究方法

CSJと実験資料を対象に分析を行い，結果を比較する。アクセントは2資料とも語彙アクセントを基準とする。まず，CSJのデータについて説明する。

5.3.1 CSJからのデータ抽出

CSJでは語彙アクセントではなく実際のアクセントを基準としたラベルが付与されている。そのため，語彙的には有核であっても dephrasing の結果，無核として発音されていれば，有核に与える「A」のラベルが付与されていない（五十嵐・菊池・前川 2006）。すなわち，無核として認定されている。例を図 5-3 に示す。

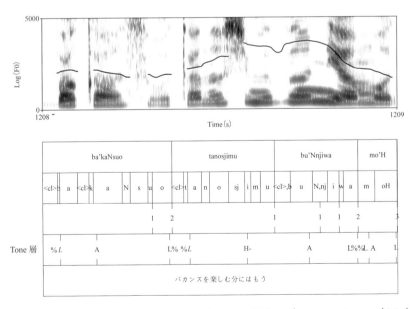

図 5-3 「バカンスを楽しむ分にはもう」の F0 曲線及びアノテーション（CSJ）

図 5-3 は「バカンスを楽しむ分にはもう」（TalkID = S00F0014）のサウン

ドスペクトログラム，F0 曲線およびアノテーションの一部を Praat を用い
て示したものである。「タノシ'ム」は，語彙的には第 3 モーラにアクセント
核のある有核文節であるが，図 5-3 ではアクセント核による音調の下降が
みられない。「タ」から「シ'」にかけて上昇し，「シ'」から「ブ'」まで平
らに続いた後，「ブ'」から「ニ」にかけて下降しており，「タノシ'ムブ'ン
ニワ」全体が一つの AP にまとまっている。このように，アクセント核の位
置（シ'）で F0 の下降がみられない場合，CSJ では無核文節として認定して
いる。「タノシ'ム」の tone 層に，アクセント核を表す「A」が付与されてい
ないことからも確認できる。本研究でもアクセント核の有無を認定するとき
は CSJ と同様に実際のアクセントを基準とし，図 5-3 の「タノシ'ム」のよ
うな場合は無核として認定する。ただし，実際の無核文節と図 5-3 の「タノ
シ'ム」のようにアクセント核が消失して無核として発音された文節とを区
別するために，記述の際には語彙アクセントを基準にする。すなわち，図
5-3 の「タノシ'ムブ'ンニワ」は「有核＋有核」で dephrasing が生じたもの
と記述する。

　分析の結果を実験資料と比較するため，実験資料と同じ条件にある 2 文節
を抽出する。すなわち，修飾関係が「形容詞＋名詞」「動詞＋名詞」「名詞ノ
＋名詞」「名詞ガ格＋動詞」「名詞ヲ格＋動詞」の 5 種類，合計モーラ数が 8
モーラ（4＋4）である 2 文節を抽出する。

　8 モーラで構成された 1371 サンプル（表 2-3 参照）を抽出するとき「有核
＋有核」（CSJ 基準）は対象から除外したが，本章では語彙アクセントを基準
に表記するので，最初除外した「有核＋有核」の 588 サンプルを新たに分
析対象に追加した。この 1959 サンプルのうち，4＋4 モーラで構成されてい
るのは 661 サンプルである。秋永（2001）に基づいて 661 サンプルの語彙ア
クセント及びアクセント核の位置を確認した。有核文節は第 2 モーラにア
クセント核があるものを対象としたが，4 モーラの形容詞は第 3 モーラにア
クセント核があるため，形容詞に限り第 3 モーラにアクセント核があるも
のを対象とし，最終的に 242 サンプルを得た。CSJ ではこの 242 サンプルを
対象に分析を行う。

5.3 研究方法 | 97

5.3.2 実験資料

実験文は表 5-1 の 40 文である[4]。下線の 2 文節が検討対象で，実験文 1～10 には UU，11～20 には UA，21～30 には AU，31～40 には AA を設定し，修飾関係の影響を抑えるために，アクセント型の組み合わせごとに修飾関係の種類及びその頻度を一致させた。発話数は計 600（4 水準×10 文×繰り返し数 3 回×話者 5 名）である。

表 5-1　実験文

[UU]					
1.	ヤマダノ オミセデ ウメシュオ ノンダ	NN	6.	ウメシュオ ヤマダノ オミセデ ノンダ	NN
2.	マルイ オボンニ オチャオ ノセタ	AN	7.	オチャオ マルイ オボンニ ノセタ	AN
3.	デカケル マユミニ カイモノオ タノンダ	VN	8.	カイモノオ デカケル マユミニ タノンダ	VN
4.	ヤキューガ オワッテ ビールオ ノンダ	gaV	9.	ビールオ ヤキューガ オワッテ ノンダ	gaV
5.	トビラオ アケルト ワガヤガ ミエタ	woV	10.	ワガヤガ トビラオ アケルト ミエタ	woV
[UA]					
11.	ヤマダノ ジム'ショニ デンワオ モラッタ	NN	16.	デンワオ ヤマダノ ジム'ショニ モラッタ	NN
12.	アマイ ニオ'イガ イエジューニタダヨッタ	AN	17.	イエジューニ アマイ ニオ'イガ タダヨッタ	AN
13.	デカケル イド'コニ カイモノオ タノンダ	VN	18.	カイモノオ デカケル イド'コニ タノンダ	VN
14.	イレバガ イタンデ ハ'イシャニ イッタ	gaV	19.	ハ'イシャニ イレバガ イタ'ンデ イッタ	gaV
15.	ミヤゲオ エラ'ンデ レジニ ナランダ	woV	20.	レ'ジニ ミヤゲオ エランデ ナランダ	woV
[AU]					
21.	イド'コノ オミセデ ウメシュオ ノンダ	NN	26.	ウメシュオ イド'コノ オミセデ ノンダ	NN
22.	アオ'イ ノレンガ ヒヤケデ ア'セタ	AN	27.	ヒヤケデ アオ'イ ノレンガ ア'セタ	AN
23.	アマ'ッタ リンゴデ ジャ'ムオ ツク'ッタ	VN	28.	ジャ'ムオ アマ'ッタ リンゴデ ツクッタ	VN
24.	オヒ'ルガ オワルト オチャオ ダ'シタ	gaV	29.	オチャオ オヒ'ルガ オワルト ダ'シタ	gaV
25.	アマ'ドオ アケルト ミゾレガ フ'ッテイタ	woV	30.	ミゾレガ アマ'ドオ アケルト フ'ッテイタ	woV
[AA]					
31.	イド'コノ ジム'ショニ デンワオ モラッタ	NN	36.	デンワオ イド'コノ ジム'ショニ モラッタ	NN
32.	ウマ'イ ニオ'イガ イエジューニ タダヨッタ	AN	37.	イエジューニ ウマ'イ ニオ'イガ タダヨッタ	AN
33.	アマ'ッタ ヨビ'ヒオ チョキンニ マワシタ	VN	38.	チョキンニ アマ'ッタ ヨビ'ヒオ マワシタ	VN
34.	イド'コガ アル'イテ ガッコーニ イッタ	gaV	39.	ガッコーニ イド'コガ アル'イテ イッタ	gaV
35.	アマ'グオ エラ'ンデ レジニ ナランダ	woV	40.	レ'ジニ アマ'グオ エランデ ナランダ	woV

4　表 5-1 は，表 2-4 をアクセント型の組み合わせを基準に並べ替えたものである。

5.4 分析

5.4.1 CSJ の分析

242 サンプルを対象にアクセント型の組み合わせ別 dephrasing の生起頻度及び生起率を算出した結果を表 5-2 と図 5-4 に示す。表中の N はサンプル数、「dephrasing あり」は dephrasing の生起頻度である。Dephrasing 率はサンプル全体が 0.44 (0.4421)、AA が 0.15、AU が 0.38、UA が 0.49、UU が 0.54 である。アクセント型の組み合わせごとの dephrasing の生起頻度に有意な差があるかを調べるために、dephrasing の有無 (1,0) を目的変数とし、アクセント型の組み合わせを説明変数とした Kruskal-Wallis 検定を行った。検定の結果、有意な差が認められ (Kruskal-Wallis chi-squared = 14.3493, df = 3, p<.01)、Scheffe 法による多重比較を行ったところ、AA と UA の間、AA と UU の間に有意差がみられた ($p<.05$, $p<.01$)。従って、242 サンプルにおける dephrasing の生起頻度は UU・UA (・AU) が (AU・) AA より有意に高いといえる。

表 5-2 アクセント型の組み合わせ別 dephrasing の生起頻度（CSJ）

アクセント型の組み合わせ	N	dephrasing あり	dephrasing なし
AA	27	4	23
AU	63	24	39
UA	53	26	27
UU	99	53	46
計	242	107	135

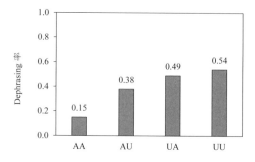

図 5-4 アクセント型の組み合わせごとの dephrasing 率（CSJ）

アクセント型の組み合わせを説明変数とした場合，dephrasing の生起がど
の程度予測できるかを調べるために，R 言語（Ver.3.0.2）の glm 関数を用い
て，dephrasing の有無（1,0）を目的変数とし，アクセント型の組み合わせを
説明変数とした一般化線形モデル（GLM）のロジスティック回帰分析を行っ
た[5]。R の出力結果を表 5-3 に示す。推定値（Estimate 列）は AA を基準とし
たもので，AA から AU，UA，UU に変わったとき，推定値がそれぞれどの
ように変化するかを示している。AA の推定値は 0 であるので，UU，UA，
AU，AA の順に高いことになる。

表 5-3　Dephrasing の有無を目的変数とし，アクセント型の組み合わせを
説明変数とした GLM によるパラメータ推定（CSJ）

	Estimate	Std. Error	z value	Pr (>|z|)
(Intercept)	-1.7492	0.5417	-3.229	0.00124 **
AU	1.2637	0.6007	2.104	0.03539 *
UA	1.7115	0.6074	2.818	0.00484 **
UU	1.8909	0.5780	3.271	0.00107 **

(Signif. codes:0 '***' 0.001 '**' 0.01 '*' 0.05 '. ' 0.1 ' ' 1)

$$(5.15) \quad y = 1/[1+\exp^{\{-(-1.7492 + 0AA + 1.2637AU + 1.7115UA + 1.8909UU)\}}]$$

表 5-3 の推定値を用いて GLM を定式化すると（5.15）のようになる。この
モデルが予測する dephrasing の有無（1,0）を実際に発音された 242 サンプル
の dephrasing の有無（1,0）にフィッティングした結果，正答率は 58.68% で
あった。説明変数を持たないヌルモデル（44.21%）より 14.47% 上昇している。

5.4.2　実験

5.4.1 節では，CSJ から抽出した 242 サンプルを対象に分析した。ここで
は，被験者 5 名が読み上げた実験資料 600 サンプルを対象に分析する。

表 5-4 と図 5-5（次頁）は 600 サンプルについてアクセント型の組み合わ
せごとの dephrasing の生起頻度及び dephrasing 率を算出したものである。

5　242 サンプルについては話者別データ数が少ないため，話者の個体差は考慮しなかった。

サンプル全体の dephrasing 率は 0.54 (0.5367) で，AA が 0.19, AU が 0.68, UA が 0.45, UU が 0.83 である。Kruskal-Wallis 検定を実施した結果，アクセント型の組み合わせによる dephrasing の生起頻度に有意差が認められ (Kruskal-Wallis chi-squared = 140, df = 3, p<.001)，Scheffe 法による多重比較を行ったところ，UU と AU の間を除くすべての水準間に有意差がみられた (p<.001, AU と UA の間では p<.01)。従って，dephrasing の生起頻度は UU・AU, UA, AA の順に有意に高いといえる。

表 5-4　アクセント型の組み合わせ別 dephrasing の生起頻度（実験）

アクセント型の組み合わせ	N	dephrasing あり	dephrasing なし
AA	150	28	122
AU	150	102	48
UA	150	68	82
UU	150	124	26
計	600	322	278

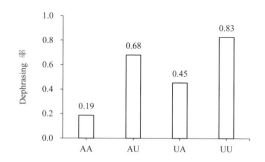

図 5-5　アクセント型の組み合わせごとの dephrasing 率（実験）

アクセント型の組み合わせを説明変数とした場合，dephrasing の生起がどの程度予測できるかを調べるため，dephrasing の有無 (1,0) を目的変数とし，アクセント型の組み合わせを固定効果，話者の個体差をランダム効果とした一般化線形混合モデル (GLMM) のロジスティック回帰分析を実施した。表 5-5 の推定値 (Estimate) は，AA を基準 (0) としたもので，UU (3.0568), AU (2.2432), UA (1.2942), AA (0) の順に高くなっている。

表 5-5　Dephrasing の有無を目的変数とし，アクセント型の組み合わせを
固定効果，話者の個体差をランダム効果とした GLMM によるパラ
メータ推定（実験）

Random effects:	Groups Name		Variance	Std.Dev.		
	Subject（Intercept）		0.03577	0.1891		
	Number of obs: 600, groups: subject, 5					
Fixed effects:		Estimate	Std. Error	z value	Pr（>|z|）	
	（Intercept）	-1.483	0.2270	-6.534	6.40E-11	***
	AU	2.2432	0.2748	8.162	3.29E-16	***
	UA	1.2942	0.2673	4.842	1.29E-06	***
	UU	3.0568	0.3029	10.092	2.00E-16	***

（Signif. codes: 0 `***` 0.001 `**` 0.01 `*` 0.05 `.` 0.1 ` ` 1）

（5.16）　$y = 1/[1+\exp^{\{-(-1.4830 + 0AA + 2.2432AU + 1.2942UA + 3.0568UU + (1\,|\,subject))\}}]$

　（5.16）は表 5-5 の推定値を用いて GLMM を定式化したものである。モデルの正答率は 71.67% で，ヌルモデルの 53.67% より 18.00% 上昇している。

5.5　議論

5.5.1　CSJ と実験資料の結果比較

　CSJ と実験資料を対象にアクセント型の組み合わせ別の dephrasing 率を分析した。UU で dephrasing 率が最も高く，AA で dephrasing 率が最も低いという点は両資料の分析結果に共通していたが，CSJ では AU と UA の間に有意差がないのに対し，実験資料では AU の方が UA より有意に高かった。
　実験資料は実験文 1 文の長さを約 16 モーラで構成したが，CSJ 資料は発話文の長さを限定していない。また，実験資料はアクセント型の組み合わせごとに修飾関係 5 種類の頻度を一致させたが，CSJ 資料は一致させていない。連体修飾の場合，実験資料では「青い暖簾が」のように後部に 1 モーラの格助詞がついているが，CSJ 資料では「細かい＋刺繍の」のように名詞に「の」がついて後続する文節を修飾しているものもある。2 文節の合計モーラ数，修飾関係の種類，アクセント核の位置がほぼ一致していること

を除くと，CSJ と実験資料における 2 文節の品詞構造はすべて異なる。しかし，モーラ数，非自立語の有無，品詞構造など，すべての条件が同じ 2 文節を検討対象とするのは，特定語の延べ数が多いデータを分析対象とすることと同じである。他の資料を対象に分析した場合にも一致する結論を導き出すためには体系的で綿密な分析を行う必要があるが，実験条件の異なる複数のサンプルから共通点と相違点を見出すことも重要であると思われる。AU と UA の影響力が CSJ と実験資料とで異なるということは，他の資料を対象に分析した場合にも，AU の方が UA より影響力が強いか，UA の方がAU より強いか，あるいは大差がないという結果が得られる可能性がある。従って，AU と UA の影響力が CSJ と実験資料で異なるのは資料による相違と考えるより，AU と UA の間には dephrasing の生起に与える影響力の差がほとんどないと考えるのが妥当であるように思われる。

5.5.2　アクセント型の組み合わせの影響

　Dephrasing の生起率は UU，AU・UA，AA の順に高いという結果が得られた。しかし，このような結果は，前部が無核であるとき dephrasingが生じる可能性が高いという Poser（1984）の主張，後部が無核であるとき dephrasing が生じるという Kohno（1980）の知見，無核が含まれた UU，UA，AU のいずれにおいても dephrasing が生じることを示唆しているMcCawley（1968）の記述のいずれとも一致しない。先行研究では特定のアクセント型の組み合わせでのみ dephrasing が生じると解釈しているためである。本研究ではアクセント型の組み合わせ別 dephrasing 率を分析し，UU，AU，UA，AA のいずれにおいても dephrasing が生じるが，その影響は UU，AU・UA，AA の順に強いことを示した。

　Pierrehumbert and Beckman（1988）は，前部，後部がともに有核（語彙アクセント）である場合にもいずれかのアクセント核が消失し，dephrasingが生じることがあると述べている（2.1.1 節参照）。本章で検討した AA のdephrasing 率は，CSJ において 0.15，実験資料において 0.19 であったが，これらの発話は実際にすべて，前部あるいは後部のアクセント核が消失したものである。なお，UU で dephrasing 率が高い原因，AA で dephrasing 率が

低い原因については5.6節で述べる。

5.6　まとめと展望

　本章では，CSJと実験資料を対象に，アクセント型の組み合わせが dephrasing の生起に与える影響を検討した。先行研究との相違点については 5.5.2 節で述べたので，ここでは分析結果を簡単にまとめる。CSJ，実験資料から得られた結果は以下の通りである。

イ）Dephrasing の生起に及ぼす影響は，CSJ，実験資料ともに UU が最も強く，AA が最も弱い。この結果より，有核文節は dephrasing の生起を抑制する効果があることがわかる。

ロ）イ）の原因は以下のように考えることができる。まず，後部が有核である UA，AA では，後部でアクセント核が下降するのに必要な高さを確保するために下降直前に上昇し，2AP に分離される。前部が有核である AU，AA の場合は，アクセント核により前部でピッチが下降するが，ピッチが低いままでは発話を継続することが困難であるので，後部でピッチが上昇し，2AP に分離される。

ハ）アクセント型の組み合わせを説明変数としたモデルの正答率は CSJ において 58.68%（GLM），実験資料において 71.67%（GLMM）で，ヌルモデルよりそれぞれ 14.47%，18.00% 上昇した。

ニ）わずかながら「有核＋有核」においても dephrasing が生じた発話があることが確認された（dephrasing 率：CSJ＝0.15，実験資料＝0.19）。

　アクセント型の組み合わせの影響を取り上げた先行研究は多数あるが，AA，AU，UA，UU すべてを対象に定量的に検討した研究はほとんどない。その点で，上記のイ）ロ）ハ）は本研究により得られた新たな知見であるといえる。ニ）は，Pierrehumbert and Beckman (1988) が述べているように，前部もしくは後部のアクセント核が消失した発話である。

　AU と UA の影響力については CSJ と実験資料に相違があった（5.5.1 節参照）。本章では両資料の分析結果を総合的に解釈し，AU と UA の影響力に

は差がないと述べたが，他の資料を対象に分析した場合にも同様の傾向がみられるかを確認する必要がある。これは今後の課題である。

| 105

第6章

フォーカス

6.1 導入

　フォーカスは新しい情報を表す機能と特定の要素を対比させる機能の二つの機能を持つ。研究者により，presentational focus と contrastive focus, wide focus と narrow focus[1], information focus と identificational focus（Kiss 1998, p. 245），information focus と operator focus（Roberts 1998, p. 124）などと称されるが，本研究では Kiss（1998）に従い，information focus, identificational focus と呼ぶ。このうち本研究で対象とするのは identificational focus であるが，まず Kiss（1998）に基づき，両者の違いを比較する。

6.1.1 Information focus と identificational focus

　Kiss（1998）は identificational focus を（6.1）のように定義している。ごく簡単に要約すると，identificational focus の機能は部分集合を特定することである。

（6.1）Kiss（1998, p. 245）

1　presentational focus と contrastive focus, wide focus と narrow focus は Kiss（1998）より再引用したものである。

106 │ 第6章　フォーカス

The function of identificational focus:

An identificational focus represents a subset of the set of contextually or situationally given elements for which the predicate phrase can potentially hold; it is identified as the exhaustive subset of this set for which the predicate phrase actually holds.

　例えば，(6.2) (a) の a hat は「メアリが何かを選んだ」という前の文脈とつながっており，選んだものは「帽子 1 個」であると特定しているので identificational focus (太字) である。それに対して (6.2) (b) では，メアリが選んだのが帽子 1 個のみであるか，他のものもあるかは言及されていない。また，「選ぶ」動作は前の文脈とつながっておらず，この文で初めて登場するので，その対象の A HAT は聞き手にとっては新しい情報，すなわち information focus である。

(6.2)　Kiss (1998, pp. 249–250)

　　(a) It was **a hat** that Mary picked for herself.

　　(b) Mary picked for herself A HAT.

　　(c) It was **to Mary** that I introduced Peter last night.

　　(d) Last night I introduced Peter TO MARY.

　Kiss (1998) は (6.2) (c) と (d) についても同様に説明している。(c) の場合，「昨日の夜私がピーターを誰かに紹介したこと」は先行文脈で述べられていることで，ここでは「誰に」紹介したのかを特定している。従って，to Mary は identificational focus である。

　一方 (d) において，ピーターをメアリに紹介したのは事実であるが，ピーターをメアリにのみ紹介したのか，他の人にも紹介したのかは示されていない。また，「紹介した」という動作は先行文脈と関連していないので，その対象である TO MARY は先行文脈からは推測できない新情報 (information focus) である。

　しかし，この 2 種類が互いに排他的なのではない。WH 句は通常 identificational focus とされるが，次の (6.3) では WH 句が含まれた (a) の質

問に対して information focus（b），identificational focus（c）のいずれも答えに
なり得る（Kiss 1998）。

（6.3）Kiss（1998, p. 249）
   （a）Where did you go in the summer?
   （b）I went TO ITALY [among other plases]
   （c）It was Italy where I went.

また，（6.4）（b）は（a）に対する答えであるが，（b）の yesterday につい
ても 2 通りの解釈が可能である。すなわち，演劇をみるのは today ではな
く，yesterday であったことを対比的に表している点で identificational focus
を持っており，また演劇をみた日付の情報を提供している点で information
focus を持っているといえる（Halliday 1967）。しかし，本章ではこのように
二つの解釈が可能なものは対象としない。

（6.4）Halliday（1967, p. 206）
   （a）Is John going to see the play?
   （b）John saw the play yesterday.

Kuno（1982），田窪（1987）によれば，日本語では自然な質問文の焦点に
文末の述語以外がくることはできない。そのため，（6.5）（b）及び（6.6）のよ
うに「の」をつけて，焦点にくる要素を文末述語内に入れる必要がある。英
語の分裂構造 it is /was ... that と形式的に共通する部分があるといえる。

（6.5）田窪（1987, p. 43）
   （a）?? 英語をマスターするために，アメリカに行きますか。
   （b）　英語をマスターするために，アメリカに行くんですか。
（6.6）Kuno（1982, p. 135）
   （a）Boku wa kono tokei o Pari de katta ⎫
   　　　　　　　　　　　　　　　　　　　　⎬ no de wa nai
   （b）Boku wa Pari de kono tokei o katta ⎭
   　　' It is not（the case）that I bought this watch in Paris. '

6.1.2 フォーカスとイントネーション

　フォーカス（identificational focus）とイントネーションの関係について検討した研究を概観する。前節と同様に，英語を対象とした研究もあわせて紹介する。

　服部（1933）は，「秋は空が綺麗だ」の「綺麗だ」にフォーカスがある発話について次のように説明している。￣は—よりもピッチが高いことを表している。

(6.7)　服部（1933, pp. 14–15）

　　「秋は空が綺麗だ」と云う文の東京語のアクセントを示すと，〔ア￣キワソ￣ラガキ￣レーダ〕となる。（中略）「きれいだ」という語を相手がきき落とさない様に特別に注意して発音する必要が起こったとすれば，〔キ￣レーダ〕の山が特に著しくあらわれる。この場合，〔ア￣キワ〕の山は前の場合よりもやや明瞭にあらわれる事が多く，〔ソ￣ラガ〕のは消失すると云ってよい。

　　　　　　　　　　ア￣キワソラガキ￣レーダ

　すなわち，フォーカスのある発話ではフォーカスのある文節のピッチが最も高く，フォーカス以外の文節はピッチレンジが抑えられ，アクセント核が消失するということである。他の文節にフォーカスがある場合についても同様の説明をしている。「ソ’ラ」にフォーカスがある場合は，ア￣キワソ￣ラガキレーダとなり，「ア’キワ」における山の高さは明瞭に現れることが多いが，「キ’レーダ」の山は消失するに近いとしている。(6.7)「〔ア￣キワ〕の山は前の場合よりもやや明瞭にあらわれる」の「前の場合」とは，この「ソ’ラ」にフォーカスがあるときの「ア’キワ」を指している。

　Chomsky（1970, p. 70）は，ストレスが最も強く，ピッチが最も高い部分をイントネーションの中心（intonation center）と呼び，フォーカスはこのイントネーションの中心に位置するとしている。(6.8)のように，「詩を書くところが書斎であるか」を問う発話では「書斎（STUDY）」にイントネーションの中心があるが，STUDY を強いストレスで高く発音して卓立させないと，

フォーカスがなくなり，質問の意図が明確に伝わらないと述べている。

(6.8) Chomsky (1970, p. 71)
 (a) does John write poetry in his STUDY?
 (b) is it in his STUDY that John wirtes poetry?
 (c) John doesn't write poetry in his STUDY.
 (d) it isn't in his STUDY that John writes poetry.

　フォーカスによってイントネーションの中心が変わるという記述はAkmajian (1970) にもみられる。図 6-1 (a)〜(d) はすべて MITCHELL にフォーカスのある発話で，文末が上昇調で終わる (a)(b) と下降調で終わる (c)(d) のいずれにおいても MITCHELL にイントネーションの中心がある[2]。

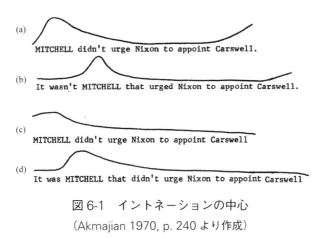

図 6-1　イントネーションの中心
(Akmajian 1970, p. 240 より作成)

2　発話の終端における上昇調及び下降調については Akmajian (1970), Jackendoff (1972) を参照されたい。

110 | 第6章　フォーカス

　東京語におけるフォーカスとイントネーションの関係については，
Fujisaki and Kawai (1988)，郡 (1989), Maekawa (1997) に詳しい。郡 (1989)
はフォーカスの有無及び位置による F0 曲線の変化を検討している。郡
(1989) の例を図 6-2 に示す。[左] (a)〜(e) は有核文節のみで構成された「ゆ
うじは (が) ビールにワインをまぜた」で，[右] (a)〜(e) は無核文節のみで
構成された「まゆみは (が) まもるにぬいぐるみをもらった」である。(a)
から順に第 1 文節，第 2 文節，第 3 文節，第 4 文節にフォーカスがある発話
であり，(e) はフォーカスを限定しない発話である。

　図 6-2 をみると，フォーカスのある発話では，フォーカスのある文節の
F0 が最も高い。また，有核文節のみで構成された [左] ではフォーカスの有
無と関係なくそれぞれの文節が 1AP をなしているが，無核文節のみで構成
された [右] ではフォーカスのある文節が後続する文節と一つにまとまって
いるものがある。

　郡 (1989, p. 323) は「フォーカス語以前の語群は特に変化がないのが普通
であるが，フォーカス語を大げさにきわだたせるような場合には，フォー
カス前の語群のアクセントも抑えられることがある」とし，部分的には，
フォーカスの前にある文節もフォーカスの影響を受けることを認めている。

6.1 導入 | 111

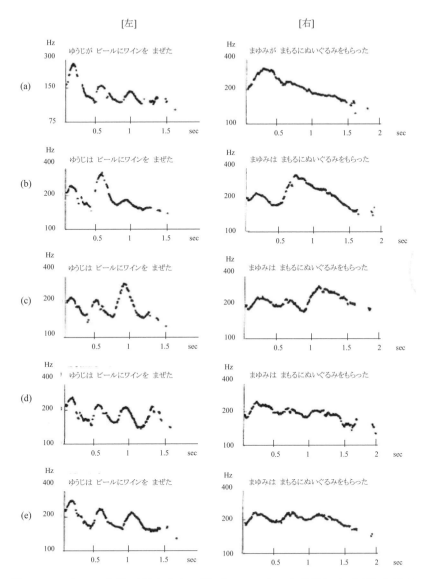

図 6-2　アクセント型の組み合わせ及びフォーカスの位置による F0 曲線の変化（郡 1989, p. 322 より作成）

Maekawa (1997) によれば，フォーカスがある文節は F0 ピークが増大し，その前後にある文節は F0 ピークが抑えられる。図 6-3 は，話者 2 名が読み上げた「ke'sa X-to te'rebi-o mi'ta」の F0 ピークを比較したもので，N-focus, M-focus, S-focus は，X (Target 語) にフォーカスがない発話，フォーカスがある発話，極大フォーカスがある発話を示している。Target 語の F0 は二人とも N-focus より M-focus・S-focus の方が高いが，その前後にある /ke'/, /te'/, /mi'/ は M-focus・S-focus より N-focus の方が高くなっている。

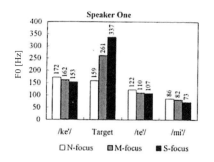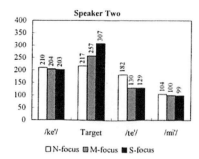

図 6-3　フォーカス前後の F0 ピーク
（Maekawa 1997, p. 132 より作成）

Fujisaki and Kawai (1988) は，枝分かれ構造，フォーカスの有無及び位置が異なる条件でもほぼ同じ F0 曲線が示されることがあるとしている。図 6-4 [左] は左枝分かれ構造の ao'morino aneno ama'guo，[右] は右枝分かれ構造の a'nino mizuirono ama'guo で，上から順にフォーカスがない発話，第 1 文節，第 2 文節，第 3 文節にフォーカスがある発話であるが，類似した F0 曲線が多く観察される。

例えば，[左] (a) にはフォーカスがなく，[左] (d) には第 3 文節にフォーカスがあるが，二つの F0 曲線はほぼ同じである。また，[左] (b) は左枝分かれ構造を持ち，[右] (b) は右枝分かれ構造を持つが，この場合も F0 曲線にはさほど差異はない。[右] において，フォーカスがない (a) と，第 2 文節，第 3 文節にそれぞれフォーカスがある (c) (d) もすべて類似した F0 曲線を示している。Fujisaki and Kawai (1988) は，このように統語構造やフォー

カスの情報が F0 曲線から読み取れない場合があると述べている。

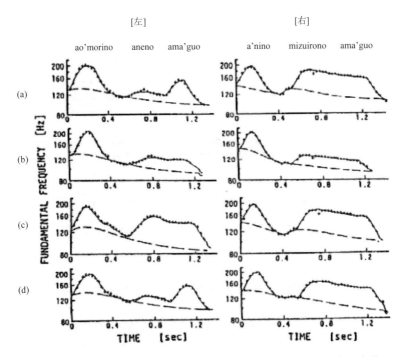

図 6-4　枝分かれ構造及びフォーカスの位置による F0 曲線の変化
(Fujisaki and Kawai 1988, p. 185 より作成)

　特に Fujisaki and Kawai (1988) では統語構造とは無関係に dephrasing (原文では accent sandhi) が生じた例が取り上げられている。図 6-5 (a)（次頁）ao'morino aneno ama'guo は左枝分かれ構造を持ち，第 2 文節にフォーカスがあるが，1AP にまとまっているのは ao'morino と aneno ではなく，aneno と ama'guo である[3]。また，図 6-5 (b)（次頁）aneno ao'i ama'guo（右枝分かれ構造）は第 1 文節にフォーカスがあるが，F0 ピークが最も高いのは，フォーカスがある第 1 文節ではなく，第 2 文節である。Fujisaki and Kawai (1988)

3　図 6-4 [左] (c) と同一である。

は図 6-5 (a)(b) について，(a) は統語構造よりフォーカスの方を意識した発話で，(b) はフォーカスより統語構造の方を意識した発話であるようにみえるが，実際の発話で話者がどちらを優先するかは不明であるとしている。

次節では，東京語を対象にフォーカスと dephrasing の生起との関係を検討した研究を紹介する。

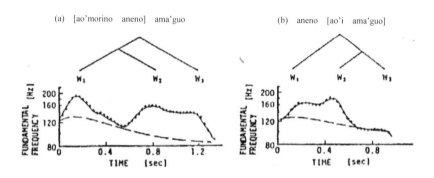

図 6-5 左枝分かれ構造と右枝分かれ構造を持つ発話文の F0 曲線
(Fujisaki and Kawai 1988, p. 186 より作成)

6.2 先行研究

6.2.1 Poser (1984)

Poser (1984) は，dephrasing の生起にはモーラ数 (3.2.1 節)，修飾関係 (4.2.1.2 節)，アクセント型の組み合わせ (5.2.4 節) など複数の要因が関係すると述べている。フォーカスの影響については次のように記されている。

(6.9) Poser (1984, p. 155)

A variety of factors influence the choice of phrasing. First, there is a semantic factor. A focused constituent always forms a minor phrase of its own. Second, there are...

(AP の形成には多様な要因が影響している。第一に，意味論的な要因が挙げられる。フォーカスがある文節は常に単独で一つの AP を

6.2 先行研究 | 115

形成する。第二に ...) 　　　　　　　　　　　（訳は筆者による）

　わずか3行足らずであるが，フォーカスのある文節は他の文節と一つの
AP にまとまらないとの知見が示されている。フォーカスを dephrasing の生
起に関与する要因ではなく，不生起に関与する要因として捉えていることが
わかる。

6.2.2　Pierrehumbert and Beckman（1988）

　Pierrehumbert and Beckman（1988, pp. 99–105）は，2文節の前部にフォー
カスのある場合と後部にフォーカスがある場合のどちらで IP 境界が消滅す
るかを検討している。後部にフォーカスがある場合にはフォーカスの前でカ
タセシスが阻止され，すべてのデータで IP 境界が生じたが，前部にフォー
カスがある場合には IP 境界が生じなかったとしている。AP は IP の下位
階層であるため，IP 境界には必ず AP 境界が存在する（McCawley 1968, p.
153）。従って，後部にフォーカスがある環境では dephrasing が生じなかっ
たことが推察される。一方，IP 境界が存在しない環境では AP 境界が存在す
ることもあり，存在しないこともある。従って，Pierrehumbert and Beckman
（1988）でも前部にフォーカスがある環境では dephrasing が生じた発話があ
ると推察される。実際に Pierrehumbert and Beckman（1988）では，前部に
フォーカスがある発話で dephrasing が生じた例と生じていない例が両方示
されている。その例を図6-6（次頁）に示す。いずれも第1文節にフォーカ
スがあるが，［左］(a)～(d) では dephrasing が生じており，［右］(a)～(d)
では生じていないと認定されている。［左］(d) uma'i mame'wa については，
後部のアクセント核が消失し，実質的にアクセント核が保たれているのは
uma'i のみであると記されている。

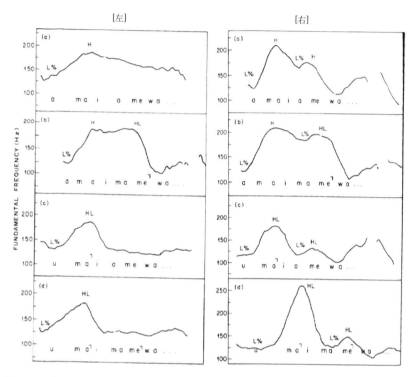

図 6-6 「amai amewa」「amai mame'wa」「uma'i amewa」「uma'i mame'wa」の F0 曲線

(Pierrehumbert and Beckman 1988, pp. 106–107 より作成)

6.2.3　Sugahara (2002)

　Sugahara (2002) は，アクセント型の組み合わせ 2 種類 (5.2.7 節参照)，統語境界の有無，フォーカスの有無を組み合わせた 8 条件を対象に dephrasing が生じる環境を検討している。分析に用いられた検査語は (6.10) の通りで[4]，大文字はフォーカスを表している。この研究では，2 文節とも無核で，統語境界が存在せず，前部にフォーカスがある条件 (YOKOHAMA-no +

4　(5.13) と同一である。

yunyuudaikooya-de）でのみ dephrasing が生じたと報告している。

（6.10）Sugahara（2002）

統語境界	アクセント型の組み合わせ	フォーカス	検査語
なし	AA	あり	HA'YAMA-no + yunyuudaiko'oten-de
		なし	ha'yama-no + yunyuudaiko'oten-de
	UU	あり	YOKOHAMA-no + yunyuudaikooya-de
		なし	yokohama-no + yunyuudaikooya-de
あり	AA	あり	HA'YAMA-de + yunyuudaiko'oten-no
		なし	ha'yama-de + yunyuudaiko'oten-no
	UU	あり	YOKOHAMA-de + yunyuudaikooya-no 例：ao'yama-dewa-naku［YOKOHAMA-de］［yunyuu-daikooya-no］maneejaa-wa
		なし	yokohama-de + yunyuudaikooya-no 例：［yokohama-de］［yunyuu-daikooya-no］maneejaa-wa

6.2.4　問題点及び研究方法

　Poser（1984）はフォーカスのある文節は他の文節と一つの AP にまとまらないとしているが，Fujisaki and Kawai（1988），郡（1989）はフォーカスがある場合は連続する 2 文節が一つにまとまることがあるとしている。Pierrehumbert and Beckman（1988）でも，フォーカスのある環境で連続する 2 文節が 1AP にまとまっている例とまとまっていない例の両方が示されているが，これらの研究では定量的な検討が行われていない。

　Sugahara（2002）はフォーカスが存在しても「無核＋無核」でない場合には dephrasing が生じないとしている。しかし，分析に用いられた 2 文節の合計モーラ数が 14 モーラに及んでおり，モーラ数が大きいことが分析結果に影響した可能性がある。従って，14 モーラより小さいモーラ数を対象に検討した場合にも Sugahara（2002）と同様の結果が得られるかを調べる必要がある。

　また，先行研究はフォーカスの影響のみを分析しており，他の要因との交

118 | 第6章　フォーカス

互作用については分析していない。本研究ではフォーカスの影響を定量的に
分析し，フォーカスとアクセント型の組み合わせとの交互作用，フォーカス
と修飾関係との交互作用についても検討を行う。

6.3　実験

6.3.1　実験文

　フォーカスがない発話（focus 0），2文節の前部にフォーカスがある発話
（focus 1），2文節の直後の文節にフォーカスがある発話（focus 3）を分析す
る。実験文は表6-1のように構成した。表2-4の実験文1〜20を focus 0 と
し，この20文（focus 0）に focus 1，focus 3 を追加したもので，表中の太字
はフォーカスの位置を表している。下線の2文節が検討対象である。修飾
関係は 4.2.3.2 節と同様に AN，gaV，NN，VN，woV の5種類，アクセン
ト型の組み合わせは 5.3.2 節と同様に AA，AU，UA，UU の4種類である。

表6-1 実験文

Focus 0

【UU】			【AU】		
1.	ヤマダノ オミセデ ウメシュオ ノンダ	NN	11.	イトコノ オミセデ ウメシュオ ノンダ	NN
2.	マルイ オボンニ オチャオ ノセタ	AN	12.	アオイ ノレンガ ヒヤケデ アセタ	AN
3.	デカケル マユミニ カイモノオ タノンダ	VN	13.	アマッタ リンゴデ ジャムオ ツクッタ	VN
4.	ヤキューガ オワッテ ビールオ ノンダ	gaV	14.	オビルガ オワルト オチャオ ダシタ	gaV
5.	トビラオ アケルト ワガヤガ ミエタ	woV	15.	アマドオ アケルト ミゾレガ フッテイタ	woV
【UA】			【AA】		
6.	ヤマダノ ジムショニ デンワオ モラッタ	NN	16.	イトコノ ジムショニ デンワオ モラッタ	NN
7.	アマイ ニオイガ イエジューニ タダヨッタ	AN	17.	ウマイ ニオイガ イエジューニ タダヨッタ	AN
8.	デカケル イトコニ カイモノオ タノンダ	VN	18.	アマッタ ヨビヒオ チョキンニ マワシタ	VN
9.	イレバガ イタンデ ハイシャニ イッタ	gaV	19.	イトコガ アルイテ ガッコーニ イッタ	gaV
10.	ミヤゲオ エランデ レジニ ナランダ	woV	20.	アマグオ エランデ レジニ ナランダ	woV

Focus 1

【UU】			【AU】		
21.	ヤマダノ オミセデ ウメシュオ ノンダ	NN	31.	イトコノ オミセデ ウメシュオ ノンダ	NN
22.	マルイ オボンニ オチャオ ノセタ	AN	32.	アオイ ノレンガ ヒヤケデ アセタ	AN
23.	デカケル マユミニ カイモノオ タノンダ	VN	33.	アマッタ リンゴデ ジャムオ ツクッタ	VN
24.	ヤキューガ オワッテ ビールオ ノンダ	gaV	34.	オビルガ オワルト オチャオ ダシタ	gaV
25.	トビラオ アケルト ワガヤガ ミエタ	woV	35.	アマドオ アケルト ミゾレガ フッテイタ	woV
【UA】			【AA】		
26.	ヤマダノ ジムショニ デンワオ モラッタ	NN	36.	イトコノ ジムショニ デンワオ モラッタ	NN
27.	アマイ ニオイガ イエジューニ タダヨッタ	AN	37.	ウマイ ニオイガ イエジューニ タダヨッタ	AN
28.	デカケル イトコニ カイモノオ タノンダ	VN	38.	アマッタ ヨビヒオ チョキンニ マワシタ	VN
29.	イレバガ イタンデ ハイシャニ イッタ	gaV	39.	イトコガ アルイテ ガッコーニ イッタ	gaV
30.	ミヤゲオ エランデ レジニ ナランダ	woV	40.	アマグオ エランデ レジニ ナランダ	woV

Focus 3

【UU】			【AU】		
41.	ヤマダノ オミセデ ウメシュオ ノンダ	NN	51.	イトコノ オミセデ ウメシュオ ノンダ	NN
42.	マルイ オボンニ オチャオ ノセタ	AN	52.	アオイ ノレンガ ヒヤケデ アセタ	AN
43.	デカケル マユミニ カイモノオ タノンダ	VN	53.	アマッタ リンゴデ ジャムオ ツクッタ	VN
44.	ヤキューガ オワッテ ビールオ ノンダ	gaV	54.	オビルガ オワルト オチャオ ダシタ	gaV
45.	トビラオ アケルト ワガヤガ ミエタ	woV	55.	アマドオ アケルト ミゾレガ フッテイタ	woV
【UA】			【AA】		
46.	ヤマダノ ジムショニ デンワオ モラッタ	NN	56.	イトコノ ジムショニ デンワオ モラッタ	NN
47.	アマイ ニオイガ イエジューニ タダヨッタ	AN	57.	ウマイ ニオイガ イエジューニ タダヨッタ	AN
48.	デカケル イトコニ カイモノオ タノンダ	VN	58.	アマッタ ヨビヒオ チョキンニ マワシタ	VN
49.	イレバガ イタンデ ハイシャニ イッタ	gaV	59.	イトコガ アルイテ ガッコーニ イッタ	gaV
50.	ミヤゲオ エランデ レジニ ナランダ	woV	60.	アマグオ エランデ レジニ ナランダ	woV

120 | 第6章 フォーカス

6.3.2 録音

話者は日本語母語話者5名（女性3名，男性2名）で，2.2.2.2節と同一の被験者である。収録の前に，フォーカスがある場合とない場合とを意識して発話するよう説明した。例えば，「山田のお店で梅酒を飲んだ」の中で「梅酒」を卓立させる場合は，「山田のお店で何を飲んだ?」という質問に対して，ビールやワインではなく，「梅酒」であることを強調して答える形で発話するよう指示した。誤って読まれた文は読み直してもらった。また，話者自身にも発話が適切と感じるまで自由に読み直してもらった。

5名中2名（F2，M1）は focus 0，focus 1，focus 3 の順に読み上げ，他の3名は focus 3，focus 1，focus 0 の順に読み上げた。試行数は3回（ランダム）であり，発話数は計900である（フォーカス3水準×アクセント型の組み合わせ4水準×修飾関係5水準×5名×3回）。

6.3.3 方法

図6-7は，上から順に (a) focus 0，(b) focus 1，(c) focus 3 を設定した発話である。［左］(a) の「アマ'グオエラ'ンデ」では，「ア」から「マ'」にかけて上昇し，「マ'」から「デ」にかけて単調に下降している。この場合，「アマ'グオエラ'ンデ」には AP 境界がみられないので dephrasing が生じたと認定した。それに対して，［右］(a) の「アマ'グオエラ'ンデ」では，「ア」から「マ'」にかけて上昇し，「マ'」から「エ」にかけて下降，「エ」から「ラ'」にかけて上昇している。句頭の上昇の数が2であるので，［右］(a) は dephrasing が生じていないと認定した。同様の方法で，［左］(b) (c) の2文節では dephrasing が生じており，［右］(b) (c) では生じていないと認定した。

6.4節ではフォーカス，アクセント型の組み合わせ，修飾関係の影響及び2要因間の交互作用について検討する。主な目的はフォーカスの影響を調べることであるので，2要因間の交互作用を検討する際，フォーカスの影響を除外したアクセント型の組み合わせと修飾関係の交互作用は対象外とする。

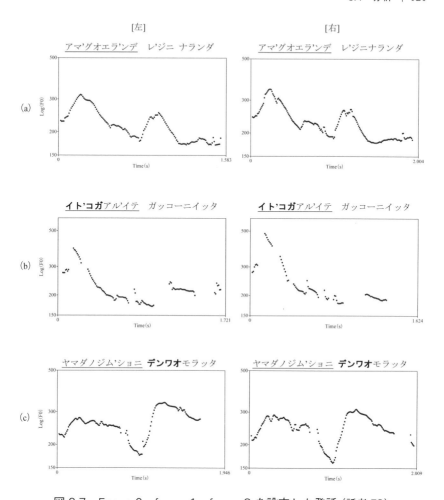

図 6-7　Focus 0, focus 1, focus 3 を設定した発話（話者 F3）

6.4　分析

6.4.1　フォーカスの影響

図 6-8（次頁）は focus 0, focus 1, focus 3 の dephrasing 率を示している。Focus 0 において 0.55, focus 1 において 0.79, focus 3 において 0.71 であ

り，サンプル全体においては 0.68 (0.6833) である。フォーカスの種類による dephrasing の生起頻度に有意差があるかを検討するため，dephrasing の有無を目的変数とし，フォーカスを説明変数とした Kruskal-Wallis 検定を実施した。検定の結果，有意差が認められ (Kruskal-Wallis chi-squared = 42.1303, df = 2, p<.001)，Scheffe 法による多重比較を行ったところ，focus 0 と focus 1 の間，focus 0 と focus 3 の間に有意差がみられた (各 p<.001)。従って，focus 1，focus 3 とも focus 0 より dephrasing の生起頻度が有意に高いといえる。

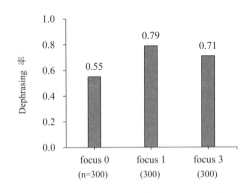

図 6-8　フォーカス別 dephrasing 率

6.4.2　アクセント型の組み合わせの影響

5.4.2 節ですでにアクセント型の組み合わせの影響を検討したが，そこではフォーカスのない発話のみを対象とした。本章では，focus 0, focus 1, focus 3 をすべて含む 900 サンプルを対象とする[5]。アクセント型の組み合わせの影響を再度取り上げる理由は，フォーカスとアクセント型の組み合わせの交互作用を検討するためであるが，交互作用については 6.4.4 節で検討することとし，ここではその前段階としてアクセントの組み合わせの影響を分析する。

図 6-9 は 900 サンプルについてアクセント型の組み合わせ別の dephrasing

5　5.3.2 節の実験文と focus 0 の実験文は一部重複している。

率を算出したものである。AA は 0.36, AU は 0.79, UA は 0.66, UU は 0.93 である。Dephrasing の有無を目的変数とし，アクセント型の組み合わせを説明変数とした Kruskal-Wallis 検定を行った結果，有意差が認められ（Kruskal-Wallis chi-squared = 188.2732, df = 3, p<.001），Scheffe 法による多重比較を行った結果，すべての水準間に有意差がみられた。5.4.2 節では AA, AU, UA, UU の順に 0.19, 0.68, 0.45, 0.83 であったが，図 6-9 ではそれより 0.10〜0.21 高くなっている。Focus 1, focus 3 の効果により dephrasing 率が全体的に増加したためである。

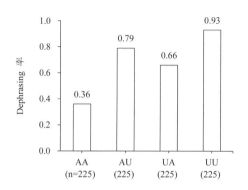

図 6-9　アクセント型の組み合わせ別 dephrasing 率（実験 900 サンプル）

フォーカスの種類によってアクセント型の組み合わせの効果が異なるかを検討するため，focus 0, focus 1, focus 3 ごとに AA, AU, UA, UU の dephrasing 率を分析した結果を表 6-2, 図 6-10（次頁）に示す。Dephrasing 率は focus 1, focus 3, focus 0 に共通して UU が最も高く，次に AU, UA が高く，AA が最も低くなっており，フォーカス 3 種類をプールした図 6-9 と同様の傾向を示している。また，いずれのアクセント型の組み合わせにおいても focus 1, focus 3, focus 0 の順に高くなっており，フォーカスの効果が保持されていることがわかる。

表 6-2　フォーカス，アクセント型の組み合わせ別 dephrasing の生起頻度
（実験 900 サンプル）

フォーカス	アクセント型の組み合わせ	N	dephrasing なし	dephrasing あり	dephrasing 率
Focus 0	AA	75	62	13	0.17
	AU	75	25	50	0.67
	UA	75	39	36	0.48
	UU	75	9	66	0.88
Focus 1	AA	75	38	37	0.49
	AU	75	10	65	0.87
	UA	75	12	63	0.84
	UU	75	2	73	0.97
Focus 3	AA	75	45	30	0.40
	AU	75	13	62	0.83
	UA	75	26	49	0.65
	UU	75	4	71	0.95
	計	900	285	615	0.68

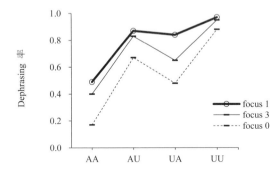

図 6-10　フォーカス，アクセント型の組み合わせ別 dephrasing 率
（実験 900 サンプル）

6.4.3　修飾関係の影響

　修飾関係の影響については 4.2.4.2 節ですでに検討したが，そこでもフォーカスのない発話のみを対象とした．本章で再度取り上げるのは，前節と同様に，フォーカスと修飾関係との交互作用を検討するためである．交互

作用は 6.4.4 節で検討することとし，ここでは focus 0，focus 1，focus 3 を含む 900 サンプルを対象に修飾関係と dephrasing の生起との関係を分析する。

図 6-11 は，修飾関係 AN，gaV，NN，VN，woV の dephrasing 率を示したものである。4.2.4.2 節で分析した結果 (0.68，0.50，0.38，0.62，0.51) より高いのは focus 1，focus 3 の効果により dephrasing 率が増加したためである。

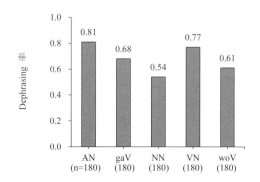

図 6-11　修飾関係別 dephrasing 率（実験 900 サンプル）

修飾関係による dephrasing の生起頻度に有意な差があるかを検討するために，dephrasing の有無を目的変数とし，修飾関係を説明変数とした Kruskal-Wallis 検定を行った結果，有意差がみられた (Kruskal-Wallis chi-squared = 40.5198，df = 4，p<.001)。Scheffe 法による多重比較の結果，AN と NN の間，AN と woV の間，NN と VN の間，VN と woV の間で有意であった。すなわち，AN・VN の方が NN・woV より dephrasing の生起頻度が有意に高かった。

表 6-3 と図 6-12（次頁）は，修飾関係の効果がフォーカスの種類によって異なるかを調べるため，focus 0，focus 1，focus 3 ごとに AN，gaV，VN，NN，woV の dephrasing 率を計算したものである。Dephrasing 率は focus 1，focus 3，focus 0 のいずれにおいても AN と VN が最も高く，NN が最も低くなっており，フォーカス 3 種類をプールした図 6-11 と同じ傾向を示している。また，AN，gaV，NN，VN，woV に共通して focus 1，focus 3，focus 0 の順に高くなっており，フォーカスの効果が保たれていることがわかる。

表 6-3　フォーカス，修飾関係別 dephrasing の生起頻度
（実験 900 サンプル）

フォーカス	修飾関係	N	dephrasing なし	dephrasing あり	dephrasing 率
Focus 0	AN	60	20	40	0.67
	gaV	60	29	31	0.52
	NN	60	36	24	0.40
	VN	60	17	43	0.72
	woV	60	33	27	0.45
Focus 1	AN	60	6	54	0.90
	gaV	60	10	50	0.83
	NN	60	19	41	0.68
	VN	60	9	51	0.85
	woV	60	18	42	0.70
Focus 3	AN	60	8	52	0.87
	gaV	60	19	41	0.68
	NN	60	27	33	0.55
	VN	60	15	45	0.75
	woV	60	19	41	0.68
	計	900	285	615	0.68

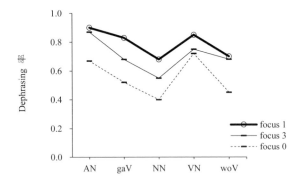

図 6-12　フォーカス，修飾関係別 dephrasing 率（実験 900 サンプル）

6.4.4　モデルの検討

　これまではフォーカス，アクセント型の組み合わせ，修飾関係の影響を個

別に検討したが，本節では AIC（Akaike's Information Criterion）[6] 最小値によるモデル選択を行い，各要因の影響を総合的に検討する。フォーカスとアクセント型の組み合わせの交互作用，フォーカスと修飾関係の交互作用も検討対象に含める。

各モデルの AIC を検討するため，R 言語の glm 関数，stepAIC 関数（MASS パッケージ，Ver. 7.3.45）を用いて，dephrasing の有無（1,0）を目的変数とし，フォーカス，アクセント型の組み合わせ，修飾関係，フォーカスとアクセント型の組み合わせの交互作用，フォーカスと修飾関係の交互作用を説明変数としたロジスティック回帰分析を行った（変数増減法）。モデル別の AIC を表 6-4 に示す。表中の＋は説明変数の追加，：は 2 要因間の交互作用を表している。AIC が最も小さいのは，フォーカス，アクセント型の組み合わせ，修飾関係を説明変数としたモデルである（AIC＝834.58）。これは，これらの 3 変数以外に他の変数や交互作用を追加してもモデルが複雑化するだけで，予測のためには意味がないことを示している。

表 6-4　モデル別 AIC（実験 900 サンプル）

説明変数		AIC
int	#int＝切片	1125.80
int＋fo	#fo＝フォーカス	1087.65
int＋ac	#ac＝アクセント型の組み合わせ	933.46
int＋modi	#modi＝修飾関係	1092.58
int＋fo＋ac		883.37
int＋fo＋modi		1052.34
int＋ac＋modi		888.78
int＋fo＋ac＋fo:ac		892.95
int＋fo＋modi＋fo:modi		1063.40
int＋ac＋fo＋modi		834.58
int＋ac＋fo＋modi＋fo:ac		843.96
int＋ac＋fo＋modi＋fo:modi		844.16

この 3 変数を説明変数とした場合に dephrasing の生起がどの程度予測で

6　AIC については 9.2 節で詳述する。

128 | 第6章　フォーカス

きるかを検討するため，dephrasing の有無（1,0）を目的変数とし，フォーカ
ス，アクセント型の組み合わせ，修飾関係を固定効果，話者の個体差をラン
ダム効果とした一般化線形混合モデル（GLMM）のロジスティック回帰分析
を行い，パラメータを推定した。R の出力結果を表 6-5 に示す。

表 6-5　Dephrasing の有無を目的変数とし，フォーカス，アクセント型の
　　　　組み合わせ，修飾関係を固定効果，話者の個体差をランダム効果とし
　　　　た GLMM によるパラメータ推定

Random effects:	Groups Name		Variance	Std.Dev.		
	subject（Intercept）		0.3588	0.599		
	Number of obs: 900, groups: subject, 5					
Fixed effects:		Estimate	Std. Error	z value	Pr（>|z|）	
	（Intercept）	-0.7276	0.3865	-1.883	0.059753	.
	Focus 1	1.7105	0.2332	7.334	2.24E-13	***
	Focus 3	1.0344	0.2159	4.791	1.66E-06	***
	AU	2.4052	0.2523	9.534	< 2e-16	***
	UA	1.5951	0.2296	6.947	3.73E-12	***
	UU	3.9455	0.3429	11.508	< 2e-16	***
	gaV	-1.0376	0.3009	-3.448	0.000564	***
	NN	-1.9041	0.302	-6.306	2.87E-10	***
	VN	-0.3345	0.3098	-1.08	0.280255	
	woV	-1.4815	0.2999	-4.939	7.84E-07	***

（Signif. codes: 0 `***` 0.001 `**` 0.01 `*` 0.05 `.` 0.1 ` ` 1）

　表 6-5 中の推定値（Estimate）は，フォーカスは focus 0，アクセント型の
組み合わせは AA，修飾関係は AN を基準としたものである。モデルが予
測する影響力は，フォーカスでは focus 1，focus 3，focus 0 の順，アクセン
ト型の組み合わせでは UU，AU，UA，AA の順，修飾関係では AN・VN,
gaV，woV，NN の順に強いことを示している。この GLMM を式で表すと
次のようになる。

(6.11)　$y = 1/[1+\exp^{\{-(-0.7276 + 0\text{Focus0} + 1.7105\text{Focus1} + 1.0344\text{Focus3} + 0\text{AA} + 2.4052\text{AU} + 1.5951\text{UA} + 3.9455\text{UU} + 0\text{AN} -1.0376\text{gaV}-1.9041\text{NN}-0.3345\text{VN}-1.4815\text{woV} + (1 \mid \text{subject}))\}}]$

このモデルが予測する dephrasing の有無 (1,0) を実際に発話された 900 サンプルにフィッティングした結果，正答率は 79.89% であった。ヌルモデル (68.33%) より 11.56% 上昇している。

6.5 議論

6.5.1 先行研究との結果比較

Poser (1984) は，フォーカスは dephrasing の不生起に関与する要因であるとしたが (6.2.1 節参照)，本実験ではフォーカスのない発話 (focus 0)，2 文節の前部にフォーカスのある発話 (focus 1)，2 文節の直後の文節にフォーカスのある発話 (focus 3) のいずれにおいても dephrasing が生じたデータがあった。また，dephrasing の生起頻度は focus 1・focus 3 が focus 0 より有意に高く，フォーカスは dephrasing の生起を促す重要な要因であることがわかった。

Pierrehumbert and Beckman (1988) は，前部にフォーカスがある環境で dephrasing が生じた例と生じていない例，両方を示しているが (6.2.2 節参照)，定量分析は行っていない。本実験では定量分析を行い，前部にフォーカスのある場合 (0.79) がフォーカスのない場合 (0.55) より dephrasing 率が高いことを明らかにした。

Sugahara (2002) は，2 文節とも無核 (UU) で，前部にフォーカスがあり，2 文節の間に統語境界が存在しない条件でのみ dephrasing が生じるとした (6.2.3 節参照)。本実験でもこの 3 条件がすべて満たされた場合には dephrasing の生起率が 0.97 (表 6-2 参照) とかなり高かったが，3 条件が満たされない場合にも dephrasing の生じた発話が多数観察された。以下では，前部にフォーカスがある環境 (focus 1)，2 文節の直後の文節にフォーカスがある環境 (focus 3) で dephrasing が生じるメカニズムを考察する。

6.5.2 フォーカスの効果：2 文節の前部にフォーカスがある場合

郡 (1989) は，フォーカスがイントネーションに及ぼす影響について (6.12) のように述べている。図 6-2 [右] についての説明である (4.2.5.2 節参照)。

130 | 第6章　フォーカス

(6.12) 郡 (1989, p. 324)

　　　　特定の語にフォーカスがある発話では，フォーカスがある語の音
　　　調の盛り上がりが増大している。フォーカス以後の語群の音調は，
　　　フォーカス語の音調を引き継ぐ形で文末に向かって緩やかに，ほぼ
　　　直線的に下降して行く。直線的な下降といっても，準アクセントで
　　　前の語と融合する文末の語以外は各語の語頭ごとに少し高まる動き
　　　を見せることが多く，またそれと同時にその前でいったんやや下降
　　　することもある。このように，フォーカス語の後にある平板アクセ
　　　ントの語は音調の変化が目立たなくなる。さらに，図には示さない
　　　が，フォーカス以後の語群が音調的に完全に融合しているように見
　　　えることもある。

　ここでいう「準アクセント」は，郡 (1989, p. 323) によれば，「連語にお
けるアクセントの連結現象」である。川上 (1957) にも「準アクセント」と
いう用語がみられるが，この研究では神保格氏により名づけられたものであ
ると説明している。具体的には次のように記されている。

(6.13) 川上 (1957, p. 44)

　　　　単語が，ただそれだけ一つぽつんと発音された場合の音調と，その
　　　前や後に他の単語がつながって全体が一続きに発音された場合の音
　　　調とを比べると，両者は同一でないことが多い。例えば，京阪語
　　　の〔ノレン，ノレンダケ，ノレンワイノチヤ，フルイノレン〕など。
　　　また，東京語の〔ノレン，ウチノノレン，フルイノレン〕など。一
　　　般の考え方によると，これは，単語の連接に際し，本来ノレンであ
　　　るべきものがノレンに変化した，また，本来ノレンであるべきもの
　　　がノレンやノレンに変化したのだ――とされているようである。こ
　　　れが果たしてアクセントの変化であるかどうか，それについては，
　　　後に触れることがあろうが，ともかくこの種の音調の変化・変種は
　　　夙にアクセント学者の注目するところであり，中にも神保格氏は，
　　　これを準アクセントと名付けられ，さらにそれを甲・乙に分けられ
　　　るなどして東京語に於けるこの種の現象に対する整理を試みられた。

準アクセントをウ⌐チノ　ノ⌐レンがウ⌐チノノレンのように一続きに発音される現象と述べているが，これが本研究で言う dephrasing の現象である。郡（1989）も（6.12）に「準アクセントで前の語と融合する文末の語」としているが，これも dephrasing の現象に当たる。郡（1989）は主に文末に位置する 2 文節が融合すると述べているが，本実験では文頭に位置する 2 文節においても depharsing が生じた発話が多く観察された。

　（6.12）は，図 6-2 ［右］に関する説明で，無核文節が連続する発話を対象としたものである。準アクセントがフォーカスによるものかは不明であるが，フォーカスがある語は音調の盛り上がりが増大し，フォーカス以後の語群の音調はフォーカス語の音調を引き継ぐ形で文末に向かって緩やかに下降する，ということから，「無核＋無核」の前部にフォーカスがあるとき dephrasing が生じるのは，フォーカスにより前部のピッチレンジが増大して 2 文節が一つにまとまるためと考えることができる。

　前部が有核であるとき dephrasing が生じるメカニズムは以下のように考えられる。まず，前部ではフォーカスによりピッチが急に上昇し，アクセント核の位置で急に下降する。下降してからは前部のフォーカスによってピッチレンジが抑制され（服部 1933, p. 15，Maekawa 1997, p. 134），句頭の上昇が消失し，前部と一つにまとまる。フォーカスにより dephrasing が生じるメカニズムは，統語的フォーカスにより dephrasing が生じるメカニズムと同じである。

6.5.3　フォーカスの効果：2 文節の直後の文節にフォーカスがある場合

　2 文節の直後の文節にフォーカスがある場合（focus 3）にも，dephrasing が生じた発話があることが確認され，フォーカスはフォーカスの前にある語群のイントネーションにも影響を与えることがわかった。フォーカスのある発話ではフォーカスの前や後にあるアクセント核が消失し（服部 1933, p. 15），フォーカス前後のピッチレンジが狭められる（Maekawa 1997, p. 134）。従って，フォーカスの前にある 2 文節で dephrasing が生じるメカニズムは次のように考えることができる。まず，フォーカスによって，フォーカスの前にある文節（後部）のピッチレンジは狭められる。このとき，後部ではピッ

チが上昇しようとする動きも抑制され，句頭の上昇が消失し，先行する文節（前部）と一つにまとまる。

6.6 まとめと今後の課題

本章では，実験資料（900サンプル）を対象に，フォーカスがdephrasingの生起に及ぼす影響を検討した。結果は以下の通りである。

イ）フォーカスがない場合（focus 0），2文節の前部にフォーカスがある場合（focus 1），2文節の直後の文節にフォーカスがある場合（focus 3）を検討した結果，前部にフォーカスがあるfocus 1においてdephrasing率が最も高かった。

ロ）また，focus 3もfocus 0よりdephrasing率が高かった。

ハ）イ）ロ）の結果より，フォーカスの存在はdephrasingの生起を促す要因であることがわかった。

ニ）前部にフォーカスがあるときdephrasingが生じることについては，次のように考えることができる。まず，図6-13（a）のように前部が無核である場合は，フォーカスによって前部のピッチレンジが拡大され，前部と後部が一つにまとまる。後部にアクセント核があれば，そこで下降する。そして，図6-13（b）のように前部が有核である場合，後部ではフォーカスによりピッチレンジが抑えられ，句頭の上昇，アクセント核が消失し，前部と融合する。

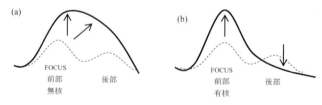

図6-13　フォーカスによるdephrasingの生起（focus 1）

ホ) 2文節の直後の文節にフォーカスがあるとき (focus 3) dephrasing が生じるのは, フォーカスによってフォーカスの前にある文節 (2文節の後部) のピッチレンジが抑えられるためである. ピッチレンジが抑えられるとき, 句頭の上昇が生じようとする動きも抑制され, 句頭の上昇が消失し, 前部と融合する. フォーカスのある文節が無核の場合と有核の場合に分けて示すと図 6-14 (a) (b) のようになる.

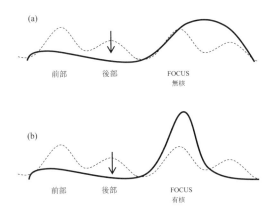

図 6-14　フォーカスによる dephrasing の生起 (focus 3)

ヘ) AIC による最適モデルを検討した結果, フォーカス, アクセント型の組み合わせ, 修飾関係, フォーカスとアクセント型の組み合わせの交互作用, フォーカスと修飾関係の交互作用の中では, フォーカス, アクセント型の組み合わせ, 修飾関係を説明変数としたモデルが選択された. この3変数に被験者の個体差をランダム効果として追加したモデル (GLMM) の正答率はヌルモデル (68.33%) より 11.56% 上昇した 79.89% である.

上記のイ) は, 前部にフォーカスがある条件では dephrasing が生じることがあるという Pierrehumbert and Beckman (1988) と一致している. Sugahara (2002) は, 前部にフォーカスがあってもアクセント型の組み合わせが AA である場合は dephrasing が生じないとしたが, 本実験ではアクセント型の

組み合わせ，フォーカスの有無に関係なく，いずれの場合にも dephrasing が生じた発話があることが確認された。図 6-13 (a) は郡 (1989) に基づいたものであり，図 6-13 (b)，図 6-14 (a) (b) は服部 (1933)，Maekawa (1997) に基づいたものである。

最後に，今後の課題を述べる。本章では，2 文節の間に統語境界が存在せず，前部と後部が修飾関係にあるものを分析対象としたが，前部にフォーカスがある場合には統語境界が存在しても dephrasing が生じる可能性があると考え，表 2-4 の実験文 21～40 番の第 1 文節にフォーカスを置いて発音した音声を別途収録し，dephrasing の有無を調べた。その例を図 6-15 に示す。「レ'ジニミヤゲオエラ'ンデナランダ」の「レ'ジに」にフォーカスがあるが，「レ'ジニ」は「ミヤゲオ」を直接修飾していないにもかかわらず，「ミヤゲオ」と一つにまとまっている。Fujisaki and Kawai (1988) が述べているように，統語構造よりフォーカスの方を意識した発話と解される。今回は具体的な分析は行わず，傾向をみるにとどまったが，フォーカスの影響をより詳細に検討するためには，図 6-15 のように統語境界が存在するデータも分析する必要があると思われる。これは今後の課題である。

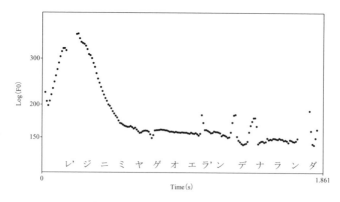

図 6-15 「レジに土産を選んで並んだ」の F0 曲線

第7章

統語境界及び2文節の位置

7.1 導入

　第6章までは「赤いバラ」「お花を買う」のように，前部と後部が連体修飾関係もしくは連用修飾関係にあるものを対象とした。本章では，「昨日赤いバラを買った」の「昨日赤い」のように前部（昨日）と後部（赤い）が修飾関係にないことを統語境界があるとし，このような統語境界の有無がdephrasingの生起にどのように関係するかを検討する。

　また，本研究では検討対象の文節数を2文節に限定しているが，この2文節が発話の最初に位置するか，終端に位置するかは問題にしなかった。CSJから2文節を抽出するときも修飾関係の種類，合計モーラ数の長さは限定したが，この2文節が発話の中で文頭，文中，文末のどこに位置するかは限定しなかった。また，実験資料は対象の2文節が文頭に位置する場合と文中に位置する場合の2種類に分けてあるが，文頭・文中を区別せず，すべて合わせて分析した。本章では実験資料を用いて，2文節の位置（文頭・文中）がdephrasingの生起にどのように関係するかについても検討を行う。

　7.2節で統語境界の影響，7.3節で2文節の位置の影響を検討する。あわせて修飾関係とdephrasingの生起との関係（4.2.4.2節参照），アクセント型の組み合わせとdephrasingの生起との関係（5.4.2節参照）に2文節の位置が影響するかを検討する。

136 | 第7章 統語境界及び2文節の位置

7.2 統語境界

7.2.1 先行研究

統語境界と dephrasing の関係を検討した研究には Sugahara（2002）がある
が [1]，この研究によれば，統語境界が存在する場合は dephrasing が生じない。
2文節の間に統語境界が存在せず，前部にフォーカスがあり，前部，後部と
も無核であるときにのみ dephrasing が生じる（5.2.7 節参照）。

Sugahara（2002）は（7.1）の yokohama-no + yunyuu-daikooya-de,
yokohama-de + yunyuu-daikooya-no, ha'yama-no + yunyuu-daiko'oten-de, ha'
yama-de + yunyuu-daiko'oten-no のような検査語（14 モーラ）を使用している
が，13 モーラの dephrasing 率が 0.17 であることを考えると（3.3 節参照），
14 モーラという条件では統語境界，フォーカス，アクセント型の組み合わ
せより 2 文節の合計モーラ数の影響が大きかった可能性がある。従って，
14 モーラより小さいモーラ数を対象とした場合にも Sugahara（2002）と同様
の結果が得られるかを調べる必要がある。本実験では 6〜9 モーラで構成さ
れた 2 文節を対象に統語境界の有無と dephrasing との関係を分析する。

（7.1） Sugahara（2002, p. 656）

統語境界がない場合	統語境界がある場合
［Yokohama-no yunyuu-daikooya-de］... ［Ha'yama-no yunyuu-daiko'oten-de］... 　A：ちょっと聞いてよ。 　B：何？ 　A：［横浜の輸入代行屋で］......	［Yokohama-de yunyuu-daikooya-no］... ［Ha'yama-de yunyuu-daiko'oten-no］... 　A：ちょっと聞いてよ。 　B：何？ 　A：［横浜で輸入代行屋の］......

7.2.2 研究方法

実験文を表 7-1 に示す。この 24 文は表 4-2 から選択したもので，下線を
引いた 2 文節が検討対象である。実験文 1〜12 の 2 文節には統語境界が存

1　Sugahara（2002）は XP（Maximal projection）境界の有無と dephrasing の生起との関係を検
討している。

在せず（以下，NonSB），13〜24の2文節には統語境界が存在する（以下，SB）。SBは第2文節と第3文節が連体修飾関係にあり，検討対象の2文節（第1文節と第2文節）が韻律的に分離されやすくなっている。被験者には発話のどの部分にもフォーカスを置かずに読み上げるよう指示した。発話数は計360である（2水準×12文×5名×繰り返し数3回）。

表7-1　実験文

Non Syntactic Boundary（NonSB）	Syntactic Boundary（SB）
1.　ヤマダノ オミセデ ウメシュオ ノ'ンダ	13.　ウメシュオ ヤマダノ オミセデ ノンダ
2.　ヤマダノ ジム'ショニ デンワオ モラッタ	14.　デンワオ ヤマダノ ジム'ショニ モラッタ
3.　イト'コノ オミセデ ウメシュオ ノ'ンダ	15.　ウメシュオ イト'コノ オミセデ ノ'ンダ
4.　イト'コノ ジム'ショニ デンワオ モラッタ	16.　デンワオ イト'コノ ジム'ショニ モラッタ
5.　マルイ オボンニ オチャオ ノセタ	17.　オチャオ マルイ オボンニ ノセタ
6.　アマイ ニオ'イガ イエジューニ タダヨ'ッタ	18.　イエジューニ アマイ ニオ'イガ タダヨッタ
7.　アオ'イ ノレンガ ヒヤケデ ア'セタ	19.　ヒヤケデ アオ'イ ノレンガ ア'セタ
8.　ウマ'イ ニオ'イガ イエジューニ タダヨ'ッタ	20.　イエジューニ ウマ'イ ニオ'イガ タダヨ'ッタ
9.　デカケル マユミニ カイモノオ タノ'ンダ	21.　カイモノオ デカケル マユミニ タノ'ンダ
10.　デカケル イト'コニ カイモノオ タノ'ンダ	22.　カイモノオ デカケル イト'コニ タノ'ンダ
11.　アマ'ッタ リンゴデ ジャ'ムオ ツク'ッタ	23.　ジャ'ムオ アマ'ッタ リンゴデ ツク'ッタ
12.　アマ'ッタ ヨビ'ヒオ チョキンニ マワシタ	24.　チョキンニ アマ'ッタ ヨビ'ヒオ マワシタ

　Dephrasingの有無の認定基準は2.1節と同様である。図7-1（a）（b）（次頁）それぞれの上端はサウンドスペクトログラム，下段はF0曲線，縦線は文節境界を表しているが，（a）の「アオ'イノレンガ」は「アオ'イ」と「ノレンガ」の間にAP境界が観察されず，句頭の上昇が1個であるのでdephrasingが生じたと認定した。一方，（b）「ジャ'ムオアマ'ッタ」の場合は，「ジャ'ムオ」と「アマ'ッタ」でそれぞれ句頭の上昇が生じており，アクセント核が2個であるので，dephrasingが生じていないと認定した。

138 | 第7章 統語境界及び2文節の位置

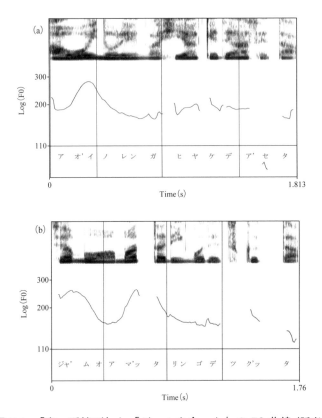

図 7-1 「青い暖簾が」と「ジャムを余った」の F0 曲線 (話者 F2)

7.2.3 分析

表 7-2 は，NonSB と SB について dephrasing が生じたデータを集計したものである。360 サンプル全体の dephrasing 率は 0.39 (0.3944) で，NonSB は 0.59，SB は 0.19 である。

NonSB と SB における dephrasing の生起頻度に統計的に有意な差があるかを調べるために，dephrasing の有無 (1,0) を目的変数とし，統語境界の有無を説明変数とした Kruskal-Wallis 検定を行った結果，有意差がみられた (Kruskal-Wallis chi-squared = 60.12, df = 1, p<.001)。従って，dephrasing の生起頻度は SB より NonSB の方が高いといえる。

7.2 統語境界 | 139

表 7-2　統語境界の有無による dephrasing の生起頻度

	N	dephrasing あり	dephrasing なし	dephrasing 率
NonSB	180	107	73	0.59
SB	180	35	145	0.19
計	360	142	218	0.39

　統語境界の有無を説明変数とした場合，dephrasing の生起がどの程度予測できるかを検討するため，dephrasing の有無（1,0）を目的変数とし，統語境界の有無を固定効果，話者の個体差をランダム効果とした一般化線形混合モデル（GLMM）のロジスティック回帰分析を行った。分析の結果を表7-3 に示す。表中の推定値（Estimate）は SB を基準としたもので，SB が 0，NonSB が 1.8441 である。

表 7-3　Dephrasing の有無を目的変数とし，統語境界の有無を固定効果，
話者の個体差をランダム効果とした GLMM によるパラメータ推定

Random effects:	Groups Name		Variance	Std.Dev.		
	subject（Intercept）		0.102	0.3194		
	Number of obs: 360, groups: subject, 5					
Fixed effects:		Estimate	Std. Error	z value	Pr（>|z|）	
	（Intercept）	-1.4523	0.2390	-6.076	1.23e-09	***
	NonSB	1.8441	0.2467	7.476	7.69e-14	***

(Signif. codes: 0 '***' 0.001 '**' 0.01 '*' 0.05 '.' 0.1 ' ' 1)

$$(7.2)\quad y = 1/[1+\exp^{\{-(-1.4523 + 0\,SB + 1.8441NonSB + (1\,|\,subject))\}}]$$

　表 7-3 の推定値を用いて GLMM を式で表すと（7.2）のようになる。このGLMM が予測する dephrasing の有無（1,0）を実際に発話された 360 サンプルにフィッティングした結果，正答率は 70.00% であった。説明変数を持たないヌルモデル（39.44%）より 30.56% 上昇している。

7.2.4　議論

　NonSB の方が SB より dephrasing 率が有意に高かった。これは，韻律構造には統語構造が反映されるという従来の研究とも一致する結果である。ただし，わずかではあるが，統語境界が存在する環境でも dephrasing が生じた発話が確認され（dephrasing 率＝0.19），統語構造が反映されない場合もあることがわかった。以下では，SB で dephrasing が生じる原因について考察する。

　まず，SB で dephrasing が生じたいくつかの例を図 7-2 に示す。(a) は「電話を従兄の事務所にもらった」(話者 F1)，(b) は「買い物を出掛ける真由美に頼んだ」(話者 F2)，(c) は「貯金に余った予備費を回した」(話者 F3) で，それぞれの下線の 2 文節には統語境界が存在するが，いずれも AP 境界が認められない。すなわち，修飾関係にない 2 文節が一つにまとまっている。図 7-2 (a)〜(c) はいずれも Fujisaki and Kawai (1988) の例のように（図 6-5 参照），F0 曲線からは統語構造が読み取れない場合である。

　SB の実験文は NonSB の第 3 文節を文頭に倒置したものであるが，以下に示す久野 (1978) に基づいて考えると，この倒置構造が dephrasing の生起に影響した可能性がある。

(7.3)　久野 (1978, p. 52)

(a)A　次郎ハ花子トボストン(ニ)行ッタ？　(b)A　次郎ハ花子トボストン(ニ)行ッタ？

　　Ba　ウン，ボストン(ニ)行ッタヨ。　　　Ba *ウン，ボストン(ニ)行ッタヨ。

　　Bb *ウン，花子ト行ッタヨ。　　　　　Bb　ウン，花子ト行ッタヨ。

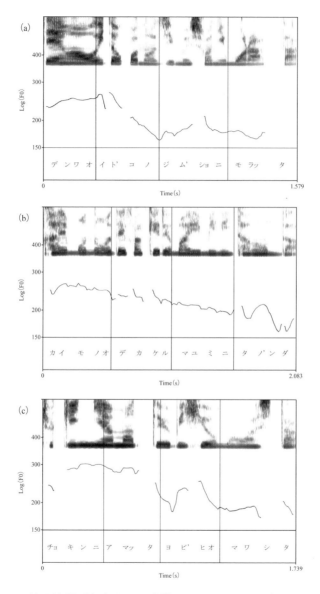

図 7-2 統語境界が存在する 2 文節で dephrasing が生じている発話（「電話を従兄の」「買い物を出掛ける」「貯金に余った」にそれぞれ dephrasing が生じている）

142 | 第7章　統語境界及び2文節の位置

　久野（1978）は（7.3）について以下のように説明している。（7.3）(a) A は
どこにも「強調ストレス」を置かずに読み上げた発話で，(a) Ba は (a) A
に対する適切な答えの一つであるが，(a) Bb は全く質問とはずれた不適切
な答えである。(a) Bb が適切な答えであり得るのは，(b) A のように質問の
「花子ト」に顕著な強調ストレスが置かれている場合のみである。強調スト
レスなしに発音された (a) A においては，「ボストン（ニ）」の方が「花子ト」
より新しい，より重要な情報を表しているからである[2]。

　久野（1978）は，より新しい情報を表す要素は，文法的機能あるいは格関
係によって決まるのではなく語順によって決まるとし，次のように解説して
いる。

(7.4)　久野（1978, p. 54）
(a)A　次郎ハボストンニ花子トイッタ？　　(b)A　次郎ハボストンニ花子トイッタ？
　Ba ＊ウン，ボストンニ行ッタヨ。　　　　　Ba　ウン，ボストンニ行ッタヨ。
　Bb　ウン，花子ト行ッタヨ。　　　　　　　Bb ＊ウン，花子ト行ッタヨ。

　（7.4）は（7.3）の「花子ト」と「ボストン（ニ）」の語順を入れ替えたもの
である。この場合も（7.4）(a) A は強調ストレスを置かないで読み上げた発
話であるが，(a) Bb は (a) A に対する適切な答えであるのに対し，(a) Ba
は不適切な答えである。久野（1978）によれば，日本語の語順は少なくとも
部分的には次の原則に従っている。

(7.5)　久野（1978, p. 54）
　　　(a) 旧から新へのインフォメーション[3]の流れ
　　　　　文中の語順は，古いインフォメーションを表す要素から，新しいイ
　　　　　ンフォメーションを表す要素へと進むのを原則とする。
　　　(b)（7.3）と（7.4）は，語順がこの原則に反する場合には，新しいイン
　　　　　フォメーションを表す要素が強調ストレスを受けることを示してい

2　久野（1983, p. 120）では重要度の高い情報と重要度の低い情報とで区別されている。

3　原文は「インフォーメイション」。

る。

　久野（1978）の理論を本実験の結果に適用すると，SB の 2 文節で dephrasing が生じるのは，倒置された新しい要素に強調ストレス，すなわちフォーカスが置かれるためと考えることができる。例えば，「カイモノオデカケルマユミニタノ'ンダ」であれば，文頭に倒置された「カイモノオ」にフォーカスが置かれ，「カイモノオ」と「デカケル」が一つの AP にまとまったと推察できる。フォーカスにより 2 文節が 1AP にまとまるメカニズムは 6.5 節と同様である。

7.3　2 文節の位置

　連続する 2 文節が発話の初めの部分に位置するか，中間に位置するかによって dephrasing の生じる傾向が異なるかを検討する。2 文節の位置を取り上げる理由については 7.1 節で述べたので，以下では分析方法を説明し，結果を記述する。

7.3.1　研究方法

　話者 5 名による実験資料を対象とする。実験資料は表 7-4 のように 2 文節（下線）が文頭に位置する SI と文中に位置する SM で構成した。表 7-4 には示していないが，SI と SM におけるアクセント型の組み合わせ（AA，AU，UA，UU），修飾関係（AN，gaV，NN，VN，woV）の種類及びその頻度をすべて一致させた。フォーカスは限定していない。発話数は計 600 である（2 水準×20 文×5 名×繰り返し数 3回）。

144 | 第7章 統語境界及び2文節の位置

表 7-4 実験文

Sentence Initial（SI）	Sentence Medial（SM）
1. ヤマダノ オミセデ ウメシュオ ノンダ	21. ウメシュオ ヤマダノ オミセデ ノンダ
2. ヤマダノ ジム'ショニ デンワオ モラッタ	22. デンワオ ヤマダノ ジム'ショニ モラッタ
3. イト'コノ オミセデ ウメシュオ ノンダ	23. ウメシュオ イト'コノ オミセデ ノンダ
4. イト'コノ ジム'ショニ デンワオ モラッタ	24. デンワオ イト'コノ ジム'ショニ モラッタ
5. マルイ オボンニ オチャオ ノセタ	25. オチャオ マルイ オボンニ ノセタ
6. アマイ ニオ'イガ イエジューニ タダヨ'ッタ	26. イエジューニ アマイ ニオ'イガ タダヨ'ッタ
7. アオ'イ ノレンガ ヒヤケデ ア'セタ	27. ヒヤケデ アオ'イ ノレンガ ア'セタ
8. ウマイ ニオ'イガ イエジューニ タダヨ'ッタ	28. イエジューニ ウマイ ニオ'イガ タダヨッタ
9. デカケル マユミニ カイモノオ タノ'ンダ	29. カイモノオ デカケル マユミニ タノ'ンダ
10. デカケル イト'コニ カイモノオ タノ'ンダ	30. カイモノオ デカケル イト'コニ タノ'ンダ
11. アマ'ッタ リンゴデ ジャ'ムオ ツク'ッタ	31. ジャ'ムオ アマ'ッタ リンゴデ ツクッタ
12. アマ'ッタ ヨビ'ヒオ チョキンニ マワシタ	32. チョキンニ アマ'ッタ ヨビ'ヒオ マワシタ
13. ヤキューガ オワッテ ビ'ールオ ノンダ	33. ビ'ールオ ヤキューガ オワッテ ノンダ
14. イレバガ イタ'ンデ ハ'イシャニ イッタ	34. ハ'イシャニ イレバガ イタ'ンデ イッタ
15. オビ'ルガ オワルト オチャオ ダ'シタ	35. オチャオ オビ'ルガ オワルト ダ'シタ
16. イト'コガ アル'イテ ガッコーニ イッタ	36. ガッコーニ イト'コガ アル'イテ イッタ
17. トビラオ アケルト ワ'ガヤガ ミ'エタ	37. ワ'ガヤガ トビラオ アケルト ミ'エタ
18. ミヤゲオ エラ'ンデ レ'ジニ ナランダ	38. レ'ジニ ミヤゲオ エラ'ンデ ナランダ
19. アマ'ドオ アケルト ミズレガ フ'ッテイタ	39. ミズレガ アマ'ドオ アケルト フ'ッテイタ
20. アマ'グオ エラ'ンデ レ'ジニ ナランダ	40. レ'ジニ アマ'グオ エラ'ンデ ナランダ

　Dephrasing の有無を認定した例を図7-3 に示す。(a) は「アマ'ッタリン
ゴデジャ'ムオツク'ッタ」，(b) は「ジャ'ムオアマ'ッタリンゴデツク'ッタ」
で，(a) (b) とも「アマ'ッタ」では句頭の上昇が生じており，「リンゴデ」
では生じていない。いずれも「アマ'ッタリンゴデ」が一つにまとまってい
るので，dephrasing が生じたと認定した。

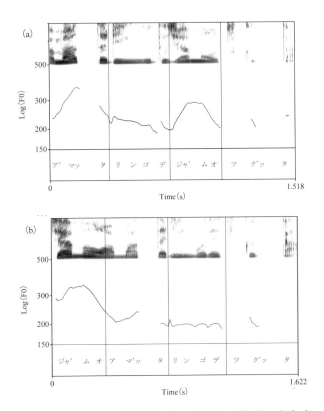

図 7-3 「余ったリンゴで」が文頭 (SI) に位置する発話と文中 (SM) に位置する発話 (話者 F3)

7.3.2 分析

SI, SM の dephrasing 率を表 7-5 に示す。SI は 0.55, SM は 0.52 で, サンプル全体では 0.54 (0.5367) である。SI と SM における dephrasing の生起頻度に有意差があるかを検討するために, dephrasing の有無 (1,0) を目的変数とし, 2 文節の位置 (SI, SM) を説明変数とした Kruskal-Wallis 検定を実施した結果, 有意差は認められなかった (Kruskal-Wallis chi-squared = 0.4283, df = 1, p>.1)。

146 | 第 7 章　統語境界及び 2 文節の位置

表 7-5　2 文節の位置による dephrasing の生起頻度

	N	dephrasing あり	dephrasing なし	dephrasing 率
SI	300	165	135	0.55
SM	300	157	143	0.52
計	600	322	278	0.54

7.3.3　議論

　以上，実験資料 600 サンプルを対象に 2 文節の位置と dephrasing の生起との関係を検討した。4.2.4.2 節，5.4.2 節でも同じ 600 サンプルを対象に修飾関係と dephrasing の生起との関係，アクセント型の組み合わせと dephrasing の生起との関係を分析したが，そこでは 2 文節の位置を区別せず，SI と SM を合わせて分析した。今回の分析から 2 文節の位置は dephrasing の生起に影響しないことがわかったが，この結果は修飾関係と dephrasing の生起との関係，アクセント型の組み合わせと dephrasing の生起との関係に 2 文節の位置が影響しないことを意味するのではない。以下，2 文節の位置が修飾関係の効果，アクセント型の組み合わせの効果に影響するかを調べる。

　図 7-4 は修飾関係別 dephrasing 率を SI と SM に分けて示したものである。SI，SM とも AN，VN において高く，NN において低い傾向にある。修飾関係と 2 文節の位置の間に交互作用があるかを検討するため，修飾関係と 2 文節の位置を固定効果とし，話者の個体差をランダム効果とした GLMM と，修飾関係，2 文節の位置及び両者の交互作用を固定効果とし，話者の個体差をランダム効果とした GLMM を作成して，両モデルの deviance の差をカイ二乗検定により検討した結果，有意差はなかった（p>.1）。

　図 7-5 はアクセント型の組み合わせ別 dephrasing 率を SI，SM に分けたもので，SI，SM とも UU，AU，UA，AA の順に高くなっている。アクセント型の組み合わせと 2 文節の位置の間に交互作用があるかを検討するため，上記と同様の方法で分析した結果，交互作用を含むモデルと含まないモデルとの deviance の差は有意ではなかった（p>.1）。

　以上の結果より，修飾関係と dephrasing の生起との関係（4.2.4.2 節参照），アクセント型の組み合わせと dephrasing の生起との関係（5.4.2 節参照）には，

2 文節の位置が影響していないことがわかる。

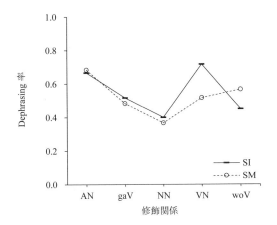

図 7-4　2 文節の位置と修飾関係との交互作用（p>.1）

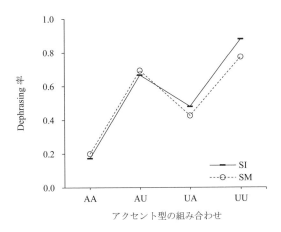

図 7-5　2 文節の位置とアクセント型の組み合わせとの交互作用（p>.1）

7.4　まとめ

本章では実験資料（360，600 サンプル）を対象に統語境界及び 2 文節の位

148 | 第7章 統語境界及び2文節の位置

置が dephrasing の生起に及ぼす影響を検討した。結果をまとめると以下のようになる。

7.4.1 統語境界の効果

イ）統語境界が存在しない場合（NonSB）の方が存在する場合（SB）より dephrasing 率が有意に高く，韻律構造には統語構造が反映されていることが確認された。

ロ）ただし，統語境界が存在する場合（SB）にも dephrasing が生じた発話があることが確認された。

ハ）本実験では SB の実験文に倒置構造を採用したが，倒置部分にあるフォーカスが dephrasing を促した可能性があることがわかった。倒置部分にあるフォーカスが dephrasing を形成するメカニズムは 6.5.2 節と同様に考えることができる。

ニ）統語境界の有無を固定効果とし，話者の個体差をランダム効果とした GLMM の正答率はヌルモデル（39.44%）より 30.56% 向上した 70.00% であった。

Sugahara（2002）は，2文節の間に統語境界が存在する場合は dephrasing が生じないとしたが，本実験では統語境界が存在する環境でも dephrasing が生じることがわかった。倒置要素にフォーカスがあるという解釈は久野（1978）に基づいたものである。

7.4.2 2文節の位置の効果

7.3 節では，2文節の位置と dephrasing の生起との関係を検討した。Dephrasing 率は SI（Sentence Initial）が 0.55，SM（Sentence Medial）が 0.52 で，2文節の位置による差は統計的に有意でなかった。

同じ 600 サンプルを対象に，4.2.4.2 節では修飾関係と dephrasing の関係，5.4.2 節ではアクセント型の組み合わせと dephrasing の関係を分析したが，2文節の位置による影響は考慮しなかったため，本章で追加的に2文節の位

置との交互作用を検討した。分析の結果，2 文節の位置と修飾関係の交互作用，2 文節の位置とアクセント型の組み合わせの交互作用はいずれも有効ではなく，2 文節の位置は，修飾関係と dephrasing の関係（4.2.4.2 節参照），アクセント型の組み合わせと dephrasing の関係（5.4.2 節参照）に影響していないことが示された。

7.4.3　今後の展望

　2 文節の間に統語境界が存在する構造として倒置構文を使用したが，より客観的な評価のためには，倒置要素が含まれていない 2 文節についても検討する必要があると思われる。

　また，分析に用いた実験文が 4 文節からなっており，SI と SM との距離は 1 文節（3〜5 モーラ）しか離れていなかった。従って，4 文節（約 16 モーラ）より文節数やモーラ数が多い環境では，本実験と異なる結果が得られる可能性がある。今後は，より長い発話を対象に実験を行い，2 文節の位置の影響をより体系的に検討する予定である。

第8章

レジスター及び話者の社会的属性

8.1 導入

　本章ではレジスター及び話者の性別，学歴，年齢が dephrasing の生起に与える影響を検討する。レジスターは「ジャンル」と呼ばれることもあるが，本研究ではより一般的な「レジスター」を用いることにする。クリスタル（1992, p. 79）はレジスターについて以下のように説明している。

　　どのような種類の行為に携わっているかということは，コミュニケーションの仕方に直接影響を及ぼすものである。あるレベルでは，我々のすることは，社会的地位や果たしている役割を反映している。だが，地位と役割はきわめて大雑把な概念であって，その中に「行為の種類（activity type）」という具体的な概念を認めることができるのである。例えば，聖職者はある共同体の中では明確に規定された地位や役割を持っているが，聖職者としての役割を果たしている時でも，礼拝を取り仕切ったり，洗礼を施したり，告白を聞いたり，病気の人を見舞ったりというような広範囲に及ぶ行為に携わる。他の職業の多くも同様に様々な行為を含んでいる。そして，あらゆる場合に，ある行為から別の行為に移行すると，それに伴い言語にも影響が及ぶ。言語的に区別できる行為は，「ジャンル（genres）」あるいは「言語使用域

152 | 第8章 レジスター及び話者の社会的属性

（registers)」と呼ばれることが多い。

　CSJ の音声資料は学会講演，模擬講演，対話，再朗読の4種類に分類されている。多数の聴衆の前で専門的な主題を扱う「学会講演」，少人数の聴衆の前で日常的な話題のスピーチを行う「模擬講演」，二人が会話を交わす「対話」，そして一度行った講演の発話内容を原稿化してもう一度読み上げる「再朗読」は，それぞれ異なる発話目的と発話スタイルを持つ。従って，この4種類の韻律的特徴の違いはレジスターによるものと認めることができる。本章ではCSJを対象に，このようなレジスターが dephrasing の生起にどのように関わるかを検討する。

　また，話者の使用言語は，その話者の性別，学歴，年齢とも密接に関係するとされる。本章では，話者の性別，学歴，年齢を合わせて「話者の社会的属性」と称し，dephrasing の生起との関係を検討する。

8.2　レジスター

8.2.1　先行研究

　レジスターが発話の韻律特徴に及ぼす影響を検討した研究には前川 (2011) がある。本研究と同様に CSJ を対象としている。前川 (2011) で検討されている変数は以下の24個である。「川上」は川上 (1963) の略である。

(8.1) 前川（2011, p. 166）

変数	説明	変数	説明
1+p	短いポーズを伴う AP 内部の韻律境界	HLH%	AP 末境界音調（上昇下降上昇 BPM を構成）
2	通常の AP 境界	LH%	AP 末境界音調（川上の「反問の上昇」を構成）
2+p	短いポーズを伴う AP 境界	L%>	延長を伴う L%（ないし %L）
2+b	BPM を伴うがポーズは伴わない AP 境界	H%>	延長を伴う H%
2+bp	BPM とポーズを共に伴う AP 境界	EUAP	強調を受けた無核 AP
3	通常の IP 境界。ピッチレンジのリセットを伴う。	FR	川上の「浮き上がり調」BPM
W	語中（短単位中）の AP 境界	HR	川上の「釣り上げ調」BPM
P	語中（短単位中）のポーズ	PNLP	Penultimate Non-Lexical Prominence
PB	寄生境界（BPM が 2 個継続）	QQ	類似疑問
L%	AP 末境界音調	(D)	語断片
H%	AP 末境界音調（上昇 BPM を構成）	(F)	フィラー
HL%	AP 末境界音調（上昇下降 BPM を構成）	SR	発話速度

　前川（2011）は学会講演，模擬講演，対話における韻律特徴を検討している。まとめると (8.2) のようになる。分析の結果は，講演によって講演時間が 429 秒から 1808 秒までと大幅に異なっていることを考慮し，AP 当たりの生起頻度に正規化されている。非流暢性タグの集計結果は短単位 1 語当たりの生起頻度に正規化されている。発話速度は AP を単位として AP に含まれるモーラ数を AP の持続時間（秒）で除して求めている。

(8.2) レジスターを特徴付ける韻律特徴（前川 2011, p. 178）
　　　学会講演：① 2+b の頻度が高い。つまり，AP 末に BPM が存在しながら，ピッチレンジがリセットされない発話であり，有核 AP の連鎖であれば，カタセシスが延々と続いていく類の発話である。② 3 の頻度が低い。③ H%，PNLP，EUAP の頻度が高い。④ SR（発話速度）の値が大きい。
　　　模擬講演：① 2+b と H% の頻度が低い。2+b が低いことは，学会講演

とは異なり，講演前にあまり練習を行わずに講演に臨んでいるため発話の即興性が高く，長大な区間に及ぶプランニングを行いにくいためである。H% はあらたまった発話に頻出する傾向があるので，H% の頻度が低いのは自然な結果であるといえる。② PB と HL% の頻度が高い。PB の頻度が高いのは，模擬講演には第 3 者の発話を直接引用する発話が多数含まれていることと関連している。HL% の頻度が高いのは，HL% がくだけた発話で多用される傾向があることと関連している。

対　　話：① 3, (D), (F) の頻度が高い。3 の頻度が高いのは，対話における発話長がモノローグに比べ短いことを意味する。非流暢性に関する変数の頻度が高いのも即興で発話をプランニングしていることを表す自然な結果であるといえる。② SR の値が小さい（学会講演ないし模擬講演よりも顕著に低い）。

　すなわち，発話の即興性が高い場合は 2+b の頻度が低い。さらに 2+b の頻度は学会講演において高く，模擬講演において低いので，学会講演より模擬講演の方が発話の即興性が高いことになる。また，H% はあらたまった場面に頻出し，HL% はくだけた発話で多用されるが，学会講演は H% の頻度が高いのに対し，模擬講演は H% の頻度が低く，HL% の頻度が高い。また，SR（発話速度）の値は，学会講演が最も高く，次に模擬講演が高く，対話が最も低いとしている。

　本章ではレジスターと dephrasing の生起との関係を検討するが，dephrasing 率は発話速度の増加に伴い上昇するので（3.4 節参照），dephrasing の生起頻度は発話速度が最も速い学会講演において最高値を示し，発話速度が最も遅い対話において最低値を示すことが予想される。本研究ではレジスター別の発話速度についても分析を行い，レジスター，発話速度，dephrasing の生起，この 3 者の関係を体系的に検討する。

8.2.2 研究方法

資料は CSJ の 7650 サンプルを対象とし，レジスターに関する情報は CSJ に提供されている TalkID を用いる。TalkID は各講演に付与された固有 ID（8桁）で，最初のアルファベット 1 文字は当該講演のレジスターの種類を表している。模擬講演（Simulated Public Speaking）は S，対話（Dialogue）は D，学会講演（Academic presentation speech）は A である。

レジスター別講演数，発話時間は表 8-1 の通りである。CSJ-Core（201 講演）から再朗読を除外すると，195 講演であるが，7650 サンプルに含まれているのは 194 講演，話者数は 137 名である。

表 8-1　レジスター別講演数及び発話時間

レジスター	講演数	発話時間[*]
学会講演（A）	70	1 時間 6 分 47 秒
模擬講演（S）	107	54 分 27 秒
対話（D）	17	5 分 29 秒
計	194	2 時間 6 分 43 秒

（[*]発話間のポーズを削除した実質発話時間）

まず，レジスターと dephrasing の関係，レジスターと発話速度の関係を分析し，8.2.4 節の議論で結果を考察する。

8.2.3　分析

8.2.3.1　レジスターと dephrasing の関係

表 8-2 は学会講演，模擬講演，対話の dephrasing 率を示している。学会講演は 0.44，模擬講演は 0.54，対話は 0.51 であり，サンプル全体では 0.48（0.4826）である。レジスターによる dephrasing の生起頻度に有意な差があるかを検討するため，dephrasing の有無（1,0）を目的変数とし，レジスターを説明変数とした Kruskal-Wallis 検定を実施した結果，有意差が認められた（Kruskal-Wallis chi-squared＝71.4562，df＝2，p<.001）。Scheffe 法による多重比較の結果，学会講演と対話の間，学会講演と模擬講演の間では有意差が

156 | 第8章　レジスター及び話者の社会的属性

認められたが（p<.05, p<.001），模擬講演と対話の間では認められなかった（p>.1）。従って，模擬講演・対話の方が学会講演より dephrasing の生起頻度が高いといえる。

表8-2　レジスター別 dephrasing 率

レジスター	N	dephrasing あり	dephrasing 率
学会講演	4023	1758	0.44
模擬講演	3302	1768	0.54
対話	325	166	0.51
計	7650	3692	0.48

　レジスターを説明変数とした場合，dephrasing の生起がどの程度予測できるかを検討するため，dephrasing の有無（1,0）を目的変数とし，レジスターを固定効果，話者の個体差をランダム効果とした一般化線形混合モデル（GLMM）のロジスティック回帰分析を行った。結果を表8-3に示す。表中の推定値（Estimate）は学会講演を基準としたもので，模擬講演（0.29935）・対話（0.36249）とも学会講演（0）より高いことを示している。

表8-3　Dephrasing の有無を目的変数とし，レジスターを固定効果，話者の個体差をランダム効果とした GLMM によるパラメータ推定（CSJ）

Random effects:	Groups Name		Variance	Std.Dev.		
	SpeakerID (Intercept)		0.1946	0.4411		
	Number of obs: 7650, groups: SpeakerID, 137					
Fixed effects:		Estimate	Std. Error	z value	Pr (>|z|)	
	(Intercept)	-0.23776	0.06193	-3.839	0.000124	***
	対話	0.36249	0.14281	2.538	0.011143	*
	模擬講演	0.29935	0.08480	3.530	0.000415	***

(Signif. codes: 0 ‘***’ 0.001 ‘**’ 0.01 ‘*’ 0.05 ‘.’ 0.1 ‘ ’ 1)

(8.3)　　$y = 1/[1+\exp^{\{-(-0.23776+0\,学会講演+0.36249\,対話+0.29935\,模擬講演+(1\,|\,subject))\}}]$

　表8-3の推定値を用いて GLMM を定式化すると（8.3）のようになる。このモデルが予測する dephrasing の有無（1,0）を実際に発話された7650サンプルにフィッティングした結果，正答率は60.18%であった。説明変数を持

たないヌルモデル（48.26%）より 11.92% 上昇している。

8.2.3.2　レジスターと発話速度の関係

　表 8-4 は 7650 サンプルの発話速度［mora/s］をレジスター別に集計し，平均をとったものである（括弧内は標準偏差）。学会講演は 9.74mora/s，模擬講演は 9.12mora/s，対話は 8.96mora/s である。レジスターによる発話速度の差が有意であるかを調べるため，7650 サンプルの発話速度についてレジスターを要因とした一元配置分散分析を実施した結果，有意であった（F (2, 7647) = 107，p<.001）。下位検定（Tukey-Kramer 法による多重比較）を実施した結果，学会講演と対話の間，学会講演と模擬講演の間では有意であったが（各 p<.001），模擬講演と対話の間では有意ではなかった（p>.1）。学会講演の方が模擬講演・対話より発話速度が速いことを意味している。

表 8-4　レジスター別平均発話速度

レジスター	N	発話速度［mora/s］
学会講演	4023	9.74 (1.83)
模擬講演	3302	9.12 (1.97)
対話	325	8.96 (1.91)

　図 8-1（次頁）は dephrasing が生じた 2 文節と生じていない 2 文節の発話速度を箱ひげ図で示したものである。はずれ値は図から削除した。「dephrasing あり」と「dephrasing なし」の平均発話速度［mora/s］は，学会講演において 9.86（標準偏差 1.84），9.64（1.82），模擬講演において 9.48（2.05），8.70（1.79），対話において 9.08（1.96），8.83（1.86）である。Dephrasing の有無による発話速度の差が統計的に有意であるかを調べるため，学会講演，模擬講演，対話の別に，発話速度について dephrasing の有無を要因とした一元配置分散分析を実施した。学会講演（F (1, 4021) = 15.28，p<.001）と模擬講演（F (1,3300) = 137.1，p<.001）では「dephrasing あり」の方が「dephrasing なし」より発話速度が有意に速かったが，対話では有意差がなかった。

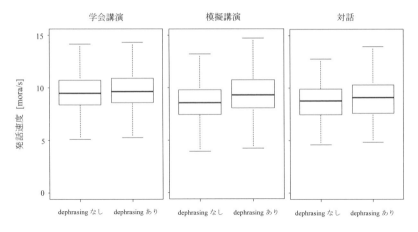

図 8-1　レジスター別発話速度の分布

8.2.4　議論

　Dephrasing 率は模擬講演・対話の方が学会講演より高く（8.2.3.1 節参照），発話速度は学会講演の方が模擬講演・対話より速かった（8.2.3.2 節参照）。通常は発話速度が速い方が dephrasing 率が高いが（3.4 節参照），レジスターに関しては発話速度が遅い方が dephrasing 率が高いことになる。

　模擬講演・対話が学会講演より dephrasing 率が高いことを他の方法で確かめるために，「形容詞 + 名詞（AN）」「動詞 + 名詞（VN）」が「名詞ノ + 名詞（NN）」「名詞ガ格 + 動詞（gaV）」「名詞ヲ格 + 動詞（woV）」より dephrasing 率が高いという結果を利用し（4.2 節参照），再検討した。

　表 8-5 は修飾関係 5 種類を AN・VN と NN・gaV・woV に二分し，レジスター別に発話速度と dephrasing 率を算出したものである。まず，レジスターを基準に比較すると，学会講演，模擬講演，対話のいずれにおいても AN・VN の方が NN・gaV・woV より発話速度，dephrasing 率とも高くなっている。3.4 節と同様に，発話速度の速い方が dephrasing 率が高いことがわかる。次に，修飾関係を基準に比較すると，AN・VN と NN・gaV・woV のいずれにおいても発話速度は学会講演の方が模擬講演・対話より速いのに対し，dephrasing 率は模擬講演・対話の方が学会講演より高い。すなわち，修

飾関係5種類を AN・VN と NN・gaV・woV に二分して再検討した場合にも，学会講演は，模擬講演・対話より発話速度が速いが，dephrasing 率が低いことが確認できる。レジスターと発話速度の交互作用については 9.3 節で検討する。

表8-5　レジスター別発話速度及び dephrasing 率

修飾関係	学会講演		模擬講演		対話	
	発話速度 [mora/s]	dephrasing 率	発話速度 [mora/s]	dephrasing 率	発話速度 [mora/s]	dephrasing 率
AN・VN	9.88	0.53	9.21	0.63	9.25	0.59
NN・gaV・woV	9.66	0.38	9.07	0.48	8.81	0.47
計	9.74	0.44	9.12	0.54	8.96	0.51

8.3　話者の社会的属性

8.3.1　先行研究

　話者の社会的属性が dephrasing の生起に関与するかを検討する。本研究で注目する話者の社会的属性は性別，学歴，年齢であるが，このうち先行研究で取り上げられているのは話者の年齢である。

　太田・高野（2008）は 20～24 歳で構成された 18 名と 55～73 歳で構成された 9 名，この 2 グループの dephrasing 率を比較している。被験者に「ある日，女性がデパートへ行き，買い物をして帰宅した」という一連の動作が描かれた 6 つのシーンの漫画を与え，2 分程度言葉で描写してもらう絵描写タスクを行った結果，個人差はあるが，20～24 歳のグループの方が 55～73 歳のグループより dephrasing の生じた頻度が有意に高かったと報告している。被験者は鹿児島または札幌出身である。Dephrasing 率は dephrasing が生じた AP を含む IP の数を IP の総数で除して算出している。一つの IP 内に複数回 dephrasing が生じても 1 としてカウントされている。太田・高野（2008）は 20～24 歳のグループが 55～73 歳のグループより dephrasing 率が高い理由については検討していない。本研究では発話速度の年齢差が関係し

160 | 第8章　レジスター及び話者の社会的属性

ている可能性があると考え，話者の年齢別発話速度についても分析を行う。

8.3.2　研究方法

　話者の性別，学歴，年齢に関する情報は CSJ に提供されている話者情報を用いる。ただし，話者の年齢は収録当時（1999～2003 年）の年齢が記録されているので，本研究では生年を用いて分析する。

　7650 サンプルの話者数は 137 名であるが，この中には学会講演と模擬講演などレジスターが異なる複数の講演を行った話者もいる。年齢別発話速度も分析するが，レジスターによる発話速度の差が有意であったので（8.2.3.2 節参照），ここでは 1 人が 1 講演を行った発話のみを対象とする（113 名＝ 113 講演）。この 113 名の学歴は，学部卒が 55 名，高校卒が 19 名，修士以上が 38 名，中学卒が 1 名であるが，中学卒は 1 名とデータ数が少なく，要因として採用できないため，中学卒の 1 名を除外した計 112 名を最終対象とした。7650 サンプル中，この 112 名によるサンプル数は 5116 である。

　話者 112 名の性別，学歴，生年の分布を表 8-6 に示す。CSJ では話者の生年が 5 歳刻みで開示されているが，5 年単位を基準とすると，ばらつきが大きくなるため，表 8-6 のように 10 年単位で集計する。

　まず，話者の性別，学歴，年齢による影響を検討し，年齢別発話速度を検討する。

表 8-6　話者の分布

性別	学歴	生年
女性：45 名 男性：67 名	学部卒：55 名 高校卒：19 名 修士以上：38 名	1930～39：10 名 1940～49：12 名 1950～59：16 名 1960～69：36 名 1970～79：38 名

8.3.3 分析

8.3.3.1 話者の性別による影響

話者の性別によって dephrasing の生じる傾向が異なるかを検討するために，話者別に dephrasing 率を算出した後，男女グループに分け，それぞれの平均をとった。女性 45 名の平均 dephrasing 率は 0.49，男性 67 名の平均 dephrasing 率は 0.44 である。図 8-2 は 112 名の dephrasing 率を男女グループ別に示した箱ひげ図である。

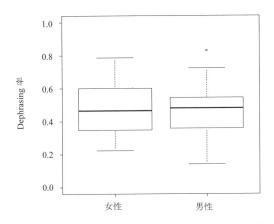

図 8-2　話者の性別による dephrasing 率の分布

各グループの平均値に有意な差があるかを調べるため，分散の等質性の仮定が満たされていることを確認したうえで，t 検定 (Student's t-test) を行った。検定の結果，有意差はなかったので (t = 1.6548, df = 110, p > .1)，話者の性別は dephrasing の生起に影響を与えないといえる。112 名の平均 dephrasing 率は 0.4644 であり，5116 サンプル全体の dephrasing 率は 0.4593 である。

8.3.3.2 話者の学歴による影響

話者の学歴 (学部卒，高校卒，修士以上) によって dephrasing の生じる傾向が異なるかを調べるために，各話者の dephrasing 率を学歴別に分け，平

均値を求めた。平均 dephrasing 率は学部卒において 0.47,高校卒において 0.46,修士以上において 0.45 である。112 名の dephrasing 率の分布を図 8-3 に示す。

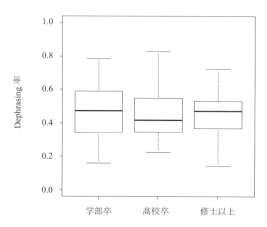

図 8-3　話者の学歴別 dephrasing 率の分布

　学歴による dephrasing の生起頻度に有意な差があるかを検討するため,各話者の dephrasing 率について学歴（学部卒,高校卒,修士以上）を要因とした一元配置分散分析を実施した結果,有意差はなかった（F (2,109) = 0.203, p>.1)。話者の学歴は dephrasing の生起に関与しないことを示している。

8.3.3.3　話者の年齢による影響
　話者の年齢が dephrasing の生起に影響するかを検討するために,各話者の dephrasing 率を生年別（10 年単位）に分け,平均値を計算した。分析の結果,1930 年代から順に 0.38, 0.38, 0.45, 0.49, 0.50 で,若年層ほど dephrasing 率が高くなる傾向がみられた。生年別 dephrasing 率の分布を図 8-4 に示す。

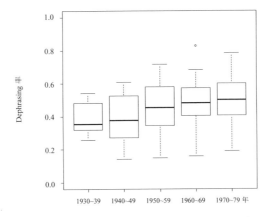

図 8-4 話者の生年別 dephrasing 率の分布

話者の生年を説明変数とした場合，dephrasing の生起がどの程度予測できるかを調べるため，dephrasing の有無 (1,0) を目的変数とし，話者の生年を固定効果，話者の個体差をランダム効果とした一般化線形混合モデル (GLMM) を作成した。R の出力結果を表 8-7 に示す。生年におけるパラメータの推定値 (Estimate) が正の値 (0.012574) を示しているのは年齢が若いほど dephrasing 率が高いことを意味している。表 8-7 に基づいて GLMM を定式化すると (8.4) のようになる。

表 8-7 Dephrasing の有無を目的変数とし，話者の生年を固定効果，話者の個体差をランダム効果とした GLMM によるパラメータ推定

Random effects:	Groups Name	Variance	Std.Dev.		
	SpeakerID (Intercept)	0.2411	0.491		
	Number of obs: 5116, groups: SpeakerID, 112				
Fixed effects:		Estimate	Std. Error	z value	Pr (>|z|)
	(Intercept)	-0.877048	0.266908	-3.286	0.00102 **
	生年	0.012574	0.004517	2.784	0.00538 **

(Signif. codes: 0 '***' 0.001 '**' 0.01 '*' 0.05 '.' 0.1 ' ' 1)

(8.4)　　y = 1/[1+exp {-(-0.877048 + 0.012574 生年 + (1 | subject))}]

164 | 第8章 レジスター及び話者の社会的属性

このGLMMが予測するdephrasingの有無（1,0）を実際に発話された5116サンプルにフィッティングした結果，正答率は61.49%であった。ヌルモデルの正答率が45.93%であるので（8.3.3.1節参照），15.56%上昇したことになる。

8.3.4 Dephrasing率の年齢差と発話速度の年齢差

話者の性別，学歴，年齢がdephrasingの生起に関わっているかを調べた結果，話者の性別と学歴は影響しないが，年齢（生年：1930〜79年）は影響することがわかった。年齢が若いほどdephrasing率が高かった。この結果は，若年層の方が中高年層よりdephrasing率が高いという太田・高野（2008）と一致している。

太田・高野（2008）は若年層のdephrasing率が高い原因について言及していないが，筆者は発話速度にも年齢差があり，それがdephrasing率の年齢差に影響しているのではないかと考える。発話速度が速くなるほどdephrasing率が増加するが（3.4節参照），筆者の印象では若年層の方が中高年層より発話速度が速いように思われるからである。

話者の年齢と発話速度との関係について分析した結果を図8-5に示す。話者の生年別に発話速度の分布を示したもので，平均発話速度は1930年代から順に8.15，9.18，8.99，9.65，9.84［mora/s］である。1950年代ではやや低下しているが，全体的には若年層ほど発話速度が速い。若年層ほど発話速度が速く，dephrasing率が高くなっており，dephrasing率の年齢差には発話速度の差が反映されていることがわかる。

また，前川（2011）によれば，学会講演ではあらたまった発話に頻出する韻律特徴が多くみられ，模擬講演・対話ではくだけた発話で多用される韻律特徴が多く観察される（8.2.1節参照）。学会講演より模擬講演・対話の方がdephrasing率が高かったので，dephrasingはあらたまった場面よりくだけた場面で生じる傾向があると考えることができる。

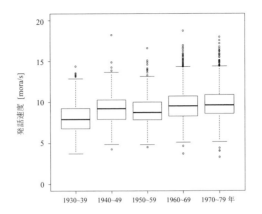

図 8-5　話者の生年別発話速度の分布

8.4　まとめ

　以上，レジスター（7650 サンプル）及び話者の性別，学歴，年齢（5116 サンプル）が dephrasing の生起に及ぼす影響を分析した。結果をまとめると以下のようになる。

8.4.1　レジスターの効果

イ）模擬講演・対話の方が学会講演より dephrasing 率が高かった。レジスターを固定効果とし，話者の個体差をランダム効果とした GLMM の正答率は，ヌルモデル（48.26%）より 11.92% 上昇した 60.18% であった。

ロ）レジスターによって発話速度 [mora/s] が異なることが確認された。学会講演の方が模擬講演・対話より発話速度が速かった。

ハ）発話速度の増加に伴い dephrasing 率が増加するが（3.4 節参照），学会講演，模擬講演，対話においては，発話速度の遅い模擬講演・対話の方が発話速度の速い学会講演より dephrasing 率が高いという結果が得られた。

　学会講演ではあらたまった発話に頻出する韻律特徴が多くみられ，模擬

166 | 第8章　レジスター及び話者の社会的属性

講演・対話ではくだけた発話で多用される韻律特徴が多く観察される（8.2.1節参照）。その点で上記のイ）は，dephrasing はあらたまった場面よりくだけた日常的な発話で生じる傾向があることを示唆している。

　ロ）は，模擬講演，対話，学会講演の中では学会講演の発話速度が最も速いという前川（2011）の分析結果と一致している。ハ）は一見すると矛盾するが，それについては発話速度とレジスターの交互作用とともに9.3.2節で検討する。

8.4.2　話者の性別，学歴及び年齢の効果

イ）話者の性別（男・女），学歴（高校卒・学部卒・修士以上），年齢（生年：1930～1979年）が dephrasing の生起に関与するかを検討した結果，話者の性別と学歴は影響しないが，年齢は影響することがわかった。

ロ）話者の年齢別に分析した結果，若年層ほど dephrasing 率が高かった。生年を固定効果とし，話者の個体差をランダム効果とした GLMM の正答率は 61.49% で，ヌルモデルより 15.56% 上昇した。

ハ）生年別に発話速度 [mora/s] を算出した結果，若年層ほど発話速度が速かった。

ニ）ロ）とハ）は若年層ほど発話速度が速く，dephrasing 率が高いことを示している。Dephrasing 率は発話速度の増加とともに上昇するので（3.4節参照），dephrasing 率の年齢差には発話速度の年齢差が関係していると考えられる。

　上記のロ）は太田・高野（2008）と一致しているが，太田・高野（2008）は若年層（20～24歳）と中高年層（55～73歳）とで dephrasing 率が異なる理由については言及していない。本研究では dephrasing 率の年齢差には発話速度の差が反映されることを示した。

8.4.3　残された課題

　Dephrasing 率の年齢差は発話速度の差によるものと述べたが，dephrasing 率

の年齢差に関連しそうな要因として本研究で検討したのは発話速度のみである。Dephrasing 率の年齢差が単純に発話速度によるものか，あるいは発話速度以外にも関連する要因があるかは明らかでない。他の要因が関わっている可能性についても検討する必要があると思われる。

第9章

統計モデルの構築

9.1 導入

　第3章から第8章まで2文節の合計モーラ数，発話速度，修飾関係，統語機能，アクセント型の組み合わせ，フォーカス，統語境界，2文節の位置，レジスター，話者の性別，学歴，年齢（計12要因）がdephrasingの生起に及ぼす影響を検討した。これまでの結果を簡単にまとめると以下のようになる。

　2文節の合計モーラ数の増加に伴いdephrasing率が減少し，発話速度の増加に伴いdephrasing率が増加する。修飾関係の中では，「形容詞＋名詞（AN）」と「動詞＋名詞（VN）」のdephrasing率が最も高く，副次補語（ニ・デ格）と必須補語（ガ・ヲ格）とでは副次補語の方がdephrasing率が高い。

　また，アクセント型の組み合わせ4種類ではUU，AU・UA，AAの順にdephrasing率が高く（Aは有核，Uは無核），2文節の前部にフォーカスがある場合（focus 1），2文節の直後の文節にフォーカスがある場合（focus 3）のいずれもフォーカスがない場合（focus 0）よりdephrasing率が高い。

　2文節の間に統語境界が存在する場合（SB）より存在しない場合（NonSB）の方がdephrasing率が高く，2文節が発話の文頭（SI）に位置するか文中（SM）に位置するかはdephrasingの生起に影響しない。模擬講演，対話とも学会講演よりdephrasing率が高く，話者の性別，学歴はdephrasingの生起に関与しないが，年齢は関与する。話者の年齢が若いほどdephrasing率が

170 | 第9章 統計モデルの構築

高い。

　以上のように，dephrasing の生起には複数の要因が関係している。本章では，AIC によるモデル選択を行い，これまで取り上げた複数の要因と dephrasing 生起との関係を総合的に検討する。さらに，2 要因間の交互作用も説明変数に含めて検討する。

9.2　AIC によるモデル選択

　モデル選択を行う方法はいくつかあるが，本研究では一般によく使われている AIC（Akaike's Information Criterion）を用いてモデル選択を行う。AIC は(9.1)のように，与えられたデータに対する統計モデルの逸脱度(deviance)とパラメータ数で評価する。逸脱度は「当てはまりの悪さ」と関係するので，複数のモデルの中では AIC が最も小さいものが最適モデルとなる。

(9.1)　　　　　AIC = −2{(最大対数尤度) − (パラメータ数)}
　　　　　　　　　= Deviance + 2 (パラメータ数)

　当てはまりの良さではなく悪さを基準とするのは，当てはまりの良さはパラメータの数が多ければ多いほど良くなるからである。例えば1234 個のデータについて，当てはまりが最も良いモデルを作成することが目的であれば，データ1 個1 個を読み上げる形で1234 個のパラメータを含むモデルを作成すればよい[1]。しかし，このようなモデルは，測定対象の構造とは無関係なデータにも無理に合わせてしまう過剰適合（Overfitting）を伴うため，モデルとしてのリスクが大きい。このような問題点を解決する方法としてよく用いられているのが当てはまりの悪さを基準とした AIC である。

9.3　モデリング：CSJ 資料

　CSJ を対象に2 文節の合計モーラ数，発話速度，修飾関係，統語機

1　久保（2012）より引用。

能，アクセント型の組み合わせ，レジスター，話者の性別，学歴，年齢が dephrasing の生起に与える影響を検討した。以下ではこれらの変数を用いてモデル選択を行う。ただし，統語機能の影響を検討する際には，連体修飾で構成された発話が分析対象となり（2059 サンプル），連用修飾の影響を検討できないため，統語機能は変数から除外する。また，アクセント型の組み合わせの影響を検討するときは 242 個のサンプルが分析対象となるが，この 242 個だけでは他の要因との関係を十分に検討できないため，アクセント型の組み合わせも変数から除外する。話者の社会的属性のうち，性別と学歴はモデルを単純化するため除外し，年齢は含める。

　話者の年齢の影響を検討するときは 1 人が 1 講演を行った 5116 個のサンプル（112 名，112 講義）を用いたが，本章ではできるだけ多くのデータを対象とする必要があるため，7650 個のサンプル（137 名，194 講演）を用いる。従って，話者 1 人がレジスターの異なる二つの講演を行ったものも含まれる。

　モデルの選択を行うために，R 言語の glm 関数，stepAIC 関数（MASS パッケージ）を用いてロジスティック回帰分析を行った（変数増減法）。分析に用いた変数は以下の通りである。

(9.2)

目的変数	dephrasing の有無 (1,0)
説明変数	2 文節の合計モーラ数*，発話速度*，修飾関係*，レジスター*，話者の年齢*， 2 文節の合計モーラ数と発話速度の交互作用， 2 文節の合計モーラ数と修飾関係の交互作用， 2 文節の合計モーラ数とレジスターの交互作用， 2 文節の合計モーラ数と話者の年齢の交互作用*， 発話速度と修飾関係の交互作用， 発話速度とレジスターの交互作用*， 発話速度と話者の年齢の交互作用*， 修飾関係とレジスターの交互作用， 修飾関係と話者の年齢の交互作用， レジスターと話者の年齢の交互作用*

(*は最適モデルに含まれた変数を表す)

　分析の結果，2 文節の合計モーラ数，発話速度，修飾関係，レジスター，話者の年齢，2 文節の合計モーラ数と話者の年齢の交互作用，発話速度とレジスターの交互作用，発話速度と話者の年齢の交互作用，レジスターと話者

172 | 第9章 統計モデルの構築

の年齢の交互作用を説明変数としたモデルの AIC が最小値を示した（付録 1
参照）。この結果は，検討したモデルの中では上記の 9 つを変数としたモデ
ルが最適モデルであり，これ以外の変数，すなわち，2 文節の合計モーラ数
と発話速度の交互作用，2 文節の合計モーラ数と修飾関係の交互作用，2 文
節の合計モーラ数とレジスターの交互作用，発話速度と修飾関係の交互作
用，修飾関係とレジスターの交互作用，修飾関係と話者の年齢の交互作用を
追加してもモデルが複雑化するだけで，予測のためには意味がないことを意
味している。以下，最適モデルに含まれた 2 要因間の交互作用について具
体的に検討する。

9.3.1　2 文節の合計モーラ数と話者の年齢の交互作用

　Dephrasing 率は，2 文節の合計モーラ数が多いほど低く（3.3 節参照），話
者の年齢が若いほど高い（8.3.3.3 節参照）。2 文節の合計モーラ数と話者の
年齢の交互作用を調べるため，生年別に 2 文節の合計モーラ数（6〜13 モー
ラ）の dephrasing 率を算出した結果を図 9-1 に示す。1930〜40 年代には 13
モーラが含まれていないが，この 13 モーラを除外して再検討した結果にお
いても 2 文節の合計モーラ数と話者の年齢の交互作用が予測変数として採
択されていたので，13 モーラの有無は 2 要因間の交互作用に大きな影響を
与えないと考えられる。以下，1930〜40 年代に 13 モーラが含まれていない
状態で考察を進める。

　図 9-1 をみると，全体的には，モーラ数が増加するにつれ dephrasing 率が
減少し，若年層ほど dephrasing 率が高い。しかし，各年代を個別にみると，
1940〜70 年代ではモーラ数の増加に伴い dephrasing 率が減少しているが，
1930 年代では 10 モーラから 12 モーラにかけて増加しており，減少傾向が
明確ではない。これが交互作用として影響していると考えられる。1930 年
代における 11・12 モーラの dephrasing 率が 10 モーラより高いことについ
て特定の語が頻出したかを調べてみたが，特になかった。

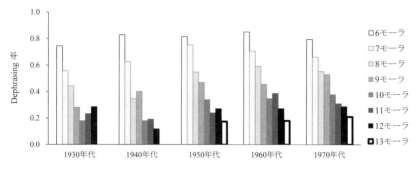

図 9-1　話者の生年別 2 文節の合計モーラ数の dephrasing 率

9.3.2　発話速度とレジスターの交互作用

発話速度の増加に伴い dephrasing 率が増加するが（3.4 節参照），レジスターに関しては，発話速度の遅い模擬講演 S・対話 D の方が，発話速度の速い学会講演 A より dephrasing 率が高かった（8.2 節参照）。本節ではこの問題を検討する。

図 9-2（次頁）の横軸は発話速度 [mora/s]，縦軸は dephrasing 率，図中の A，S，D は 194 講演のレジスター情報を表している。図中の回帰直線が右上に傾いているのは，発話速度の増加に伴い dephrasing 率が増加することを示している。ただし，自由度調整済決定係数（R^2）が 0.0063 であることからその影響は非常に小さいといえる。図をみると，A は S・D の右側にあり，そのほとんどが S・D の下段に分布している。すなわち，S・D より発話速度は速いが，dephrasing 率は低い（8.2.3 節参照）。

A と S・D とを分離すると，このような 2 グループの違いは一層明らかになる。図 9-3（次頁）は図 9-2 を S・D と A とに分けて示したものであるが，(a) S・D では発話速度の増加とともに dephrasing 率が増加しているのに対し（$R^2 = 0.1353$），(b) A では減少している（$R^2 = -0.0068$）。発話速度とレジスターの交互作用は，このように学会講演 A では発話速度の効果が認められないことと関連していると考えられる。

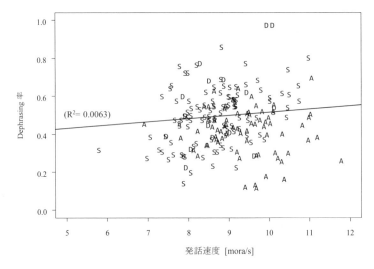

図 9-2　レジスター別発話速度及び dephrasing 率の分布

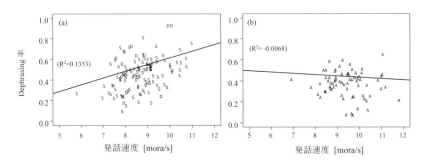

図 9-3　模擬講演（S）・対話（D）と学会講演（A）の発話速度及び dephrasing 率の分布（図 9-2 を基に作成）

9.3.3　発話速度と話者の年齢の交互作用

　発話速度［mora/s］が速いほど dephrasing 率が高く（3.4 節参照），話者の年齢が若いほど dephrasing 率が高かった（8.3.3.3 節参照）。本節ではこの 2 要因間の交互作用について検討する。

　図 9-4 は話者の生年別に発話速度と dephrasing の生起との関係を示した

ものである。図中の数字の一つ一つは特定の話者個人に対応し、3, 4, 5, 6, 7 は話者の生年, 1930, 1940, 1950, 1960, 1970 年代を表している。まず、発話速度をみると、3 は図の左半分, 4-5 は中央, 6-7 は右半分に位置しており、8.3.4 節と同様に、話者の年齢が若いほど発話速度が速くなっている。一方、発話速度と dephrasing との関係については生年による相違がみられる。1930〜60 年代では発話速度が増加するにつれ dephrasing 率が増加する傾向、1970 年代では減少する傾向にある。実際に、生年別に発話速度と dephrasing 率の相関係数を分析した結果、1930 年代から順に 0.32, 0.14, 0.11, 0.13, -0.28 であり、1970 年代は負の値を示した。発話速度と話者の年齢の交互作用は、1930〜60 年代生まれの話者には発話速度の効果が認められるが、1970 年代生まれの話者には発話速度の効果が認められないことと関係していると考えられる。

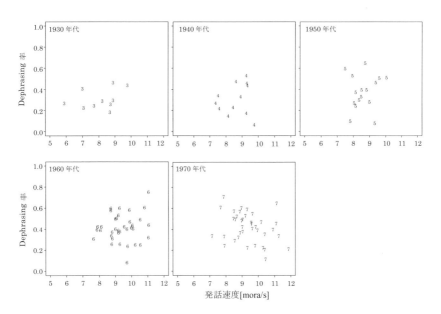

図 9-4 話者の生年別発話速度及び dephrasing 率の分布

9.3.4　レジスターと話者の年齢の交互作用

図 9-5 は話者の生年別にレジスター A・S・D の dephrasing 率を求めたものである。1930～50 年代には対話 D が存在しないが，D を除外したうえでモデル選択を行った場合にも，最適モデルの中にレジスターと話者の年齢の交互作用が含まれていたので，このまま考察を進める。

Dephrasing 率は，模擬講演 S・対話 D の方が学会講演 A より高く（8.2 節参照），話者の年齢が若いほど高い（8.3.3.3 節参照）。しかし，図 9-5 をみると，S・D では話者の年齢が若いほど dephrasing 率が高いが，A では全年代に渡って dephrasing 率の変化がほとんどない。これが交互作用を有意にしたものと考えられる。また，図 9-5 より，話者の年齢の効果に直接的に関係しているのは模擬講演 S であることが読み取れる。

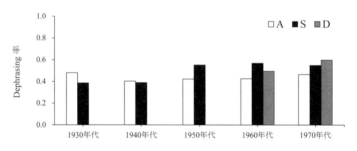

図 9-5　話者の生年別 A・S・D の dephrasing 率

9.3.5　予測モデルの正答率

最適モデルの 9 変数を説明変数とした場合，7650 サンプルにおける dephrasing の有無がどの程度予測できるかを検討するため，dephrasing の有無 (1,0) を目的変数とし，9 変数を固定効果，話者の個体差をランダム効果とした一般化線形混合モデル（GLMM）のロジスティック回帰分析を行いパラメータを推定した。R の出力結果を表 9-1 に示す。表中の mora は 2 文節の合計モーラ数，SR（SpeakingRate）は発話速度，SBG（SpeakerBirthGeneration）は話者の生年，A は学会講演，D は対話，S は模擬講演，AN は「形容詞＋

名詞」，gaV は「名詞ガ格＋動詞」，NN は「名詞ノ＋名詞」，VN は「動詞＋
名詞」，woV は「名詞ヲ格＋動詞」，：は交互作用を表す。表 9-1 の推定値を
用いて GLMM を定式化すると (9.3) のようになる。

表 9-1　GLMM によるパラメータ推定値 (CSJ)

Random effects:	Groups Name		Variance	Std.Dev.		
	SpeakerID (Intercept)		0.2281	0.4776		
	Number of obs: 7650, groups: SpeakerID, 137					
Fixed effects:		Estimate	Std. Error	z value	Pr (>|z|)	
	(Intercept)	2.337013	1.156373	2.021	0.04328	*
	mora	-0.80317	0.092134	-8.717	< 2e-16	***
	SR	0.483017	0.098125	4.922	8.55E-07	***
	gaV	-0.43894	0.150265	-2.921	0.00349	**
	NN	-0.34712	0.110098	-3.153	0.00162	**
	VN	-0.01575	0.114639	-0.137	0.89074	
	woV	-0.876	0.160417	-5.461	4.74E-08	***
	D	3.727374	2.234662	1.668	0.09532	.
	S	-0.98245	0.605615	-1.622	0.10475	
	SBG	-0.00292	0.018467	-0.158	0.87436	
	SR:D	-0.04092	0.067341	-0.608	0.54346	
	SR:S	0.074737	0.032606	2.292	0.0219	*
	mora:SBG	0.00616	0.001481	4.16	3.18E-05	***
	SR:SBG	-0.00473	0.001549	-3.051	0.00228	**
	D:SBG	-0.04634	0.032219	-1.438	0.15033	
	S:SBG	0.007961	0.008756	0.909	0.36324	

(Signif. codes: 0 '***' 0.001 '**' 0.01 '*' 0.05 '.' 0.1 ' ' 1)

(9.3)　$y = 1/[1+\exp^{\{-(2.337013\ -0.80317mora\ +\ 0.483017SR\ +\ 0AN\ -0.43894gaV\ -0.34712NN\ -0.01575VN}}$
　　　　$^{-0.876woV\ +\ 0A\ +\ 3.727374D\ -0.98245S\ -0.00292SBG\ +\ 0SR:A\ -0.04092SR:D\ +\ 0.074737SR:S\ +}$
　　　　$^{0.00616mora:\ SBG\ -0.00473SR:SBG\ +\ 0A:SBG\ -0.04634D:SBG\ +\ 0.007961S:SBG\ +\ (1|subject))\}}]$

　(9.3) の GLMM が予測する dephrasing の有無 (1,0) を実際に発話された
7650 個のサンプル (1,0) にフィッティングした結果，正答率は 69.71% で
あった。ヌルモデル (48.26%) より 21.45% 上昇している。

9.4 モデリング：実験資料

実験資料を対象に修飾関係，アクセント型の組み合わせ，フォーカス，統語境界，2 文節の位置が dephrasing の生起に与える影響を分析した。本節では 2 要因間の交互作用を含む複数の変数の中からどれを採用したモデルが最適モデルであるかを検討する。資料は 600 サンプルを対象とする。フォーカスの影響，フォーカスとアクセント型の組み合わせの交互作用，フォーカスと修飾関係の交互作用及び 900 サンプルを対象としたモデリングについては 6.4.4 節で検討したのでここでは取り上げない。また，統語境界の影響を分析するときは 360 サンプルが対象となるが，前部と後部が修飾関係にない発話も含まれており，600 サンプルとは構成が異なるので統語境界も変数から除外する。従って，本節で用いる説明変数は修飾関係，アクセント型の組み合わせ，2 文節の位置及び 2 要因間の交互作用である。方法は 9.3 節と同様である。

AIC によるモデル選択を行うため，(9.4) のように dephrasing の有無を目的変数とし，修飾関係，アクセント型の組み合わせ，2 文節の位置，修飾関係とアクセント型の組み合わせの交互作用，修飾関係と 2 文節の位置の交互作用，アクセント型の組み合わせと 2 文節の位置の交互作用を説明変数としたロジスティック回帰分析を行った（変数増減法）。

(9.4)

目的変数	dephrasing の有無 (1,0)
説明変数	修飾関係[*]，アクセント型の組み合わせ[*]，2 文節の位置，修飾関係とアクセント型の組み合わせの交互作用[*]，修飾関係と 2 文節の位置の交互作用，アクセント型の組み合わせと 2 文節の位置の交互作用

（[*]は最適モデルに含まれた変数を表す）

分析の結果，修飾関係，アクセント型の組み合わせ，修飾関係とアクセント型の組み合わせの交互作用を説明変数としたモデルが選択された（付録 2 参照）。従って，この三つを変数としたモデルが最適モデルであり，2 文節の位置，修飾関係と 2 文節の位置の交互作用，アクセント型の組み合わせと 2 文節の位置の交互作用を追加しても予測のためには意味がないことが

わかる．以下では，修飾関係とアクセント型の組み合わせの交互作用について検討する．

9.4.1 修飾関係とアクセント型の組み合わせの交互作用

修飾関係においては AN，VN が NN より dephrasing 率が有意に高く（4.2.4.2 節参照），アクセント型の組み合わせにおいては UU・AU，UA，AA の順に dephrasing 率が有意に高かった（5.4.2 節参照）．しかし，表 9-2，図 9-6 をみると，修飾関係 VN における UA は AU，UU と同程度に高い．これが交互作用を有意にしたものと考えられる．

表 9-2 修飾関係，アクセント型の組み合わせ別 dephrasing 率（実験）

修飾関係	AA	AU	UA	UU	計
AN	0.43	0.80	0.60	0.87	0.68
gaV	0.10	0.63	0.33	0.93	0.50
NN	0.07	0.53	0.10	0.83	0.38
VN	0.10	0.87	0.80	0.70	0.62
woV	0.23	0.57	0.43	0.80	0.51
計	0.19	0.68	0.45	0.83	0.54

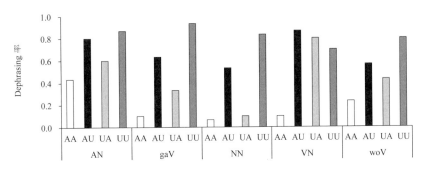

図 9-6 修飾関係，アクセント型の組み合わせ別 dephrasing 率

9.4.2 予測モデルの正答率

　最適モデルの3変数を説明変数とした場合，dephrasing の生起がどの程度予測できるかを調べるため，dephrasing の有無を目的変数とし，修飾関係，アクセント型の組み合わせ及び両者の交互作用を固定効果，話者の個体差をランダム効果とした GLMM のロジスティック回帰分析を行った。結果を表9-3 に示す。表中の：は交互作用を表す。

表9-3　GLMM によるパラメータ推定値（実験）

Random effects:	Groups Name		Variance	Std.Dev.		
	subject（Intercept）		0.05525	0.2351		
	Number of obs: 600, groups: subject, 5					
Fixed effects:		Estimate	Std. Error	z value	Pr（>|z|）	
	（Intercept）	-0.2709	0.3855	-0.703	0.48225	
	AU	1.6733	0.5899	2.836	0.00456	**
	UA	0.6817	0.5276	1.292	0.19635	
	UU	2.1629	0.6545	3.305	0.00095	***
	gaV	-1.9483	0.7145	-2.727	0.00639	**
	NN	-2.3913	0.8219	-2.909	0.00362	**
	VN	-1.9491	0.7146	-2.728	0.00638	**
	woV	-0.9334	0.571	-1.635	0.1021	
	AU:gaV	1.1002	0.9303	1.183	0.23698	
	UA:gaV	0.8353	0.8959	0.932	0.3512	
	UU:gaV	2.7190	1.1567	2.351	0.01874	*
	AU:NN	1.1244	1.0103	1.113	0.26577	
	UA:NN	-0.2393	1.0901	-0.22	0.82625	
	UU:NN	2.1269	1.0987	1.936	0.05289	.
	AU:VN	2.4386	1.0054	2.426	0.01529	*
	UA:VN	2.9413	0.9284	3.168	0.00153	**
	UU:VN	0.9156	0.9803	0.934	0.35029	
	AU:woV	-0.197	0.8206	-0.24	0.81027	
	UA:woV	0.2509	0.7773	0.323	0.74683	
	UU:woV	0.4442	0.9089	0.489	0.62502	

（Signif. codes: 0 `***` 0.001 `**` 0.01 `*` 0.05 `.` 0.1 ` ` 1）

9.5 まとめ | 181

(9.5)　　$y = 1/[1+\exp\{-(-0.2709 + 0AA + 1.6733AU + 0.6817UA + 2.1629UU + 0AN -1.9483gaV -2.3913NN$

$-1.9491VN -0.9334woV + 0AA{:}gaV + 1.1002\ AU{:}gaV + 0.8353\ UA{:}gaV + 2.7190\ UU{:}gaV + 0AA{:}NN +$

$1.1244AU{:}NN -0.2393\ UA{:}NN + 2.1269\ UU{:}NN + 0AA{:}VN + 2.4386AU{:}VN + 2.9413\ UA{:}VN + 0.9156$

$UU{:}VN + 0AA{:}woV -0.197AU{:}woV + 0.2509\ UA{:}woV + 0.4442\ UU{:}woV + (1|\text{subject}))\}]$

　表9-3の推定値（Estimate）を用いてGLMMを定式化すると（9.5）のように
なる。この（9.5）が予測するdephrasingの有無（1,0）を実際に発話された
600個のサンプルにフィッティングした結果，モデルの正答率はヌルモデル
（53.67％）より22.66%上昇した76.33%であった。

9.5　まとめ

　本章では，これまでの分析結果に基づき，dephrasingの生起に関するモデ
ルを検討した。結果をまとめると以下のようになる。モデリング1はCSJ
の7650サンプル，モデリング2は実験資料の600サンプルを対象としたも
のである。

9.5.1　モデリング1（CSJ資料）

イ）AICを用いたモデル検討の結果，2文節の合計モーラ数，発話速度，修
　　飾関係，レジスター，話者の年齢，2文節の合計モーラ数と話者の年齢
　　の交互作用，発話速度とレジスターの交互作用，発話速度と話者の年齢
　　の交互作用，レジスターと話者の年齢の交互作用を説明変数としたモデ
　　ルが選択された。これらの9変数に話者の個体差をランダム効果として
　　追加したGLMMの正答率は69.71%である。2要因間の交互作用に関
　　する検討結果を以下のロ）〜ホ）に示す。

ロ）2文節の合計モーラ数と話者の年齢の交互作用：
　　2文節の合計モーラ数（6〜13モーラ）が大きいほどdephrasing率が低
　　く，話者の年齢が若いほどdephrasing率が高い。しかし，話者の生年別
　　にモーラ数の効果を分析した結果，1940〜70年代ではモーラ数の増加
　　に伴うdephrasing率の減少がみられたが，1930年代ではそのような傾
　　向はみられなかった。これが交互作用を有意にしたものと考えられる。

ハ）発話速度とレジスターの交互作用：

発話速度［mora/s］の増加に伴い dephrasing 率が増加し，模擬講演・対話の方が学会講演より dephrasing 率が高い。しかし，レジスター別に発話速度と dephrasing の生起の関係を分析した結果，模擬講演・対話では発話速度の増加に伴い dephrasing 率が増加したが，学会講演ではほとんど変化がなかった。

ニ）発話速度と話者の年齢の交互作用：

発話速度［mora/s］の増加に伴い dephrasing 率が増加し，話者の年齢が若いほど dephrasing 率が高い。しかし，話者の生年別に発話速度と dephrasing の生起との関係を分析した結果，1930〜60 年代では発話速度の増加とともに dephrasing 率が増加する傾向にあったが，1970 年代では減少する傾向にあった。

ホ）レジスターと話者の年齢の交互作用：

模擬講演・対話の方が学会講演より dephrasing 率が高く，話者の年齢が若いほど dephrasing 率が高い。しかし，レジスター別に話者の年齢と dephrasing の生起との関係を分析した結果，模擬講演・対話では話者の年齢が若いほど dephrasing 率が高いが，学会講演では全年代に渡って dephrasing 率の変化がほとんどなかった。

ヘ）2 文節の合計モーラ数と発話速度の交互作用，2 文節の合計モーラ数と修飾関係の交互作用，2 文節の合計モーラ数とレジスターの交互作用，発話速度と修飾関係の交互作用，修飾関係とレジスターの交互作用，修飾関係と話者の年齢の交互作用は最適モデルに追加してもモデルを複雑化するだけで，予測のためには意味がないことがわかった。

9.5.2 モデリング 2（実験資料）

イ）AIC によるモデル検討の結果，修飾関係，アクセント型の組み合わせ，修飾関係とアクセント型の組み合わせの交互作用，この三つを説明変数としたモデルが選択された。この 3 変数に話者の個体差をランダム効果として追加した GLMM の正答率は 76.33% である。

ロ）修飾関係の中では AN，VN が NN より dephrasing 率が高く（4.2.4.2 節

参照），アクセント型の組み合わせの中では UU・AU が UA より高く，UA が AA より高い（5.4.2 節参照）。しかし，修飾関係別にアクセント型の組み合わせの dephrasing 率を分析した結果，VN では UA が AU・UU と同程度に高かった。これが 2 要因間の交互作用を有意にしたものと解釈される。

ハ）2 文節の位置とアクセント型の組み合わせの交互作用，2 文節の位置と修飾関係の交互作用は予測変数として有効ではなかった。

　Dephrasing の生起に複数の要因が関係している可能性は従来指摘されてきた（Poser 1984, Kubozono 1993）。しかし，Kohno（1980）は発話速度を速めると dephrasing が生じる傾向があり（3.2.2 節参照），後部が無核であるとき dephrasing が生じるとし（5.2.3 節参照），複数の要因の影響を示唆しているが，2 要因間の交互作用は検討していない。Poser（1984）もモーラ数（3.2.1 節参照），修飾関係（4.2.1.2 節参照），アクセント型の組み合わせ（5.2.4 節参照），フォーカス（6.2.1 節参照）など，複数の要因を取り上げているが，2 要因間の交互作用は検討していない。また，Sugahara（2002）は前部，後部がともに無核で，前部にフォーカスがあり，2 文節の間に統語境界が存在しない条件でのみ dephrasing が生じるとし，複数の要因の影響を示唆しているが，交互作用は検討していない。それに対して，本研究では 2 要因間の交互作用を検討し，交互作用を含む複数の要因と dephrasing の生起との関係を総合的に検討した。

9.5.3　今後の展望

　2 要因間の交互作用について検討したが，不十分な点もある。2 文節の合計モーラ数と話者の年齢の交互作用（CSJ，9.3.1 節参照），修飾関係とアクセント型の組み合わせの交互作用（実験資料，9.4.1 節参照）については再検討を要する。2 文節の合計モーラ数と話者の年齢との交互作用は，1930〜70 年代生まれの話者のうち 1930 年代生まれの話者においてはモーラ数の効果が明確でないことと関係しているとした。しかし，1930 年代のサンプル数が 1940〜70 年代に比べて非常に少ないため，より多くのサンプルを対象に

184 | 第9章 統計モデルの構築

分析した場合にはこの交互作用が認められない可能性もある。1930年代において10モーラより11・12モーラのdephrasing率が高かったが，11・12モーラをあわせてもdephrasingが生じたデータ数はわずか11のみである。

　また，実験資料において，アクセント型の組み合わせ別dephrasing率はUU・AU，UA，AAの順に高かったが，修飾関係がVN（動詞＋名詞）の場合には，UAがUU・AUとほぼ同値であった。これが修飾関係とアクセント型の組み合わせの交互作用を有意にしたと解釈した。しかし，アクセント型の組み合わせの影響が実験資料とCSJ資料とで完全に一致していないため，まずは他の資料を対象にアクセント型の組み合わせの影響を確認し，修飾関係との交互作用を再検討する必要があると思われる。これは今後の課題である。従って，上記の二つを除けば，現在その原因を説明できるのは発話速度とレジスターの交互作用，発話速度と話者の年齢の交互作用，レジスターと話者の年齢の交互作用，この三つである。

　6.4.4節では実験資料900サンプルを対象にフォーカス，修飾関係，アクセント型の組み合わせの影響を検討した。その結果，修飾関係，アクセント型の組み合わせ，フォーカスの3変数はdephrasingの生起の予測変数であるが，フォーカスと修飾関係の交互作用，フォーカスとアクセント型の組み合わせの交互作用は予測変数として有効ではなかった（モデルの正答率は79.89%）。

　実験資料の900サンプルだけでなく，CSJの7650サンプル，実験資料の600サンプルのいずれにおいても複数の要因を説明変数としたモデルが最適モデルとなり，dephrasingの生起には複数の要因が関わっていることが明らかとなった。CSJ資料と実験資料に分けて分析したため，これまで取り上げたすべての要因を統合したモデルは構築できなかったが，複数の資料を用い多様な要因を検討したことにより成果を得られたと考える。

第10章

結　論

10.1　本研究のまとめ

　本研究では，2文節の合計モーラ数，発話速度，修飾関係，統語機能，アクセント型の組み合わせ，フォーカス，統語境界，2文節の位置，レジスター，話者の性別，学歴，年齢（計12要因）がdephrasingの生起にどのような影響を与えるかを定量的に検討した。各章を要約すると以下の通りである。

　まず，第1章では東京語の音調型について概説し，AP（accentual phrase）を含む韻律構造の特徴及びdephrasingの現象とは何かを述べた。また，APの認定方法は，句頭の上昇のみを基準とする方法と，句頭の上昇とアクセント核数（最大1個）を基準とする方法があることを紹介し（本研究では後者の立場をとる），本研究の特徴について述べた。

　先行研究をみると，句頭の上昇を認定する方法は，後部の第1モーラと第2モーラのF0を基準とする，AP境界の有無を基準とする，の2通りがある。また，アクセント核の有無を認定する方法も，語彙アクセントを基準とする，実際のアクセント核を基準とする，の2通りがある。第2章では，Pierrehumbert and Beckman（1988）を紹介し，句頭の上昇の有無を認定するときは前部と後部の間にAP境界が存在しないことを基準とし，アクセント核の有無を認定するときは実際のアクセントを基準とする方法の妥当性について論じた。本研究で行ったdephrasingの認定基準も基本的には

186 | 第 10 章 結 論

Pierrehumbert and Beckman（1988）と同様である。その後，本研究で分析対象とする実験資料，CSJ 資料について説明した。

第 3 章では 2 文節の合計モーラ数（6〜13 モーラ）が増加するにつれ dephrasing 率が減少し，発話速度が増加するにつれ dephrasing 率が増加することを明らかにした。また，2 文節の合計モーラ数が 6〜13 モーラのいずれにおいても，dephrasing が生じた 2 文節の方が生じていない 2 文節より発話速度が速く，前部のモーラ数が後部より多い方が dephrasing 率が高いことを示した（例：長＋短＞短＋長）。

第 4 章では 2 文節の修飾関係及び統語機能が dephrasing の生起にどのように関連しているかを検討した。先行研究の多くは修飾関係を連体と連用とに分けて検討しているが，連体と連用の区別が dephrasing の生起環境を検討するうえでどのような意味を持つかは考察していない。本研究では名詞の前で名詞を修飾する部分は統語的に限定を行うという先行研究に基づき，連体修飾の前部には統語的フォーカスがあるが，連用修飾の前部には統語的フォーカスがないと仮定し，連体と連用における dephrasing 率を比較した。分析の結果，「形容詞＋名詞（AN）」「動詞＋名詞（VN）」「名詞ノ＋名詞（NN）」「名詞ガ格＋動詞（gaV）」「名詞ヲ格＋動詞（woV）」の中では連体修飾（特に，AN と VN）で生じた dephrasing 率が最も高かった。この結果について本研究では，連体修飾の前部にあるフォーカスが dephrasing の生起を促すためと解釈した。NN が AN，VN より dephrasing 率が低いことについては，NN には前部が後部を限定しない場合もあり，2 文節の意味関係がAN，VN より多様であるためとした。

ガ・ヲ格は必須補語として機能し，ニ・デ格は副次補語として機能する。連体修飾の後部に格助詞ニ・デ・ガ・ヲ格（例：赤い車に，赤い車で，赤い車が，赤い車を）がついているものを対象に dephrasing 率を分析した結果，ニ・デ格（副次補語）の方がガ・ヲ格（必須補語）より dephrasing 率が高い傾向にあった。副次補語はある行為や動作が行われる場所，手段，頻度，時間などを限定するという点で統語的フォーカスがあるためと解釈した。

第 5 章ではアクセント型の組み合わせと dephrasing の生起との関係を検討し，dephrasing の生起に与える影響は UU，AU・UA，AA の順に強いことを示した（A は有核，U は無核）。また，有核文節が dephrasing 率を低下

させる原因について次のように述べた。まず，AA・AU の場合は，前部の
アクセント核の位置でピッチが下降した後，ピッチが低いままでは発話を継
続することが困難であるため，再び上昇しようとする。このとき，後部で上
昇すると，句頭の上昇が生じ，dephrasing は生じない。UA・AA の場合は，
後部のアクセント核の位置でピッチが下降するが，下降するのに必要な高さ
を確保するために，下降の直前に上昇しようとする。このとき，後部でピッ
チが上昇すると，句頭の上昇が生じ，dephrasing は生じない。

　第 6 章ではフォーカスが dephrasing を促す重要な要因であることを示し
た。フォーカスがない場合（focus 0），2 文節の前部にフォーカスがある場合
（focus 1），2 文節の直後の文節にフォーカスがある場合（focus 3）を検討し
た結果，focus 1，focus 3 とも focus 0 より dephrasing 率が高かった。フォー
カスにより dephrasing が形成されるメカニズムについても詳細に検討した。

　第 7 章では統語境界が存在しない 2 文節（例：山田のお店で）の方が統語
境界が存在する 2 文節（例：梅酒を山田の）より dephrasing 率が高いことが
確認された。統語境界が存在する場合にも dephrasing が生じた発話があっ
たが，これは分析に用いた 2 文節が倒置構造で構成されていることと関連
することがわかった。倒置部分には通常新情報がくるが，新情報は文の中で
最も重要な情報であり，フォーカスが置かれる。この倒置にあるフォーカス
が dephrasing の生起を促したと解釈した。また，2 文節が発話文の文頭（SI）
に位置するか文中（SM）に位置するかは dephrasing の生起に関与しないとい
う結果が得られた。

　第 8 章ではレジスター及び話者の社会的属性（話者の性別，学歴，年齢）
が与える影響を検討した。レジスターの中では模擬講演・対話の方が学会講
演より dephrasing 率が高く，話者の性別，学歴は dephrasing の生起に関与
しないが，年齢は関与していた。話者の年齢が若いほど dephrasing 率が高
くなる傾向にあった。また，話者の年齢が若いほど発話速度が速い傾向にあ
り，dephrasing 率の年齢差には発話速度の差が反映されていることがわかっ
た。

　第 9 章では AIC による最適モデルを検討した。CSJ の 7650 サンプルにお
いては，2 文節の合計モーラ数，発話速度，修飾関係，レジスター，話者の
年齢，2 文節の合計モーラ数と話者の年齢との交互作用，発話速度とレジス

ターとの交互作用，発話速度と話者の年齢との交互作用，レジスターと話者の年齢との交互作用を説明変数としたモデルが最適モデルであった。この9変数を固定効果とし，話者の個体差をランダム効果とした GLMM の正答率は，ヌルモデル（48.26%）より21.45%上昇した69.71%である。

　実験資料600サンプルにおいては，修飾関係，アクセント型の組み合わせ，修飾関係とアクセント型の組み合わせとの交互作用を説明変数としたモデルが最適モデルとなった。この3変数を固定効果とし，話者の個体差をランダム効果とした GLMM の正答率は，ヌルモデル（53.67%）より22.66%上昇した76.33%である。

　フォーカスが含まれた実験資料900サンプルを対象にモデル検討を行った結果（6.4.4節参照），フォーカス，アクセント型の組み合わせ，修飾関係を説明変数としたモデルが選択された。この三つを固定効果とし，話者の個体差をランダム効果とした GLMM の正答率は，ヌルモデル（68.33%）より11.56%上昇した79.89%であった。

　以上，本研究では実験資料と CSJ 資料を使用したが，この2資料を用いて検討し結果を比較したのは，修飾関係，アクセント型の組み合わせの効果である。修飾関係の効果を検討する際，CSJ 資料は7650サンプル，実験資料は600サンプルを対象としたが，両資料とも AN，VN，NN，gaV，woV の中では，AN，VN の dephrasing 率が最も高いという結果が得られた。また，アクセント型の組み合わせの効果を検討するとき，CSJ 資料は242サンプル，実験資料は600サンプルを対象としたが，両資料とも UU の dephrasing 率が最も高く，AA の dephrasing 率が最も低かった。CSJ 資料はスピーチあるいは対話が実況録音された自発音声で，実験資料は実験環境を事前に設定したうえで実験文を読み上げたものであり，両資料の性格は明らかに異なる。それにもかかわらず，2資料に共通する結果が得られたということには意義があると考えられる。

10.2　結論

　本研究における結論は以下の3点に要約することができる。第一に，dephrasing の生起は確率現象である。先行研究の多くは，一定の条件が揃え

ば，dephrasing は必ず生起するという決定論的な言語観に基づいている。しかし，アクセント型の組み合わせの例でも，有核＋有核（AA），有核＋無核（AU），無核＋有核（UA），無核＋無核（UU）のいずれにおいても dephrasing が生じたデータがあることが確認された。特定のアクセント型の組み合わせでのみ dephrasing が生じるという決定論的な手法ではこのようなデータを的確に説明できない。本研究では，確率論的な観点に基づき，dephrasing の生起に与えるアクセント型の組み合わせの影響力は UU > UA・AU > AA のような比率関係にあることを示した。

　第二に，dephrasing は単一要因に起因するものではなく，複数の要因が関連して生じる現象である。CSJ，実験資料のいずれにおいても複数の要因を説明変数としたモデルが最適モデルとして選択されていることがこれを統計的に証明している。

　第三に，dephrasing は偶発的に生じる予測不可能な現象ではなく，統語的・韻律的要因の影響を受けて生じる韻律現象である。本研究では 2 文節の合計モーラ数，発話速度，修飾関係などの 12 要因の影響を分析した結果に基づき，実験資料の場合は約 80％，自発音声資料（CSJ）の場合でも約 70％まで dephrasing の生起を予測できることを示した。一方，多数の説明変数を用い，一般化線形混合モデル（GLMM）で個人差まで考慮しても残りの 20〜30％ が予測できないという事実は，dephrasing の生起には自由変異的な側面があることを示唆していると考えられる。

10.3　今後の課題

　以上，本研究における分析結果をまとめ，結論を述べた。以下では今後の課題を整理する。

　第 3 章では 2 文節の合計モーラ数及び発話速度が dephrasing の生起に及ぼす影響を検討したが，2 文節の合計モーラ数の影響についてはまだ解決されていない問題がある。2 文節の合計モーラ数が同じ条件下では，前部のモーラ数が後部より大きい方が dephrasing 率が高かったが，原因は不明である。

　第 4 章では修飾関係及び統語機能（格助詞）に注目し，dephrasing の生起

環境を検討した。修飾関係「形容詞＋名詞（AN）」「動詞＋名詞（VN）」「名詞ノ＋名詞（NN）」「名詞ガ格＋動詞（gaV）」「名詞ヲ格＋動詞（woV）」の中では AN と VN の dephrasing 率が最も高く，ニ・デ・ガ・ヲ格の中ではニ・デ格（副次補語）がガ・ヲ格（必須補語）より dephrasing 率が高かった。本研究では，統語的に限定を行う部分にはフォーカスがあり（これを統語的フォーカスと称した），この統語的フォーカスが dephrasing の生起を促したと解釈したが，統語的フォーカスが常にピッチの増大を伴うわけではない。その点で第6章で取り上げたフォーカスとは相違する点があるといえる。現時点では二つの違いを指摘するだけに留まったが，日常の会話において統語的フォーカスと実際のフォーカスがどの程度明確に区別されているかについても検討する必要があると思われる。

　第5章ではアクセント型の組み合わせの影響を検討した。無核＋無核（UU）が有核＋有核（AA）より dephrasing 率が高いことは CSJ 資料，実験資料に共通したが，CSJ 資料では UA と AU の間に有意差がないのに対し，実験資料では AU の方が UA より有意に高かった。本研究では AU と UA の dephrasing 率に顕著な差がないためと解釈したが，これを証明するには他の資料を対象に追加分析を行い，結果を比較する必要がある。

　第6章ではフォーカスが dephrasing の生起を促す要因であることを明らかにした。また，本研究では対象としなかったが，別の予備実験を通して，「梅酒を山田のお店で飲んだ」の「梅酒を山田の」のように前部が後部を直接修飾していないときにも，前部（梅酒を）にフォーカスがある場合には「梅酒を山田の」が一つの AP にまとまっている発話が多いことが観察された。この予備実験を発展させ，フォーカスの効果を多角的に検討する必要がある。

　第7章ではフォーカスを置かずに発音したデータを対象に，統語境界の有無，2文節の位置が dephrasing の生起にどのように関わっているかを分析した。統語境界が存在する場合（例：梅酒を山田の）にも dephrasing が生じた発話があり，原因を調べた結果，倒置部分（梅酒を）が dephrasing を引き起こした可能性があることがわかった。倒置部分は文の中で最も重要な情報を持つため，統語的にフォーカスが置かれる。本研究では，統語境界が存在する2文節で dephrasing が生じるのは，前部の倒置部分（梅酒を）に統語的な

フォーカスがあるためと解釈した。また，統語境界の有無の影響をより客観的に調べるためには非倒置構造を対象に分析を行い，結果を比較する必要があることを指摘した。対象の 2 文節が文の初めに位置するか文中に位置するかは dephrasing の生起に影響しなかったが，4 文節からなる実験文を用いたため，より長い実験文を対象とした場合は本研究と異なる結果が得られる可能性がある。従って，5 文節以上からなる場合についても検討する必要がある。

第 8 章では話者の性別と学歴は dephrasing の生起に影響しないが，話者の年齢とレジスターは影響することを示した。話者の年齢が若いほど dephrasing 率が高かったが，これは若年層の方が中高年層より発話速度が速いためと解釈した。しかし，dephrasing 率の年代差を立証する要因として第 8 章で取り上げたのは発話速度のみである。従って，加齢による音声的特徴の変化がみられる他の要因を基準とした場合にも dephrasing 率の年齢差を証明できるかを検討する必要があると思われる。

第 9 章では AIC による最適モデルを検討した。2 要因間の交互作用についても詳細に検討したが，交互作用に関する解釈には再検討を要するものがある。2 文節の合計モーラ数と話者の年齢との交互作用（CSJ 資料），修飾関係とアクセント型の組み合わせとの交互作用（実験資料），この二つである。前者については 1930 年代生まれの話者のサンプル数が非常に少ないので，より多くのサンプルを対象とした場合は交互作用が認められない可能性があると述べた。後者についてはアクセント型の組み合わせにおける dephrasing 率が CSJ と実験資料とで完全に一致しているのではないので，まず他の資料を対象にアクセント型の組み合わせの影響を分析し，両者の交互作用を再検討する必要があると述べた。

このように，dephrasing の生起環境については検討すべき問題が多数残されている。しかし，従来指摘された要因を定量的に検討し，その限界を明らかにしたこと，また新しい要因との関係を見出したことは意味があると考える。

引用文献

秋永一枝（2001）『新明解日本語アクセント辞典』1–106（付録），三省堂.

五十嵐陽介・菊池英明・前川喜久雄（2006）「韻律情報」『日本語話し言葉コーパスの構築法』国立国語研究所報告 124, 347–453, http://www.ninjal.ac.jp/corpus_center/csj/k-report-f/07.pdf（2014 年 8 月 1 日最終参照）

上野善道（1989）「日本語のアクセント」杉藤美代子（編）『講座日本語と日本語教育 2 日本語の音声・音韻（上）』178–205, 明治書院.

太田一郎・高野照司（2008）「音調の変異が示すもの―アクセント句の dephrasing と recomposing―」『鹿児島大学法文学部紀要人文学科論集』68, 27–38.

小椋秀樹（2006）「形態論情報」『日本語話し言葉コーパスの構築法』国立国語研究所報告 124, 133–186, http://www.ninjal.ac.jp/corpus_center/csj/k-report-f/03.pdf（2014 年 8 月 1 日最終参照）

川上蓁（1956）「文頭のイントネーション」『国語学』25, 21–30.

川上蓁（1957）「準アクセントについて」『国語研究』7, 44–60.

川上蓁（1961）「言葉の切れ目と音調」『国学院雑誌』62(5), 67–75.

川上蓁（1963）「文末などの上昇調について」『国語研究』16, 25–46.

川上蓁（1995）「句の源流」『日本語アクセント論集』207–210, 汲古書院.

金水敏（1986）「連体修飾成分の機能」『松村明教授古希記念国語研究論集』602–624, 明治書院.

久野暲（1978）『談話の文法』大修館書店.

久野暲（1983）『新日本文法研究』大修館書店.

久保拓弥（2012）『データ解析のための統計モデリング入門――一般化線形モデル・階層ベイズモデル・MCMC―』岩波書店.

クリスタル, デイヴィッド（1992）「第 2 部 言語とアイデンティティー」風間喜代三・長谷川欣佑（監訳）『言語学百科事典』27–128, 大修館書店.

小磯花絵・伝康晴・前川喜久雄（2012）「『日本語話し言葉コーパス』RDB の構築」『第 1 回コーパス日本語学ワークショップ予稿集』393–400.

小磯花絵・西川賢哉・間淵洋子（2006）「転記テキスト」『日本語話し言葉コーパスの構築法』国立国語研究所報告 124, 23–132, http://www.ninjal.ac.jp/corpus_center/csj/k-report-f/02.pdf（2014 年 8 月 1 日最終参照）

郡史郎（1989）「強調とイントネーション」杉藤美代子（編）『講座日本語と日本語教育 2 日本語の音声・音韻（上）』316–342, 明治書院.

郡史郎（2004）「東京アクセントの特徴再考―語頭の上昇の扱いについて―」『国語学』55(2), 16–31.

郡史郎（2008）「東京方言におけるアクセントの実現度と意味的限定」『音声研究』12(1), 34–53.

郡史郎（2012）「東京方言における意味的限定と非限定を区別する音声的基準―短文読

み上げ資料と合成音声聴取実験によるアクセント実現度の検討—」『言語文化研究』38, 1–22.

神保格 (1925)『国語音声学』187–193. 川上 (1957) より再引用.

神保格 (1932)『国語発音アクセント辞典』46–49. 川上 (1957) より再引用.

全美炡 (2013)「一つの句を形成する 2 文節のアクセント型の組み合わせ及び修飾関係—句頭上昇を基準とした解釈の試み—」『一橋大学国際教育センター紀要』4, 63–74.

田窪行則 (1987)「統語構造と文脈情報」『日本語学』6(5), 37–48.

日本語記述文法研究会編 (2009)「第 3 部 第 2 章 さまざまな格」『現代日本語文法 2 第 3 部 格と構文 第 4 部 ヴォイス』29–106, くろしお出版.

橋本進吉 (1934)『国語科学講座 6 国語法 国語法要説』明治書院.

服部四郎 (1933)『国語科学講座 7 国語方言学 アクセントと方言』明治書院.

前川喜久雄 (2004a)「『日本語話し言葉コーパス』の概要」『日本語科学』15, 111–133.

前川喜久雄 (2004b)「第 1 章 音声学」『言語の科学 2 音声』1–52, 岩波書店.

前川喜久雄 (2006)「概説」『日本語話し言葉コーパスの構築法』国立国語研究所報告 124, 1–21, http://www.ninjal.ac.jp/corpus_center/csj/k-report-f/01.pdf (2014 年 8 月 1 日最終参照)

前川喜久雄 (2010)「日本語有声破裂音における閉鎖音調の弱化」『音声研究』14(2), 1–15.

前川喜久雄 (2011)『コーパスを利用した自発音声の研究』博士論文, 東京工業大学.

宮田幸一 (1927)「新しいアクセント観とアクセント表記法」『音声の研究』1, 18–22.

宮田幸一 (1928)「日本語のアクセント観に関する私の見解」『音声の研究』2, 31–37.

安井稔 (1983)「修飾ということ」『日本語学』2(10), 10–17.

Akmajian, Adrian (1970) *Aspects of the grammar of focus in English*. Ph.D. dissertation, MIT.

Aoyagi, Seizo (1969) "A demarcative pitch of some prefix-stem sequences in Japanese." *Onsei no Kenkyuu* 14, 241–247.

Beckman, Mary E. and Janet B. Pierrehumbert (1986) "Intonational structure in Japanese and English." *Phonology Yearbook* 3, 255–309.

Bolinger, Dwight (1972) "Accent is predictable (if you're a mind-reader)." *Language* 48 (3), 633–644.

Breslow, N. E. and D. G. Clayton (1993) "Approximate inference in generalized linear mixed models." *Journal of the American Statistical Association* 88, 9–25.

Chomsky, Noam (1970) "Deep structure, surface structure and semantic interpretation" In Roman Jakobson and Shigeo Kawamoto (eds.) *Studies in general and oriental linguistics* (presented to Shiro Hattori on the occasion of his sixtieth birthday), 52–91. Tokyo: TEC Company.

Fujisaki, Hiroya and Hisashi Kawai (1988) "Realization of linguistic information in the voice fundamental frequency contour of the spoken Japanese." *Annual Bulletin of the Research Institute of Logopedics and Phoniatrics* 22, 181–188. Faculty of Medicine, University of Tokyo.

引用文献 | 195

Greenbaum, Sidney (1969) *Studies in English adverbial usage.* Florida: University of Miami Press.

Halliday, MAK. (1967) "Notes on transitivity and theme in English, part 2." *Journal of Linguistics* 3, 199–244.

Ishihara, Shinichiro (2007) "Major phrase, focus intonation, multiple spell-out (MaP, FI, MSO)." *The Linguistic Review* 24, 137–167.

Jackendoff, Ray S. (1972) *Semantic interpretation in generative grammar.* Cambridge, MA: MIT Press.

Jun, Sun-Ah (1993) *The phonetics and phonology of Korean prosody.* Ph.D. dissertation, The Ohio State University.

Kiss, Katalin E. (1998) "Identificational focus versus information focus." *Language* 74(2), 245–273.

Kitagawa, Yoshihisa (2005) "Prosody, syntax and pragmatics of wh-questions in Japanese." *English Linguistics* 22 (2), 302–346. Tokyo: Kaitakusha.

Kohler, Klaus. J. (1990) "Macro and micro F0 in the synthesis of intonation." In John Kingston and Mary E. Beckman (eds.) *Papers in Laboratory Phonology I: Between the Grammar and Physics of Speech,* 115–138. Cambridge: Cambridge University Press.

Kohno, Takeshi (1980) "On Japanese phonological phrases." *Descriptive and Applied Linguistics* 13, 55–69. Tokyo: International Christian University.

Kruskal, William and Allen Wallis (1952) "Use of ranks in one-criterion variance analysis." *Journal of the American Statistical Association* 47(260), 583–621.

Kubozono, Haruo (1993) *The organization of Japanese prosody.* Tokyo: Kurosio Publishers.

Kubozono, Haruo (2007) "Focus and intonation in Japanese: Does focus trigger pitch reset?" In Shinichiro Ishihara (ed.) *Proceedings of the 2nd Workshop on Prosody, Syntax, and Information Structure (Interdisciplinary Studies on Information Structure 9),* 1–27. Potsdam: Potsdam University Press.

Kuno, Susumu (1982) "The focus of the question and the focus of the answer." In Robinson Schneider, Kevin Tuite and Robert Chametzky (eds.) *Papers from the Parasession on Nondeclaratives,* 134–157. Chicago: Chicago Linguistic Society.

Maekawa, Kikuo (1994) "Is there ' dephrasing ' of the accentual phrase in Japanese?" *Ohio State University Working Papers in Linguistics* 44, 146–165.

Maekawa, Kikuo (1997) "Effects of focus on duration and vowel formant frequency in Japanese." In Y. Sagisaka, N. Campbell and N. Higuchi (eds.) *Computing Prosody: Computational Models for Processing Spontaneous Speech,* 129–153. New York: Springer-Verlag.

Maekawa, K., H. Kikuchi, Y. Igarashi, and J. Venditti (2002) "X-JToBI: An extended J_ToBI for spontaneous speech." *Proceedings of the 7th International Conference on Spoken Language Processing,* 1545–1548. Denver.

McCawley, James D. (1968) *The phonological component of a grammar of Japanese.* The Hague: Mouton.

196 | 引用文献

Nespor, Marina and Irene Vogel (2007) *Prosodic Phonology*. Dordrecht: Foris.

Pierrehumbert, Janet B. and Mary E. Beckman (1988) *Japanese tone structure*. Cambridge, MA: MIT Press.

Poser, William J. (1984) *The phonetics and phonology of tone and intonation in Japanese*. Ph.D. dissertation, MIT.

Poser, William J. (1990a) "Evidence for foot structure in Japanese." *Language* 66(1), 78–105.

Poser, William J. (1990b) "Word-internal phrase boundary in Japanese." In Sharon Inkelas and Draga Zec (eds.) *The phonology-syntax connection*, 279–287. Chicago: University of Chicago Press.

Roberts, Craige (1998) "Focus, the flow of information and universal grammar." *Syntax and Semantics* 29, 109–160.

Selkirk, Elisabeth (1984) *Phonology and Syntax: The Relation between Sound and Structure*. Cambridge, MA: MIT Press.

Selkirk, Elisabeth and Koichi Tateishi (1988) "Constraints on minor phrase formation in Japanese." In Lynn Macleod, Gary Larson and Diane Brentari (eds.) *Proceedings of the 24th Annual Meeting of the Chicago Linguistics Society*, 316–336.

Selkirk, Elisabeth and Koichi Tateishi (1991) "Syntax and downstep in Japanese." In Carol Georgopoulos and Roberta Ishihara (eds.) *Interdisciplinary approaches to language: Essays in honor of S.-Y. Kuroda*, 519–543. Dordrecht: Kluwer Academic Publishers.

Silverman, Kim E. A. (1990) "The separation of prosodies: comments on Kohler's paper." In John Kingston and Mary E. Beckman (eds.) *Papers in Laboratory Phonology I: Between the Grammar and Physics of Speech*, 139–151. Cambridge: Cambridge University Press.

Sugahara, Mariko (2002) "Conditions on post-focus dephrasing in Tokyo Japanese." In Bernard Bel and Isabelle Marlien (eds.) *Proceedings of the 1st International Conference on Speech Prosody*, 655–658. Aix-en-Provence.

付録1

　CSJ の 7650 サンプルにおける各モデルの AIC を以下に示す（9.3 節参照）。
分析の際には，R（3.0.2）言語の glm 関数，stepAIC 関数（MASS パッケージ）
を用いた。＋は変数の追加，- は変数の削除，：は交互作用を表す。

目的変数：	dephrasing の有無（1,0）
説明変数：	2 文節の合計モーラ数（mora）*，発話速度（SpeakingRate）*，修飾関係（modi）*，レジスター（register）*，生年（SBG）* 2 文節の合計モーラ数と発話速度の交互作用 2 文節の合計モーラ数と修飾関係の交互作用 2 文節の合計モーラ数とレジスターの交互作用 2 文節の合計モーラ数と生年の交互作用* 発話速度と修飾関係の交互作用，発話速度とレジスターの交互作用* 発話速度と生年の交互作用*，修飾関係とレジスターの交互作用 修飾関係と生年の交互作用，レジスターと生年の交互作用*

(*は最適モデルに含まれた変数を表す)

［CSJ：7650 サンプル］

Start:　　　AIC=10597.9

dephrasing~1

		Df	Deviance	AIC
+	mora	1	9584.4	9588.4
+	modi	4	10337.5	10347.5
+	SpeakingRate	1	10509.6	10513.6
+	register	2	10524.3	10530.3
+	SBG	1	10578.9	10582.9
<none>			10595.9	10597.9

Step:　　　AIC=9588.44

dephrasing ~mora

		Df	Deviance	AIC
+	SpeakingRate	1	9369.9	9375.9
+	modi	4	9507.8	9519.8
+	SBG	1	9546.8	9552.8
+	register	2	9577.9	9585.9
\<none>			9584.4	9588.4
-	mora	1	10595.9	10597.9

Step: AIC=9375.91
dephrasing ~mora + SpeakingRate

		Df	Deviance	AIC
+	modi	4	9307	9321
+	register	2	9347.1	9357.1
+	SBG	1	9353.5	9361.5
+	mora:SpeakingRate	1	9367.1	9375.1
\<none>			9369.9	9375.9
-	SpeakingRate	1	9584.4	9588.4
-	mora	1	10509.6	10513.6

Step: AIC=9320.97
dephrasing ~mora + SpeakingRate + Grammar

		Df	Deviance	AIC
+	register	2	9282.7	9300.7
+	SBG	1	9292	9308
\<none>			9307	9321
+	mora:SpeakingRate	1	9305.5	9321.5
+	SpeakingRate:modi	4	9301.5	9323.5
+	mora:modi	4	9306.7	9328.7
-	modi	4	9369.9	9375.9
-	SpeakingRate	1	9507.8	9519.8
-	mora	1	10252.4	10264.4

Step: AIC=9300.73
dephrasing ~mora + SpeakingRate + modi+ register

		Df	Deviance	AIC
+	SpeakingRate:register	2	9257.3	9279.3
+	SBG	1	9259.9	9279.9
<none>			9282.7	9300.7
+	mora:SpeakingRate	1	9281.6	9301.6
+	mora:register	2	9281.6	9303.6
+	SpeakingRate:modi	4	9277.8	9303.8
+	mora:modi	4	9282.2	9308.2
+	modi:register	8	9275.2	9309.2
-	register	2	9307	9321
-	modi	4	9347.1	9357.1
-	SpeakingRate	1	9500	9516
-	mora	1	10158.6	10174.6

Step: AIC=9279.33
dephrasing ~mora + SpeakingRate + modi+ register + SpeakingRate:register

		Df	Deviance	AIC
+	SBG	1	9234.1	9258.1
+	mora:register	2	9252.8	9278.8
<none>			9257.3	9279.3
+	mora:SpeakingRate	1	9257.3	9281.3
+	SpeakingRate:modi	4	9253.3	9283.3
+	mora:modi	4	9256.6	9286.6
+	modi:register	8	9250.4	9288.4
-	SpeakingRate:register	2	9282.7	9300.7
-	modi	4	9321.9	9335.9
-	mora	1	10126.1	10146.1

Step: AIC=9258.08
dephrasing ~mora + SpeakingRate + modi+ register + SBG + SpeakingRate:register

		Df	Deviance	AIC
+	mora:SBG	1	9221	9247
+	SpeakingRate:SBG	1	9225.1	9251.1

+	mora:register	2	9229	9257
+	register:SBG	2	9229.2	9257.2
<none>			9234.1	9258.1
+	mora:SpeakingRate	1	9234.1	9260.1
+	modi:SBG	4	9228.3	9260.3
+	SpeakingRate:modi	4	9230.3	9262.3
+	mora:modi	4	9233.4	9265.4
+	modi:register	8	9227.6	9267.6
-	SBG	1	9257.3	9279.3
-	SpeakingRate:register	2	9259.9	9279.9
-	modi	4	9296.7	9312.7
-	mora	1	10106.2	10128.2

Step: AIC=9247.02

dephrasing ~mora + SpeakingRate + modi+ register + SBG + SpeakingRate:register +mora:SBG

		Df	Deviance	AIC
+	SpeakingRate:SBG	1	9204.2	9232.2
+	register:SBG	2	9213.3	9243.3
<none>			9221	9247
+	mora:SpeakingRate	1	9220.7	9248.7
+	mora:register	2	9218.9	9248.9
+	modi:SBG	4	9216.7	9250.7
+	SpeakingRate:modi	4	9217	9251
+	mora:modi	4	9220.5	9254.5
+	modi:register	8	9214.9	9256.9
-	mora:SBG	1	9234.1	9258.1
-	SpeakingRate:register	2	9248.9	9270.9
-	modi	4	9284.9	9302.9

Step: AIC=9232.2

dephrasing ~mora + SpeakingRate + modi+ register + SBG + SpeakingRate:register +mora:SBG + SpeakingRate:SBG

		Df	Deviance	AIC
+	register:SBG	2	9198.9	9230.9
\<none>			9204.2	9232.2
+	mora:SpeakingRate	1	9204.1	9234.1
+	mora:register	2	9202.8	9234.8
+	modi:SBG	4	9200.4	9236.4
+	SpeakingRate:modi	4	9200.5	9236.5
+	mora:modi	4	9203.6	9239.6
+	modi:register	8	9198	9242
-	SpeakingRate:register	2	9221.7	9245.7
-	SpeakingRate:SBG	1	9221	9247
-	mora:SBG	1	9225.1	9251.1
-	modi	4	9267.8	9287.8

Step: AIC=9230.92
dephrasing ~mora + SpeakingRate + modi+ register + SBG + SpeakingRate:register
+mora:SBG + SpeakingRate:SBG + register:SBG

		Df	Deviance	AIC
\<none>			9198.9	9230.9
-	register:SBG	2	9204.2	9232.2
+	mora:SpeakingRate	1	9198.7	9232.7
+	mora:register	2	9197.5	9233.5
+	modi:SBG	4	9194.4	9234.4
+	SpeakingRate:modi	4	9195.2	9235.2
+	mora:modi	4	9198.3	9238.3
+	modi:register	8	9192.7	9240.7
-	SpeakingRate:register	2	9214.8	9242.8
-	SpeakingRate:SBG	1	9213.3	9243.3
-	mora:SBG	1	9222	9252
-	modi	4	9263.3	9287.3

付録 2

　実験資料 600 サンプルにおける各モデルの AIC を以下に示す（9.4 節参照）。分析の際には，R（3.0.2）言語の glm 関数，stepAIC 関数（MASS パッケージ）を用いた。＋は変数の追加，- は変数の削除，：は交互作用を表す。

目的変数：	dephrasing の有無（1,0）
説明変数：	修飾関係（modi）*，アクセント型の組み合わせ（ac）*，2 文節の位置（order） 修飾関係とアクセント型の組み合わせの交互作用* 修飾関係と 2 文節の位置との交互作用 アクセント型の組み合わせと 2 文節の位置の交互作用

（*最適モデルに含まれた変数を表す）

［実験：600 サンプル］
Start: AIC=830.55
dephrasing~1

		Df	Deviance	AIC
+	ac	3	677.44	685.44
+	modi	4	803.54	813.54
\<none\>			828.55	830.55
+	order	1	828.12	832.12

Step: AIC=685.44
dephrasing~ac

		Df	Deviance	AIC
+	modi	4	644.39	660.39
\<none\>			677.44	685.44
+	order	1	676.88	686.88
-	ac	3	828.55	830.55

Step: AIC=660.39

dephrasing~ac + modi

		Df	Deviance	AIC
+	modi:ac	12	604	644
<none>			644.39	660.39
+	order	1	643.8	661.8
-	modi	4	677.44	685.44
-	ac	3	803.54	813.54

Step: AIC=644
dephrasing~ac + modi+ ac : modi

		Df	Deviance	AIC
<none>			604	644
+	order	1	603.36	645.36
-	ac:modi	12	644.39	660.39

付録 3

　2文節の検索の際に用いたスクリプトの一部を以下に示す（CSJ-RDB, Ver.1.0）。CSJ では，アクセント核に関するアノテーションが提供されているので（5.3.1節参照），これを用いて，まず各文節のアクセント核の有無に関する情報を収集する。次に，2文節の修飾関係を「形容詞＋名詞」「動詞＋名詞」「名詞ノ＋名詞」「名詞ガ格＋動詞」「名詞ヲ格＋動詞」に限定し，各文節のモーラ数を出力する。

```
#短単位，長単位，文節単位，AP 単位を結合する。
● T_subsegSUW_subsegLUW_segBunsetsu_segAP
CREATE TABLE T_subsegSUW_subsegLUW_segBunsetsu_segAP AS
SELECT DISTINCT t1.TalkID TalkID, t7.APID APID, t7.StartTime AP_StartTime,
t7.EndTime AP_EndTime, t7.OrthographicTranscription AP_OrthographicTranscription,
t5.BunsetsuID BunsetsuID, t5.StartTime B_StartTime, t5.EndTime B_EndTime,
t5.OrthographicTranscription B_OrthographicTranscription, t3.LUWID LUWID,
t3.LUWLemma LUWLemma, t3.LUWMiscPOSInfo1 LUWMiscPOSInfo1
FROM subsegSUW t1
INNER JOIN relSUW2LUW t2 ON (t1.TalkID=t2.TalkID AND t1.SUWID=t2.SUWID)
INNER JOIN subsegLUW t3 ON (t2.TalkID=t3.TalkID AND t2.LUWID=t3.LUWID)
INNER JOIN relLUW2Bunsetsu t4 ON (t3.TalkID=t4.TalkID AND t3.LUWID=t4.LUWID)
INNER JOIN segBunsetsu t5 ON (t4.TalkID=t5.TalkID AND t4.BunsetsuID=t5.
BunsetsuID)
INNER JOIN relSUW2AP t6 ON (t1.TalkID=t6.TalkID AND t1.SUWID=t6.SUWID)
INNER JOIN segAP t7 ON (t6.TalkID=t7.TalkID AND t6.APID=t7.APID)
ORDER BY t1.TalkID, t7.APID, t5.BunsetsuID

#pointTone テーブルと segAP テーブルを結合する。
● T_pointTone_segAP
CREATE TABLE T_pointTone_segAP AS
SELECT t3.*, t1.ToneID, t1.Time, t1.tone
FROM pointTone t1
INNER JOIN linkTone2AP t2 ON (t1.TalkID=t2.TalkID AND t1.ToneID=t2.ToneID)
INNER JOIN segAP t3 ON (t2.TalkID=t3.TalkID AND t2.APID=t3.APID)
ORDER BY t3.TalkID, t3.APID
```

206 | 付録3

#アクセント核「A」が含まれた文節を取得，Bunsetsu_Accent という列を生成して「A」
を記入する（5.3.1節参照）。
● T_segBunsetsu_Accent_A
CREATE TABLE T_segBunsetsu_Accent_A AS
SELECT DISTINCT t1.TalkID TalkID, t1.BunsetsuID BunsetsuID, t1.B_
StartTime StartTime, t1.B_EndTime EndTime, t1.B_OrthographicTranscription
OrthographicTranscription, "A" Bunsetsu_Accent
FROM T_subsegSUW_subsegLUW_segBunsetsu_segAP t1
INNER JOIN T_PointTone_segAP t2 ON (t1.TalkID=t2.TalkID AND t1.APID=t2.APID)
WHERE t2.Time > t1.B_StartTime AND t2.Time < t1.B_EndTime AND t2.tone="A"
ORDER BY t1.TalkID, t1.BunsetsuID

#有核文節を除外した残りの文節を取得，Bunsetsu_Accent という列を生成して「U」を
記入する。
● T_segBunsetsu_Accent_U
CREATE TABLE T_segBunsetsu_Accent_U AS
SELECT t1.TalkID TalkID, t1.BunsetsuID BunsetsuID, t1.StartTime StartTime,
t1.EndTime EndTime, t1.OrthographicTranscription OrthographicTranscription, "U"
Bunsetsu_Accent
FROM segBunsetsu t1
WHERE NOT EXISTS (SELECT t2.StartTime FROM T_segBunsetsu_Accent_A t2 WHERE
t1.StartTime=t2.StartTime)
ORDER BY t1.TalkID, t1.BunsetsuID

T_segBunsetsu_Accent_A テーブルと T_segBunsetsu_Accent_U テーブルを結合する。
● T_segBunsetsu_Accent
CREATE TABLE T_segBunsetsu_Accent AS
SELECT *
FROM T_segBunsetsu_Accent_A
UNION ALL
SELECT *
FROM T_segBunsetsu_Accent_U
ORDER BY TalkID, BunsetsuID

#「形容詞＋名詞」を取得，出力結果を全部プリントアウトして形容詞の LUWLemma が「無
い」であるものを手作業でチェックし，対象から除外する。
● T_AN_noNAI
CREATE TABLE T_AN_noNAI AS
SELECT t1.TalkID TalkID, modifier.BunsetsuID BunsetsuID, modifier.Bunsetsu_

```
Accent||modified.Bunsetsu_Accent AccentPair, modifier.StartTime StartTime, modifier.
EndTime EndTime, modifier.OrthographicTranscription OrthographicTranscription,
modifier.Bunsetsu_Accent modifier_Bunsetsu_Accent, t1.LUWLemma LUWLemma, t1.LUWPOS
LUWPOS, modified.BunsetsuID BunsetsuID, modified.StartTime StartTime, modified.
EndTime EndTime, modified.OrthographicTranscription OrthographicTranscription,
modified.Bunsetsu_Accent modified_Bunsetsu_Accent, t5.LUWLemma LUWLemma, t5.LUWPOS
LUWPOS, t5.LUWMiscPOSInfo1 LUWMiscPOSInfo1, t7.LUWLemma LUWLemma, t7.LUWPOS
LUWPOS, t7.LUWMiscPOSInfo1 LUWMiscPOSInfo1, t8.APID AP1, t9.APID AP2
FROM subsegLUW t1
INNER JOIN relLUW2Bunsetsu t2 ON (t1.TalkID=t2.TalkID AND t1.LUWID=t2.LUWID AND
t1.LUWPOS="形容詞" AND t1.LUWLemma NOT LIKE "無い")
INNER JOIN T_segBunsetsu_Accent modifier ON (t2.TalkID=modifier.TalkID
AND t2.BunsetsuID=modifier.BunsetsuID
AND (modifier.OrthographicTranscription LIKE "%い" OR modifier.
OrthographicTranscription LIKE "%た")
AND modifier.OrthographicTranscription NOT LIKE "%といった"
AND modifier.OrthographicTranscription NOT LIKE "%だった"
AND modifier.OrthographicTranscription NOT LIKE "%くない%"
AND modifier.OrthographicTranscription NOT LIKE "%くなかった%"
AND modifier.OrthographicTranscription NOT LIKE "%<%"
AND modifier.OrthographicTranscription NOT LIKE "%>%"
AND modifier.OrthographicTranscription NOT LIKE "%(%"
AND modifier.OrthographicTranscription NOT LIKE "%)%")
INNER JOIN linkDepBunsetsu t3 ON (modifier.TalkID=t3.TalkID AND modifier.
BunsetsuID=t3.BunsetsuID)
INNER JOIN T_segBunsetsu_Accent modified ON (t3.TalkID=modified.TalkID
AND t3.ModifieeBunsetsuID=modified.BunsetsuID
AND modified.OrthographicTranscription NOT LIKE "%<%"
AND modified.OrthographicTranscription NOT LIKE "%>%"
AND modified.OrthographicTranscription NOT LIKE "%(%"
AND modified.OrthographicTranscription NOT LIKE "%)%")
INNER JOIN relLUW2Bunsetsu t4 ON (modified.TalkID=t4.TalkID AND modified.
BunsetsuID=t4.BunsetsuID)
INNER JOIN subsegLUW t5 ON (t4.TalkID=t5.TalkID AND t4.LUWID=t5.LUWID AND
t5.LUWPOS="名詞")
INNER JOIN relLUW2Bunsetsu t6 ON (modified.TalkID=t6.TalkID AND modified.
BunsetsuID=t6.BunsetsuID)
INNER JOIN subsegLUW t7 ON (t6.TalkID=t7.TalkID AND t6.LUWID=t7.LUWID AND
t6.nth=t6.len)
```

```
INNER JOIN segAP t8 ON (modifier.TalkID=t8.TalkID AND modifier.StartTime=t8.
StartTime)
INNER JOIN segAP t9 ON (modified.TalkID=t9.TalkID AND modified.EndTime=t9.EndTime)
WHERE modifier.EndTime=modified.StartTime
GROUP BY t1.TalkID, modifier.BunsetsuID
ORDER BY t1.TalkID, modifier.BunsetsuID
```

● T_AN_noNAI_2(T_AN_noNAI から dephrasing が生じたデータのみを取得する)

```
CREATE TABLE T_AN_noNAI_2 AS
SELECT t1.TalkID TalkID, modifier.BunsetsuID BunsetsuID, modifier.Bunsetsu_
Accent||modified.Bunsetsu_Accent AccentPair, modifier.StartTime StartTime, modifier.
EndTime EndTime, modifier.OrthographicTranscription OrthographicTranscription,
modifier.Bunsetsu_Accent modifier_Bunsetsu_Accent, t1.LUWLemma LUWLemma, t1.LUWPOS
LUWPOS, modified.BunsetsuID BunsetsuID, modified.StartTime StartTime, modified.
EndTime EndTime, modified.OrthographicTranscription OrthographicTranscription,
modified.Bunsetsu_Accent modified_Bunsetsu_Accent, t5.LUWLemma LUWLemma, t5.LUWPOS
LUWPOS, t5.LUWMiscPOSInfo1 LUWMiscPOSInfo1, t7.LUWLemma LUWLemma, t7.LUWPOS
LUWPOS, t7.LUWMiscPOSInfo1 LUWMiscPOSInfo1, t8.APID AP1, t9.APID AP2
FROM subsegLUW t1
INNER JOIN relLUW2Bunsetsu t2 ON (t1.TalkID=t2.TalkID AND t1.LUWID=t2.LUWID AND
t1.LUWPOS="形容詞" AND t1.LUWLemma NOT LIKE "無い")
INNER JOIN T_segBunsetsu_Accent modifier ON (t2.TalkID=modifier.TalkID
AND t2.BunsetsuID=modifier.BunsetsuID
AND (modifier.OrthographicTranscription LIKE "%い" OR modifier.
OrthographicTranscription LIKE "%た")
AND modifier.OrthographicTranscription NOT LIKE "%といった"
AND modifier.OrthographicTranscription NOT LIKE "%だった"
AND modifier.OrthographicTranscription NOT LIKE "%くない%"
AND modifier.OrthographicTranscription NOT LIKE "%くなかった%"
AND modifier.OrthographicTranscription NOT LIKE "%<%"
AND modifier.OrthographicTranscription NOT LIKE "%>%"
AND modifier.OrthographicTranscription NOT LIKE "%(%"
AND modifier.OrthographicTranscription NOT LIKE "%)%")
INNER JOIN linkDepBunsetsu t3 ON (modifier.TalkID=t3.TalkID AND modifier.
BunsetsuID=t3.BunsetsuID)
INNER JOIN T_segBunsetsu_Accent modified ON (t3.TalkID=modified.TalkID
AND t3.ModifieeBunsetsuID=modified.BunsetsuID
AND modified.OrthographicTranscription NOT LIKE "%<%"
AND modified.OrthographicTranscription NOT LIKE "%>%"
```

```
AND modified.OrthographicTranscription NOT LIKE "%(%"
AND modified.OrthographicTranscription NOT LIKE "%)%")
INNER JOIN relLUW2Bunsetsu t4 ON (modified.TalkID=t4.TalkID AND modified.
BunsetsuID=t4.BunsetsuID)
INNER JOIN subsegLUW t5 ON (t4.TalkID=t5.TalkID AND t4.LUWID=t5.LUWID AND
t5.LUWPOS="名詞")
INNER JOIN relLUW2Bunsetsu t6 ON (modified.TalkID=t6.TalkID AND modified.
BunsetsuID=t6.BunsetsuID)
INNER JOIN subsegLUW t7 ON (t6.TalkID=t7.TalkID AND t6.LUWID=t7.LUWID AND
t6.nth=t6.len)
INNER JOIN segAP t8 ON (modifier.TalkID=t8.TalkID AND modifier.StartTime=t8.
StartTime)
INNER JOIN segAP t9 ON (modified.TalkID=t9.TalkID AND modified.EndTime=t9.EndTime)
WHERE modifier.EndTime=modified.StartTime AND t8.APID=t9.APID
GROUP BY t1.TalkID, modifier.BunsetsuID
ORDER BY t1.TalkID, modifier.BunsetsuID
```

\# 「動詞＋名詞」を取得
● T_VN
```
CREATE TABLE T_VN AS
SELECT t1.TalkID TalkID, modifier.BunsetsuID BunsetsuID, modifier.Bunsetsu_
Accent||modified.Bunsetsu_Accent AccentPair, modifier.StartTime StartTime, modifier.
EndTime EndTime, modifier.OrthographicTranscription OrthographicTranscription,
modifier.Bunsetsu_Accent modifier_Bunsetsu_Accent, t1.LUWLemma LUWLemma, t1.LUWPOS
LUWPOS, modified.BunsetsuID BunsetsuID, modified.StartTime StartTime, modified.
EndTime EndTime, modified.OrthographicTranscription OrthographicTranscription,
modified.Bunsetsu_Accent modified_Bunsetsu_Accent, t5.LUWLemma LUWLemma, t5.LUWPOS
LUWPOS, t5.LUWMiscPOSInfo1 LUWMiscPOSInfo1, t8.APID AP1, t9.APID AP2
FROM subsegLUW t1
INNER JOIN relLUW2Bunsetsu t2 ON (t1.TalkID=t2.TalkID AND t1.LUWID=t2.LUWID AND
t1.LUWPOS="動詞")
INNER JOIN T_segBunsetsu_Accent modifier ON (t2.TalkID=modifier.TalkID
AND t2.BunsetsuID=modifier.BunsetsuID
AND modifier.OrthographicTranscription NOT LIKE "%かった"
AND modifier.OrthographicTranscription NOT LIKE "%な"
AND modifier.OrthographicTranscription NOT LIKE "%か"
AND modifier.OrthographicTranscription NOT LIKE "%ない%"
AND modifier.OrthographicTranscription NOT LIKE "%は"
AND modifier.OrthographicTranscription NOT LIKE "%て"
```

```
AND modifier.OrthographicTranscription NOT LIKE "%で"
AND modifier.OrthographicTranscription NOT LIKE "%という%"
AND modifier.OrthographicTranscription NOT LIKE "%といった%"
AND modifier.OrthographicTranscription NOT LIKE "%ちゅう"
AND modifier.OrthographicTranscription NOT LIKE "%べき"
AND modifier.OrthographicTranscription NOT LIKE "%えるって"
AND modifier.OrthographicTranscription NOT LIKE "%い"
AND modifier.OrthographicTranscription NOT LIKE "%の"
AND modifier.OrthographicTranscription NOT LIKE "%も"
AND modifier.OrthographicTranscription NOT LIKE "%を"
AND modifier.OrthographicTranscription NOT LIKE "%か"
AND modifier.OrthographicTranscription NOT LIKE "%が"
AND modifier.OrthographicTranscription NOT LIKE "%と"
AND modifier.OrthographicTranscription NOT LIKE "%ね"
AND modifier.OrthographicTranscription NOT LIKE "%ら"
AND modifier.OrthographicTranscription NOT LIKE "%し"
AND modifier.OrthographicTranscription NOT LIKE "%ば"
AND modifier.OrthographicTranscription NOT LIKE "%ん"
AND modifier.OrthographicTranscription NOT LIKE "%に"
AND modifier.OrthographicTranscription NOT LIKE "%など"
AND modifier.OrthographicTranscription NOT LIKE "%まで"
AND modifier.OrthographicTranscription NOT LIKE "%しって"
AND modifier.OrthographicTranscription NOT LIKE "%り"
AND modifier.OrthographicTranscription NOT LIKE "%つつ"
AND modifier.OrthographicTranscription NOT LIKE "%りって"
AND modifier.OrthographicTranscription NOT LIKE "%ようって"
AND modifier.OrthographicTranscription NOT LIKE "%程"
AND modifier.OrthographicTranscription NOT LIKE "%わぬ"
AND modifier.OrthographicTranscription NOT LIKE "%らぬ"
AND modifier.OrthographicTranscription NOT LIKE "%ます"
AND modifier.OrthographicTranscription NOT LIKE "%ました"
AND modifier.OrthographicTranscription NOT LIKE "%とした"
AND modifier.OrthographicTranscription NOT LIKE "%である"
AND modifier.OrthographicTranscription NOT LIKE "%そういう%"
AND modifier.OrthographicTranscription NOT LIKE "%こういう%"
AND modifier.OrthographicTranscription NOT LIKE "%ていう%"
AND modifier.OrthographicTranscription NOT LIKE "%そういった%"
AND modifier.OrthographicTranscription NOT LIKE "%こういった%"
AND modifier.OrthographicTranscription NOT LIKE "%どういう%"
```

```
AND modifier.OrthographicTranscription NOT LIKE "%どういった%"
AND modifier.OrthographicTranscription NOT LIKE "%こうする"
AND modifier.OrthographicTranscription NOT LIKE "%こうした"
AND modifier.OrthographicTranscription NOT LIKE "%そうした"
AND modifier.OrthographicTranscription NOT LIKE "%とかいう"
AND modifier.OrthographicTranscription NOT LIKE "%ああいう"
AND modifier.OrthographicTranscription NOT LIKE "%そういう"
AND modifier.OrthographicTranscription NOT LIKE "%こういう"
AND modifier.OrthographicTranscription NOT LIKE "%そうこうしてる"
AND modifier.OrthographicTranscription NOT LIKE "%そうして%"
AND modifier.OrthographicTranscription NOT LIKE "%どうして%"
AND modifier.OrthographicTranscription NOT LIKE "%良過ぎる"
AND modifier.OrthographicTranscription NOT LIKE "%なく"
AND modifier.OrthographicTranscription NOT LIKE "%ところ"
AND modifier.OrthographicTranscription NOT LIKE "%もたもたもたもた%"
AND modifier.OrthographicTranscription NOT LIKE "%っつった"
AND modifier.OrthographicTranscription NOT LIKE "%<%"
AND modifier.OrthographicTranscription NOT LIKE "%>%"
AND modifier.OrthographicTranscription NOT LIKE "%(%"
AND modifier.OrthographicTranscription NOT LIKE "%)%")
INNER JOIN linkDepBunsetsu t3 ON (modifier.TalkID=t3.TalkID AND modifier.
BunsetsuID=t3.BunsetsuID)
INNER JOIN T_segBunsetsu_Accent modified ON (t3.TalkID=modified.TalkID
AND t3.ModifieeBunsetsuID=modified.BunsetsuID
AND modified.OrthographicTranscription NOT LIKE "%<%"
AND modified.OrthographicTranscription NOT LIKE "%>%"
AND modified.OrthographicTranscription NOT LIKE "%(%"
AND modified.OrthographicTranscription NOT LIKE "%)%")
INNER JOIN relLUW2Bunsetsu t4 ON (modified.TalkID=t4.TalkID AND modified.
BunsetsuID=t4.BunsetsuID)
INNER JOIN subsegLUW t5 ON (t4.TalkID=t5.TalkID AND t4.LUWID=t5.LUWID  AND
t5.LUWPOS="名詞")
INNER JOIN relLUW2Bunsetsu t6 ON (modified.TalkID=t6.TalkID AND modified.
BunsetsuID=t6.BunsetsuID)
INNER JOIN subsegLUW t7 ON (t6.TalkID=t7.TalkID AND t6.LUWID=t7.LUWID AND
t6.nth=t6.len)
INNER JOIN segAP t8 ON (modifier.TalkID=t8.TalkID AND modifier.StartTime=t8.
StartTime)
INNER JOIN segAP t9 ON (modified.TalkID=t9.TalkID AND modified.EndTime=t9.EndTime)
```

```
WHERE modifier.EndTime=modified.StartTime
GROUP BY t1.TalkID, modifier.BunsetsuID
ORDER BY t1.TalkID, modifier.BunsetsuID
```

● T_VN_2(T_VN から dephrasing が生じたデータのみを取得する)

```
CREATE TABLE T_VN_2 AS
SELECT t1.TalkID TalkID, modifier.BunsetsuID BunsetsuID, modifier.Bunsetsu_
Accent||modified.Bunsetsu_Accent AccentPair, modifier.StartTime StartTime, modifier.
EndTime EndTime, modifier.OrthographicTranscription OrthographicTranscription,
modifier.Bunsetsu_Accent modifier_Bunsetsu_Accent, t1.LUWLemma LUWLemma, t1.LUWPOS
LUWPOS, modified.BunsetsuID BunsetsuID, modified.StartTime StartTime, modified.
EndTime EndTime, modified.OrthographicTranscription OrthographicTranscription,
modified.Bunsetsu_Accent modified_Bunsetsu_Accent, t5.LUWLemma LUWLemma, t5.LUWPOS
LUWPOS, t5.LUWMiscPOSInfo1 LUWMiscPOSInfo1, t8.APID AP1, t9.APID AP2
FROM subsegLUW t1
INNER JOIN relLUW2Bunsetsu t2 ON (t1.TalkID=t2.TalkID AND t1.LUWID=t2.LUWID AND
t1.LUWPOS="動詞")
INNER JOIN T_segBunsetsu_Accent modifier ON (t2.TalkID=modifier.TalkID
AND t2.BunsetsuID=modifier.BunsetsuID
AND modifier.OrthographicTranscription NOT LIKE "%かった"
AND modifier.OrthographicTranscription NOT LIKE "%な"
AND modifier.OrthographicTranscription NOT LIKE "%か"
AND modifier.OrthographicTranscription NOT LIKE "%ない%"
AND modifier.OrthographicTranscription NOT LIKE "%は"
AND modifier.OrthographicTranscription NOT LIKE "%て"
AND modifier.OrthographicTranscription NOT LIKE "%で"
AND modifier.OrthographicTranscription NOT LIKE "%という%"
AND modifier.OrthographicTranscription NOT LIKE "%といった%"
AND modifier.OrthographicTranscription NOT LIKE "%ちゅう"
AND modifier.OrthographicTranscription NOT LIKE "%べき"
AND modifier.OrthographicTranscription NOT LIKE "%えるって"
AND modifier.OrthographicTranscription NOT LIKE "%い"
AND modifier.OrthographicTranscription NOT LIKE "%の"
AND modifier.OrthographicTranscription NOT LIKE "%も"
AND modifier.OrthographicTranscription NOT LIKE "%を"
AND modifier.OrthographicTranscription NOT LIKE "%か"
AND modifier.OrthographicTranscription NOT LIKE "%が"
AND modifier.OrthographicTranscription NOT LIKE "%と"
AND modifier.OrthographicTranscription NOT LIKE "%ね"
```

```
AND modifier.OrthographicTranscription NOT LIKE "%ら"
AND modifier.OrthographicTranscription NOT LIKE "%し"
AND modifier.OrthographicTranscription NOT LIKE "%ば"
AND modifier.OrthographicTranscription NOT LIKE "%ん"
AND modifier.OrthographicTranscription NOT LIKE "%に"
AND modifier.OrthographicTranscription NOT LIKE "%など"
AND modifier.OrthographicTranscription NOT LIKE "%まで"
AND modifier.OrthographicTranscription NOT LIKE "%しって"
AND modifier.OrthographicTranscription NOT LIKE "%り"
AND modifier.OrthographicTranscription NOT LIKE "%つつ"
AND modifier.OrthographicTranscription NOT LIKE "%りって"
AND modifier.OrthographicTranscription NOT LIKE "%ようって"
AND modifier.OrthographicTranscription NOT LIKE "%程"
AND modifier.OrthographicTranscription NOT LIKE "%わぬ"
AND modifier.OrthographicTranscription NOT LIKE "%らぬ"
AND modifier.OrthographicTranscription NOT LIKE "%ます"
AND modifier.OrthographicTranscription NOT LIKE "%ました"
AND modifier.OrthographicTranscription NOT LIKE "%とした"
AND modifier.OrthographicTranscription NOT LIKE "%である"
AND modifier.OrthographicTranscription NOT LIKE "%そういう%"
AND modifier.OrthographicTranscription NOT LIKE "%こういう%"
AND modifier.OrthographicTranscription NOT LIKE "%ていう%"
AND modifier.OrthographicTranscription NOT LIKE "%そういった%"
AND modifier.OrthographicTranscription NOT LIKE "%こういった%"
AND modifier.OrthographicTranscription NOT LIKE "%どういう%"
AND modifier.OrthographicTranscription NOT LIKE "%どういった%"
AND modifier.OrthographicTranscription NOT LIKE "%こうする"
AND modifier.OrthographicTranscription NOT LIKE "%こうした"
AND modifier.OrthographicTranscription NOT LIKE "%そうした"
AND modifier.OrthographicTranscription NOT LIKE "%とかいう"
AND modifier.OrthographicTranscription NOT LIKE "%ああいう"
AND modifier.OrthographicTranscription NOT LIKE "%そういう"
AND modifier.OrthographicTranscription NOT LIKE "%こういう"
AND modifier.OrthographicTranscription NOT LIKE "%そうこうしてる"
AND modifier.OrthographicTranscription NOT LIKE "%そうして%"
AND modifier.OrthographicTranscription NOT LIKE "%どうして%"
AND modifier.OrthographicTranscription NOT LIKE "%良過ぎる"
AND modifier.OrthographicTranscription NOT LIKE "%なく"
AND modifier.OrthographicTranscription NOT LIKE "%ところ"
```

```
AND modifier.OrthographicTranscription NOT LIKE "%もたもたもたもた%"
AND modifier.OrthographicTranscription NOT LIKE "%っつった"
AND modifier.OrthographicTranscription NOT LIKE "%<%"
AND modifier.OrthographicTranscription NOT LIKE "%>%"
AND modifier.OrthographicTranscription NOT LIKE "%(%"
AND modifier.OrthographicTranscription NOT LIKE "%)%")
INNER JOIN linkDepBunsetsu t3 ON (modifier.TalkID=t3.TalkID AND modifier.
BunsetsuID=t3.BunsetsuID)
INNER JOIN T_segBunsetsu_Accent modified ON (t3.TalkID=modified.TalkID
AND t3.ModifieeBunsetsuID=modified.BunsetsuID
AND modified.OrthographicTranscription NOT LIKE "%<%"
AND modified.OrthographicTranscription NOT LIKE "%>%"
AND modified.OrthographicTranscription NOT LIKE "%(%"
AND modified.OrthographicTranscription NOT LIKE "%)%")
INNER JOIN relLUW2Bunsetsu t4 ON (modified.TalkID=t4.TalkID AND modified.
BunsetsuID=t4.BunsetsuID)
INNER JOIN subsegLUW t5 ON (t4.TalkID=t5.TalkID AND t4.LUWID=t5.LUWID AND
t5.LUWPOS="名詞")
INNER JOIN relLUW2Bunsetsu t6 ON (modified.TalkID=t6.TalkID AND modified.
BunsetsuID=t6.BunsetsuID)
INNER JOIN subsegLUW t7 ON (t6.TalkID=t7.TalkID AND t6.LUWID=t7.LUWID AND
t6.nth=t6.len)
INNER JOIN segAP t8 ON (modifier.TalkID=t8.TalkID AND modifier.StartTime=t8.
StartTime)
INNER JOIN segAP t9 ON (modified.TalkID=t9.TalkID AND modified.EndTime=t9.EndTime)
WHERE modifier.EndTime=modified.StartTime AND t8.APID=t9.APID
GROUP BY t1.TalkID, modifier.BunsetsuID
ORDER BY t1.TalkID, modifier.BunsetsuID
```

\# 「名詞ノ＋名詞」を取得

● T_NN

```
CREATE TABLE T_NN AS
SELECT t1.TalkID TalkID, modifier.Bunsetsu_Accent||modified.Bunsetsu_Accent
AccentPair, modifier.BunsetsuID BunsetsuID, modifier.StartTime StartTime, modifier.
EndTime EndTime, modifier.OrthographicTranscription OrthographicTranscription,
modifier.Bunsetsu_Accent modifier_Bunsetsu_Accent, t1.LUWLemma LUWLemma,
t1.LUWPOS LUWPOS, t1.LUWMiscPOSInfo1 LUWMiscPOSInfo1, t4.LUWLemma LUWLemma,
t4.LUWPOS LUWPOS, t4.LUWMiscPOSInfo1 LUWMiscPOSInfo1, modified.BunsetsuID
BunsetsuID, modified.StartTime StartTime, modified.EndTime EndTime, modified.
```

```
OrthographicTranscription OrthographicTranscription, modified.Bunsetsu_
Accent modified_Bunsetsu_Accent, t7.LUWLemma LUWLemma, t7.LUWPOS LUWPOS,
t7.LUWMiscPOSInfo1 LUWMiscPOSInfo1, t9.LUWLemma LUWLemma, t9.LUWPOS LUWPOS,
t9.LUWMiscPOSInfo1 LUWMiscPOSInfo1, t10.APID AP1, t11.APID AP2
FROM subsegLUW t1
INNER JOIN relLUW2Bunsetsu t2 ON (t1.TalkID=t2.TalkID AND t1.LUWID=t2.LUWID AND
t1.LUWPOS="名詞" AND t2.nth =t2.len-1)
INNER JOIN T_segBunsetsu_Accent modifier ON (t2.TalkID=modifier.TalkID
AND t2.BunsetsuID=modifier.BunsetsuID
AND modifier.OrthographicTranscription NOT LIKE "%のところ%"
AND modifier.OrthographicTranscription NOT LIKE "%ようなものの%"
AND modifier.OrthographicTranscription NOT LIKE "%たものの"
AND modifier.OrthographicTranscription NOT LIKE "%いうものの"
AND modifier.OrthographicTranscription NOT LIKE "%たところ%"
AND modifier.OrthographicTranscription NOT LIKE "%るところ%"
AND modifier.OrthographicTranscription NOT LIKE "%たところ%"
AND modifier.OrthographicTranscription NOT LIKE "%なところ%"
AND modifier.OrthographicTranscription NOT LIKE "%のもの%"
AND modifier.OrthographicTranscription NOT LIKE "%(%"
AND modifier.OrthographicTranscription NOT LIKE "%)%"
AND modifier.OrthographicTranscription NOT LIKE "%<%"
AND modifier.OrthographicTranscription NOT LIKE "%>%")
INNER JOIN relLUW2Bunsetsu t3 ON (modifier.TalkID=t3.TalkID AND modifier.
BunsetsuID=t3.BunsetsuID)
INNER JOIN subsegLUW t4 ON (t3.TalkID=t4.TalkID AND t3.LUWID=t4.LUWID AND
t3.nth=t3.len AND t4.LUWMiscPOSInfo1="格助詞" AND t4.LUWLemma="の")
INNER JOIN linkDepBunsetsu t5 ON (modifier.TalkID=t5.TalkID AND modifier.
BunsetsuID=t5.BunsetsuID)
INNER JOIN T_segBunsetsu_Accent modified ON (t5.TalkID=modified.TalkID
AND t5.ModifieeBunsetsuID=modified.BunsetsuID
AND modified.OrthographicTranscription NOT LIKE "%(%"
AND modified.OrthographicTranscription NOT LIKE "%)%"
AND modified.OrthographicTranscription NOT LIKE "%<%"
AND modified.OrthographicTranscription NOT LIKE "%>%")
INNER JOIN relLUW2Bunsetsu t6 ON (modified.TalkID=t6.TalkID AND modified.
BunsetsuID=t6.BunsetsuID)
INNER JOIN subsegLUW t7 ON (t6.TalkID=t7.TalkID AND t6.LUWID=t7.LUWID AND
t7.LUWPOS="名詞")
INNER JOIN relLUW2Bunsetsu t8 ON (modified.TalkID=t8.TalkID AND modified.
```

216 | 付録3

```
BunsetsuID=t8.BunsetsuID)
INNER JOIN subsegLUW t9 ON (t8.TalkID=t9.TalkID AND t8.LUWID=t9.LUWID AND
t8.nth=t8.len)
INNER JOIN segAP t10 ON (modifier.TalkID=t10.TalkID AND modifier.StartTime=t10.
StartTime)
INNER JOIN segAP t11 ON (modified.TalkID=t11.TalkID AND modified.EndTime=t11.
EndTime)
WHERE modifier.EndTime=modified.StartTime
GROUP BY t1.TalkID, modifier.BunsetsuID
ORDER BY t1.TalkID, modifier.BunsetsuID
```

● T_NN_2(T_NN から dephrasing が生じたデータのみを取得する)

```
CREATE TABLE T_NN_2 AS
SELECT t1.TalkID TalkID, modifier.Bunsetsu_Accent||modified.Bunsetsu_Accent
AccentPair, modifier.BunsetsuID BunsetsuID, modifier.StartTime StartTime, modifier.
EndTime EndTime, modifier.OrthographicTranscription OrthographicTranscription,
modifier.Bunsetsu_Accent modifier_Bunsetsu_Accent, t1.LUWLemma LUWLemma,
t1.LUWPOS LUWPOS, t1.LUWMiscPOSInfo1 LUWMiscPOSInfo1, t4.LUWLemma LUWLemma,
t4.LUWPOS LUWPOS, t4.LUWMiscPOSInfo1 LUWMiscPOSInfo1, modified.BunsetsuID
BunsetsuID, modified.StartTime StartTime, modified.EndTime EndTime, modified.
OrthographicTranscription OrthographicTranscription, modified.Bunsetsu_
Accent modified_Bunsetsu_Accent, t7.LUWLemma LUWLemma, t7.LUWPOS LUWPOS,
t7.LUWMiscPOSInfo1 LUWMiscPOSInfo1, t9.LUWLemma LUWLemma, t9.LUWPOS LUWPOS,
t9.LUWMiscPOSInfo1 LUWMiscPOSInfo1, t10.APID AP1, t11.APID AP2
FROM subsegLUW t1
INNER JOIN relLUW2Bunsetsu t2 ON (t1.TalkID=t2.TalkID AND t1.LUWID=t2.LUWID AND
t1.LUWPOS="名詞" AND t2.nth =t2.len-1)
INNER JOIN T_segBunsetsu_Accent modifier ON (t2.TalkID=modifier.TalkID
AND t2.BunsetsuID=modifier.BunsetsuID
AND modifier.OrthographicTranscription NOT LIKE "%のところ%"
AND modifier.OrthographicTranscription NOT LIKE "%ようなもの%"
AND modifier.OrthographicTranscription NOT LIKE "%たものの"
AND modifier.OrthographicTranscription NOT LIKE "%いうものの"
AND modifier.OrthographicTranscription NOT LIKE "%たところ%"
AND modifier.OrthographicTranscription NOT LIKE "%るところ%"
AND modifier.OrthographicTranscription NOT LIKE "%たところ%"
AND modifier.OrthographicTranscription NOT LIKE "%なところ%"
AND modifier.OrthographicTranscription NOT LIKE "%のもの%"
AND modifier.OrthographicTranscription NOT LIKE "%(%"
```

```sql
AND modifier.OrthographicTranscription NOT LIKE "%)%"
AND modifier.OrthographicTranscription NOT LIKE "%<%"
AND modifier.OrthographicTranscription NOT LIKE "%>%")
INNER JOIN relLUW2Bunsetsu t3 ON (modifier.TalkID=t3.TalkID AND modifier.
BunsetsuID=t3.BunsetsuID)
INNER JOIN subsegLUW t4 ON (t3.TalkID=t4.TalkID AND t3.LUWID=t4.LUWID AND
t3.nth=t3.len AND t4.LUWMiscPOSInfo1="格助詞" AND t4.LUWLemma="の")
INNER JOIN linkDepBunsetsu t5 ON (modifier.TalkID=t5.TalkID AND modifier.
BunsetsuID=t5.BunsetsuID)
INNER JOIN T_segBunsetsu_Accent modified ON (t5.TalkID=modified.TalkID
AND t5.ModifieeBunsetsuID=modified.BunsetsuID
AND modified.OrthographicTranscription NOT LIKE "%(%"
AND modified.OrthographicTranscription NOT LIKE "%)%"
AND modified.OrthographicTranscription NOT LIKE "%<%"
AND modified.OrthographicTranscription NOT LIKE "%>%")
INNER JOIN relLUW2Bunsetsu t6 ON (modified.TalkID=t6.TalkID AND modified.
BunsetsuID=t6.BunsetsuID)
INNER JOIN subsegLUW t7 ON (t6.TalkID=t7.TalkID AND t6.LUWID=t7.LUWID AND
t7.LUWPOS="名詞")
INNER JOIN relLUW2Bunsetsu t8 ON (modified.TalkID=t8.TalkID AND modified.
BunsetsuID=t8.BunsetsuID)
INNER JOIN subsegLUW t9 ON (t8.TalkID=t9.TalkID AND t8.LUWID=t9.LUWID AND
t8.nth=t8.len)
INNER JOIN segAP t10 ON (modifier.TalkID=t10.TalkID AND modifier.StartTime=t10.
StartTime)
INNER JOIN segAP t11 ON (modified.TalkID=t11.TalkID AND modified.EndTime=t11.
EndTime)
WHERE modifier.EndTime=modified.StartTime AND t10.APID=t11.APID
GROUP BY t1.TalkID, modifier.BunsetsuID
ORDER BY t1.TalkID, modifier.BunsetsuID
```

＃「名詞ガ格＋動詞」を取得
● T_gaV

```sql
CREATE TABLE T_gaV AS
SELECT t1.TalkID TalkID, modifier.BunsetsuID BunsetsuID, modifier.StartTime
StartTime, modifier.EndTime EndTime, modifier.OrthographicTranscription
OrthographicTranscription, modifier.Bunsetsu_Accent modifier_Bunsetsu_Accent,
t1.LUWLemma LUWLemma, t1.LUWPOS LUWPOS, t1.LUWMiscPOSInfo1 LUWMiscPOSInfo1,
t4.LUWLemma LUWLemma, t4.LUWMiscPOSInfo1 LUWMiscPOSInfo1, modified.BunsetsuID
```

218 | 付録3

```
BunsetsuID, modified.StartTime StartTime, modified.EndTime EndTime, modified.
OrthographicTranscription OrthographicTranscription, modified.Bunsetsu_Accent
modified_Bunsetsu_Accent, t7.LUWLemma LUWLemma, t7.LUWPOS LUWPOS, t9.LUWLemma
LUWLemma, t9.LUWPOS LUWPOS, t9.LUWMiscPOSInfo1 LUWMiscPOSInfo1, t10.APID AP1,
t11.APID AP2
FROM subsegLUW t1
INNER JOIN relLUW2Bunsetsu t2 ON (t1.TalkID=t2.TalkID AND t1.LUWID=t2.LUWID AND
t2.nth=t2.len-1 AND t1.LUWPOS="名詞")
INNER JOIN T_segBunsetsu_Accent modifier ON (t2.TalkID=modifier.TalkID
AND t2.BunsetsuID=modifier.BunsetsuID
AND modifier.OrthographicTranscription NOT LIKE "% という %"
AND modifier.OrthographicTranscription NOT LIKE "% といった %"
AND modifier.OrthographicTranscription NOT LIKE "% ていう %"
AND modifier.OrthographicTranscription NOT LIKE "% ている %"
AND modifier.OrthographicTranscription NOT LIKE "% ていない "
AND modifier.OrthographicTranscription NOT LIKE "% による %"
AND modifier.OrthographicTranscription NOT LIKE "% れない %"
AND modifier.OrthographicTranscription NOT LIKE "% ている %"
AND modifier.OrthographicTranscription NOT LIKE "% なもの %"
AND modifier.OrthographicTranscription NOT LIKE "% んなもの %"
AND modifier.OrthographicTranscription NOT LIKE "% こういった %"
AND modifier.OrthographicTranscription NOT LIKE "% こういう %"
AND modifier.OrthographicTranscription NOT LIKE "% そういった %"
AND modifier.OrthographicTranscription NOT LIKE "% そういう %"
AND modifier.OrthographicTranscription NOT LIKE "% ような %"
AND modifier.OrthographicTranscription NOT LIKE "% しい %"
AND modifier.OrthographicTranscription NOT LIKE "% にくい %"
AND modifier.OrthographicTranscription NOT LIKE "% ったもの %"
AND modifier.OrthographicTranscription NOT LIKE "% するもの %"
AND modifier.OrthographicTranscription NOT LIKE "% れる %"
AND modifier.OrthographicTranscription NOT LIKE "% どういう %"
AND modifier.OrthographicTranscription NOT LIKE "% のもの %"
AND modifier.OrthographicTranscription NOT LIKE "% です %"
AND modifier.OrthographicTranscription NOT LIKE "% てない %"
AND modifier.OrthographicTranscription NOT LIKE "% ない %"
AND modifier.OrthographicTranscription NOT LIKE "% るもの %"
AND modifier.OrthographicTranscription NOT LIKE "% なところ %"
AND modifier.OrthographicTranscription NOT LIKE "% いもの %"
AND modifier.OrthographicTranscription NOT LIKE "% のとこ %"
```

```
AND modifier.OrthographicTranscription NOT LIKE "%るとこ%"
AND modifier.OrthographicTranscription NOT LIKE "%のところ%"
AND modifier.OrthographicTranscription NOT LIKE "%てる%"
AND modifier.OrthographicTranscription NOT LIKE "%のところ%"
AND modifier.OrthographicTranscription NOT LIKE "%るもん%"
AND modifier.OrthographicTranscription NOT LIKE "%いところが%"
AND modifier.OrthographicTranscription NOT LIKE "%うものが%"
AND modifier.OrthographicTranscription NOT LIKE "%なとこが%"
AND modifier.OrthographicTranscription NOT LIKE "%ちゅう訳が%"
AND modifier.OrthographicTranscription NOT LIKE "%いもんが%"
AND modifier.OrthographicTranscription NOT LIKE "%<%"
AND modifier.OrthographicTranscription NOT LIKE "%>%"
AND modifier.OrthographicTranscription NOT LIKE "%(%"
AND modifier.OrthographicTranscription NOT LIKE "%)%")
INNER JOIN relLUW2Bunsetsu t3 ON (modifier.TalkID=t3.TalkID AND modifier.
BunsetsuID=t3.BunsetsuID)
INNER JOIN subsegLUW t4 ON (t3.TalkID=t4.TalkID AND t3.LUWID=t4.LUWID AND
t3.nth=t3.len AND t3.nth=t3.len AND t4.LUWLemma="が" AND t4.LUWMiscPOSInfo1="
格助詞")
INNER JOIN linkDepBunsetsu t5 ON (modifier.TalkID=t5.TalkID AND modifier.
BunsetsuID=t5.BunsetsuID)
INNER JOIN T_segBunsetsu_Accent modified ON (t5.TalkID=modified.TalkID
AND t5.modifieeBunsetsuID=modified.BunsetsuID
AND modified.OrthographicTranscription NOT LIKE "%<%"
AND modified.OrthographicTranscription NOT LIKE "%>%"
AND modified.OrthographicTranscription NOT LIKE "%(%"
AND modified.OrthographicTranscription NOT LIKE "%)%")
INNER JOIN relLUW2Bunsetsu t6 ON (modified.TalkID=t6.TalkID AND modified.
BunsetsuID=t6.BunsetsuID)
INNER JOIN subsegLUW t7 ON (t6.TalkID=t7.TalkID AND t6.LUWID=t7.LUWID AND
t7.LUWPOS="動詞")
INNER JOIN relLUW2Bunsetsu t8 ON (modified.TalkID=t8.TalkID AND modified.
BunsetsuID=t8.BunsetsuID)
INNER JOIN subsegLUW t9 ON (t8.TalkID=t9.TalkID AND t8.LUWID=t9.LUWID AND
t8.nth=t8.len)
INNER JOIN segAP t10 ON (modifier.TalkID=t10.TalkID AND modifier.StartTime=t10.
StartTime)
INNER JOIN segAP t11 ON (modified.TalkID=t11.TalkID AND modified.EndTime=t11.
EndTime)
```

220 | 付録3

```
WHERE modifier.EndTime=modified.StartTime
GROUP BY t1.TalkID, modifier.BunsetsuID
ORDER BY t1.TalkID, modifier.BunsetsuID
```

● T_gaV_2（T_gaV から dephrasing が生じたデータのみを取得する）
```
CREATE TABLE T_gaV_2 AS
SELECT t1.TalkID TalkID, modifier.BunsetsuID BunsetsuID, modifier.StartTime
StartTime, modifier.EndTime EndTime, modifier.OrthographicTranscription
OrthographicTranscription, modifier.Bunsetsu_Accent modifier_Bunsetsu_Accent,
t1.LUWLemma LUWLemma, t1.LUWPOS LUWPOS, t1.LUWMiscPOSInfo1 LUWMiscPOSInfo1,
t4.LUWLemma LUWLemma, t4.LUWMiscPOSInfo1 LUWMiscPOSInfo1, modified.BunsetsuID
BunsetsuID, modified.StartTime StartTime, modified.EndTime EndTime, modified.
OrthographicTranscription OrthographicTranscription, modified.Bunsetsu_Accent
modified_Bunsetsu_Accent, t7.LUWLemma LUWLemma, t7.LUWPOS LUWPOS, t9.LUWLemma
LUWLemma, t9.LUWPOS LUWPOS, t9.LUWMiscPOSInfo1 LUWMiscPOSInfo1, t10.APID AP1,
t11.APID AP2
FROM subsegLUW t1
INNER JOIN relLUW2Bunsetsu t2 ON (t1.TalkID=t2.TalkID AND t1.LUWID=t2.LUWID AND
t2.nth=t2.len-1 AND t1.LUWPOS="名詞")
INNER JOIN T_segBunsetsu_Accent modifier ON (t2.TalkID=modifier.TalkID
AND t2.BunsetsuID=modifier.BunsetsuID
AND modifier.OrthographicTranscription NOT LIKE "%という%"
AND modifier.OrthographicTranscription NOT LIKE "%といった%"
AND modifier.OrthographicTranscription NOT LIKE "%ていう%"
AND modifier.OrthographicTranscription NOT LIKE "%ている%"
AND modifier.OrthographicTranscription NOT LIKE "%ていない"
AND modifier.OrthographicTranscription NOT LIKE "%による%"
AND modifier.OrthographicTranscription NOT LIKE "%れない%"
AND modifier.OrthographicTranscription NOT LIKE "%ている%"
AND modifier.OrthographicTranscription NOT LIKE "%なもの%"
AND modifier.OrthographicTranscription NOT LIKE "%んなもの%"
AND modifier.OrthographicTranscription NOT LIKE "%こういった%"
AND modifier.OrthographicTranscription NOT LIKE "%こういう%"
AND modifier.OrthographicTranscription NOT LIKE "%そういった%"
AND modifier.OrthographicTranscription NOT LIKE "%そういう%"
AND modifier.OrthographicTranscription NOT LIKE "%ような%"
AND modifier.OrthographicTranscription NOT LIKE "%しい%"
AND modifier.OrthographicTranscription NOT LIKE "%にくい%"
AND modifier.OrthographicTranscription NOT LIKE "%ったもの%"
```

```
AND modifier.OrthographicTranscription NOT LIKE "%するもの%"
AND modifier.OrthographicTranscription NOT LIKE "%れる%"
AND modifier.OrthographicTranscription NOT LIKE "%どういう%"
AND modifier.OrthographicTranscription NOT LIKE "%のもの%"
AND modifier.OrthographicTranscription NOT LIKE "%です%"
AND modifier.OrthographicTranscription NOT LIKE "%てない%"
AND modifier.OrthographicTranscription NOT LIKE "%ない%"
AND modifier.OrthographicTranscription NOT LIKE "%るもの%"
AND modifier.OrthographicTranscription NOT LIKE "%なところ%"
AND modifier.OrthographicTranscription NOT LIKE "%いもの%"
AND modifier.OrthographicTranscription NOT LIKE "%のとこ%"
AND modifier.OrthographicTranscription NOT LIKE "%るとこ%"
AND modifier.OrthographicTranscription NOT LIKE "%のところ%"
AND modifier.OrthographicTranscription NOT LIKE "%てる%"
AND modifier.OrthographicTranscription NOT LIKE "%のところ%"
AND modifier.OrthographicTranscription NOT LIKE "%るもん%"
AND modifier.OrthographicTranscription NOT LIKE "%いところが%"
AND modifier.OrthographicTranscription NOT LIKE "%うものが%"
AND modifier.OrthographicTranscription NOT LIKE "%なとこが%"
AND modifier.OrthographicTranscription NOT LIKE "%ちゅう訳が%"
AND modifier.OrthographicTranscription NOT LIKE "%いもんが%"
AND modifier.OrthographicTranscription NOT LIKE "%<%"
AND modifier.OrthographicTranscription NOT LIKE "%>%"
AND modifier.OrthographicTranscription NOT LIKE "%(%"
AND modifier.OrthographicTranscription NOT LIKE "%)%")
INNER JOIN relLUW2Bunsetsu t3 ON (modifier.TalkID=t3.TalkID AND modifier.
BunsetsuID=t3.BunsetsuID)
INNER JOIN subsegLUW t4 ON (t3.TalkID=t4.TalkID AND t3.LUWID=t4.LUWID AND
t3.nth=t3.len AND t3.nth=t3.len AND t4.LUWLemma="が" AND t4.LUWMiscPOSInfo1="
格助詞")
INNER JOIN linkDepBunsetsu t5 ON (modifier.TalkID=t5.TalkID AND modifier.
BunsetsuID=t5.BunsetsuID)
INNER JOIN T_segBunsetsu_Accent modified ON (t5.TalkID=modified.TalkID
AND t5.modifieeBunsetsuID=modified.BunsetsuID
AND modified.OrthographicTranscription NOT LIKE "%<%"
AND modified.OrthographicTranscription NOT LIKE "%>%"
AND modified.OrthographicTranscription NOT LIKE "%(%"
AND modified.OrthographicTranscription NOT LIKE "%)%")
INNER JOIN relLUW2Bunsetsu t6 ON (modified.TalkID=t6.TalkID AND modified.
```

222 | 付録3

```
BunsetsuID=t6.BunsetsuID)
INNER JOIN subsegLUW t7 ON (t6.TalkID=t7.TalkID AND t6.LUWID=t7.LUWID AND
t7.LUWPOS="動詞")
INNER JOIN relLUW2Bunsetsu t8 ON (modified.TalkID=t8.TalkID AND modified.
BunsetsuID=t8.BunsetsuID)
INNER JOIN subsegLUW t9 ON (t8.TalkID=t9.TalkID AND t8.LUWID=t9.LUWID AND
t8.nth=t8.len)
INNER JOIN segAP t10 ON (modifier.TalkID=t10.TalkID AND modifier.StartTime=t10.
StartTime)
INNER JOIN segAP t11 ON (modified.TalkID=t11.TalkID AND modified.EndTime=t11.
EndTime) WHERE modifier.EndTime=modified.StartTime AND t10.APID=t11.APID
GROUP BY t1.TalkID, modifier.BunsetsuID
ORDER BY t1.TalkID, modifier.BunsetsuID
```

「名詞ヲ格＋動詞」を取得
● T_woV

```
CREATE TABLE T_woV AS
SELECT t1.TalkID TalkID, modifier.BunsetsuID BunsetsuID, modifier.StartTime
StartTime, modifier.EndTime EndTime, modifier.OrthographicTranscription
OrthographicTranscription, modifier.Bunsetsu_Accent modifier_Bunsetsu_Accent,
t1.LUWLemma LUWLemma, t1.LUWPOS LUWPOS, t1.LUWMiscPOSInfo1 LUWMiscPOSInfo1,
t4.LUWLemma LUWLemma, t4.LUWMiscPOSInfo1 LUWMiscPOSInfo1, modified.BunsetsuID
BunsetsuID, modified.StartTime StartTime, modified.EndTime EndTime, modified.
OrthographicTranscription OrthographicTranscription, modified.Bunsetsu_Accent
modified_Bunsetsu_Accent, t7.LUWLemma LUWLemma, t7.LUWPOS LUWPOS, t9.LUWLemma
LUWLemma, t9.LUWPOS LUWPOS, t9.LUWMiscPOSInfo1 LUWMiscPOSInfo1, t10.APID AP1,
t11.APID AP2
FROM subsegLUW t1
INNER JOIN relLUW2Bunsetsu t2 ON (t1.TalkID=t2.TalkID AND t1.LUWID=t2.LUWID AND
t2.nth=t2.len-1 AND t1.LUWPOS="名詞")
INNER JOIN T_segBunsetsu_Accent modifier ON (t2.TalkID=modifier.TalkID
AND t2.BunsetsuID=modifier.BunsetsuID
AND modifier.OrthographicTranscription NOT LIKE "%という%"
AND modifier.OrthographicTranscription NOT LIKE "%といった%"
AND modifier.OrthographicTranscription NOT LIKE "%ている%"
AND modifier.OrthographicTranscription NOT LIKE "%ていう%"
AND modifier.OrthographicTranscription NOT LIKE "%こういった%"
AND modifier.OrthographicTranscription NOT LIKE "%した%"
AND modifier.OrthographicTranscription NOT LIKE "%のもの%"
```

```
AND modifier.OrthographicTranscription NOT LIKE "%ような%"
AND modifier.OrthographicTranscription NOT LIKE "%ないもの%"
AND modifier.OrthographicTranscription NOT LIKE "%みたいな%"
AND modifier.OrthographicTranscription NOT LIKE "%そのもの%"
AND modifier.OrthographicTranscription NOT LIKE "%あるもの%"
AND modifier.OrthographicTranscription NOT LIKE "%たもの%"
AND modifier.OrthographicTranscription NOT LIKE "%した%"
AND modifier.OrthographicTranscription NOT LIKE "%そういう%"
AND modifier.OrthographicTranscription NOT LIKE "%こういう%"
AND modifier.OrthographicTranscription NOT LIKE "%いもの%"
AND modifier.OrthographicTranscription NOT LIKE "%なもの%"
AND modifier.OrthographicTranscription NOT LIKE "%てる%"
AND modifier.OrthographicTranscription NOT LIKE "%しいもの%"
AND modifier.OrthographicTranscription NOT LIKE "%<%"
AND modifier.OrthographicTranscription NOT LIKE "%>%"
AND modifier.OrthographicTranscription NOT LIKE "%(%"
AND modifier.OrthographicTranscription NOT LIKE "%)%")
INNER JOIN relLUW2Bunsetsu t3 ON (modifier.TalkID=t3.TalkID AND modifier.
BunsetsuID=t3.BunsetsuID)
INNER JOIN subsegLUW t4 ON (t3.TalkID=t4.TalkID AND t3.LUWID=t4.LUWID AND
t3.nth=t3.len AND t3.nth=t3.len AND t4.LUWLemma="を" AND t4.LUWMiscPOSInfo1="
格助詞")
INNER JOIN linkDepBunsetsu t5 ON (modifier.TalkID=t5.TalkID AND modifier.
BunsetsuID=t5.BunsetsuID)
INNER JOIN T_segBunsetsu_Accent modified ON (t5.TalkID=modified.TalkID
AND t5.modifieeBunsetsuID=modified.BunsetsuID
AND modified.OrthographicTranscription NOT LIKE "%<%"
AND modified.OrthographicTranscription NOT LIKE "%>%"
AND modified.OrthographicTranscription NOT LIKE "%(%"
AND modified.OrthographicTranscription NOT LIKE "%)%")
INNER JOIN relLUW2Bunsetsu t6 ON (modified.TalkID=t6.TalkID AND modified.
BunsetsuID=t6.BunsetsuID)
INNER JOIN subsegLUW t7 ON (t6.TalkID=t7.TalkID AND t6.LUWID=t7.LUWID AND
t7.LUWPOS="動詞")
INNER JOIN relLUW2Bunsetsu t8 ON (modified.TalkID=t8.TalkID AND modified.
BunsetsuID=t8.BunsetsuID)
INNER JOIN subsegLUW t9 ON (t8.TalkID=t9.TalkID AND t8.LUWID=t9.LUWID AND
t8.nth=t8.len)
INNER JOIN segAP t10 ON (modifier.TalkID=t10.TalkID AND modifier.StartTime=t10.
```

StartTime)

INNER JOIN segAP t11 ON (modified.TalkID=t11.TalkID AND modified.EndTime=t11.EndTime)

WHERE modifier.EndTime=modified.StartTime

GROUP BY t1.TalkID, modifier.BunsetsuID

ORDER BY t1.TalkID, modifier.BunsetsuID

● T_woV_2(T_woV から dephrasing が生じたデータのみを取得する)

CREATE TABLE T_woV_2 AS

SELECT t1.TalkID TalkID, modifier.BunsetsuID BunsetsuID, modifier.StartTime StartTime, modifier.EndTime EndTime, modifier.OrthographicTranscription OrthographicTranscription, modifier.Bunsetsu_Accent modifier_Bunsetsu_Accent, t1.LUWLemma LUWLemma, t1.LUWPOS LUWPOS, t1.LUWMiscPOSInfo1 LUWMiscPOSInfo1, t4.LUWLemma LUWLemma, t4.LUWMiscPOSInfo1 LUWMiscPOSInfo1, modified.BunsetsuID BunsetsuID, modified.StartTime StartTime, modified.EndTime EndTime, modified.OrthographicTranscription OrthographicTranscription, modified.Bunsetsu_Accent modified_Bunsetsu_Accent, t7.LUWLemma LUWLemma, t7.LUWPOS LUWPOS, t9.LUWLemma LUWLemma, t9.LUWPOS LUWPOS, t9.LUWMiscPOSInfo1 LUWMiscPOSInfo1, t10.APID AP1, t11.APID AP2

FROM subsegLUW t1

INNER JOIN relLUW2Bunsetsu t2 ON (t1.TalkID=t2.TalkID AND t1.LUWID=t2.LUWID AND t2.nth=t2.len-1 AND t1.LUWPOS="名詞")

INNER JOIN T_segBunsetsu_Accent modifier ON (t2.TalkID=modifier.TalkID AND t2.BunsetsuID=modifier.BunsetsuID

AND modifier.OrthographicTranscription NOT LIKE "%という%"

AND modifier.OrthographicTranscription NOT LIKE "%といった%"

AND modifier.OrthographicTranscription NOT LIKE "%ている%"

AND modifier.OrthographicTranscription NOT LIKE "%ていう%"

AND modifier.OrthographicTranscription NOT LIKE "%こういった%"

AND modifier.OrthographicTranscription NOT LIKE "%した%"

AND modifier.OrthographicTranscription NOT LIKE "%のもの%"

AND modifier.OrthographicTranscription NOT LIKE "%ような%"

AND modifier.OrthographicTranscription NOT LIKE "%ないもの%"

AND modifier.OrthographicTranscription NOT LIKE "%みたいな%"

AND modifier.OrthographicTranscription NOT LIKE "%そのもの%"

AND modifier.OrthographicTranscription NOT LIKE "%あるもの%"

AND modifier.OrthographicTranscription NOT LIKE "%たもの%"

AND modifier.OrthographicTranscription NOT LIKE "%した%"

AND modifier.OrthographicTranscription NOT LIKE "%そういう%"

```
AND modifier.OrthographicTranscription NOT LIKE "%こういう%"
AND modifier.OrthographicTranscription NOT LIKE "%いもの%"
AND modifier.OrthographicTranscription NOT LIKE "%なもの%"
AND modifier.OrthographicTranscription NOT LIKE "%てる%"
AND modifier.OrthographicTranscription NOT LIKE "%しいもの%"
AND modifier.OrthographicTranscription NOT LIKE "%<%"
AND modifier.OrthographicTranscription NOT LIKE "%>%"
AND modifier.OrthographicTranscription NOT LIKE "%(%"
AND modifier.OrthographicTranscription NOT LIKE "%)%")
INNER JOIN relLUW2Bunsetsu t3 ON (modifier.TalkID=t3.TalkID AND modifier.
BunsetsuID=t3.BunsetsuID)
INNER JOIN subsegLUW t4 ON (t3.TalkID=t4.TalkID AND t3.LUWID=t4.LUWID AND
t3.nth=t3.len AND t3.nth=t3.len AND t4.LUWLemma="を" AND t4.LUWMiscPOSInfo1="
格助詞")
INNER JOIN linkDepBunsetsu t5 ON (modifier.TalkID=t5.TalkID AND modifier.
BunsetsuID=t5.BunsetsuID)
INNER JOIN T_segBunsetsu_Accent modified ON (t5.TalkID=modified.TalkID
AND t5.modifieeBunsetsuID=modified.BunsetsuID
AND modified.OrthographicTranscription NOT LIKE "%<%"
AND modified.OrthographicTranscription NOT LIKE "%>%"
AND modified.OrthographicTranscription NOT LIKE "%(%"
AND modified.OrthographicTranscription NOT LIKE "%)%")
INNER JOIN relLUW2Bunsetsu t6 ON (modified.TalkID=t6.TalkID AND modified.
BunsetsuID=t6.BunsetsuID)
INNER JOIN subsegLUW t7 ON (t6.TalkID=t7.TalkID AND t6.LUWID=t7.LUWID AND
t7.LUWPOS="動詞")
INNER JOIN relLUW2Bunsetsu t8 ON (modified.TalkID=t8.TalkID AND modified.
BunsetsuID=t8.BunsetsuID)
INNER JOIN subsegLUW t9 ON (t8.TalkID=t9.TalkID AND t8.LUWID=t9.LUWID AND
t8.nth=t8.len)
INNER JOIN segAP t10 ON (modifier.TalkID=t10.TalkID AND modifier.StartTime=t10.
StartTime)
INNER JOIN segAP t11 ON (modified.TalkID=t11.TalkID AND modified.EndTime=t11.
EndTime)
WHERE modifier.EndTime=modified.StartTime AND t10.APID=t11.APID
GROUP BY t1.TalkID, modifier.BunsetsuID
ORDER BY t1.TalkID, modifier.BunsetsuID
```

#「名詞ガ格＋動詞」「名詞ヲ格＋動詞」において，「動詞」が後続する文節に係るものは

226 | 付録3

対象から除外する。
テーブルの再生成：T_gaV(_2)→ L_gaV(_2)，T_woV(_2)→ L_woV(_2)
● L_gaV
CREATE TABLE L_gaV AS
SELECT t1.*
FROM T_gaV t1
WHERE NOT EXISTS (SELECT * FROM linkDepBunsetsu t2 WHERE t1.TalkID=t2.talkid AND
t1."BunsetsuID:1"=t2.bunsetsuID)
ORDER BY t1.TalkID, t1.BunsetsuID

● L_gaV_2
CREATE TABLE L_gaV_2 AS
SELECT t1.*
FROM T_gaV_2 t1
WHERE NOT EXISTS (SELECT * FROM linkDepBunsetsu t2 WHERE t1.TalkID=t2.talkID AND
t1."BunsetsuID:1"=t2.bunsetsuID)
ORDER BY t1.TalkID, t1.BunsetsuID

● L_woV
CREATE TABLE L_woV AS
SELECT t1.*
FROM T_woV t1
WHERE NOT EXISTS (SELECT * FROM linkDepBunsetsu t2 WHERE t1.TalkID=t2.talkID AND
t1."BunsetsuID:1"=t2.bunsetsuID)
ORDER BY t1.TalkID, t1.BunsetsuID

● L_woV_2
CREATE TABLE L_woV_2 AS
SELECT t1.*
FROM T_woV_2 t1
WHERE NOT EXISTS (SELECT * FROM linkDepBunsetsu t2 WHERE t1.TalkID=t2.talkID AND
t1."BunsetsuID:1"=t2.bunsetsuID)
ORDER BY t1.TalkID, t1.BunsetsuID

修飾関係5種類を結合する。各文節のモーラ数を表示する。
● L_Union_FiveType_mora
CREATE TABLE L_Union_FiveType_mora AS
SELECT DISTINCT t1.TalkID TalkID, t1.BunsetsuID BunsetsuID, "AN" FiveType,

t1.modifier_Bunsetsu_Accent||t1.modified_Bunsetsu_Accent AccentPair,
t1.StartTime StartTime, t1.EndTime EndTime, t1.OrthographicTranscription
OrthographicTranscription, t2.len mora_num, t1.modifier_Bunsetsu_Accent
Accent, t1.LUWPOS LUWPOS, t1."BunsetsuID:1" BunsetsuID, t1."StartTime:1"
StartTime, t1."EndTime:1" EndTime, t1."OrthographicTranscription:1"
OrthographicTranscription, t3.len mora_num, t1.modified_Bunsetsu_Accent Accent,
t1."LUWPOS:1" LUWPOS, t1.AP1 AP1, t1.AP2 AP2
FROM T_AN_noNAI t1
INNER JOIN relMora2Bunsetsu t2 ON (t1.TalkID=t2.TalkID AND t1.BunsetsuID=t2.
BunsetsuID)
INNER JOIN relMora2Bunsetsu t3 ON (t1.TalkID=t3.TalkID AND t1."BunsetsuID:1"=t3.
BunsetsuID)
UNION
SELECT DISTINCT t4.TalkID TalkID, t4.BunsetsuID BunsetsuID, "VN" FiveType,
t4.modifier_bunsetsu_accent||t4.modified_bunsetsu_accent AccentPair,
t4.StartTime StartTime, t4.EndTime EndTime, t4.OrthographicTranscription
OrthographicTranscription, t5.len mora_num, t4.modifier_bunsetsu_accent
Accent, t4.LUWPOS LUWPOS, t4."BunsetsuID:1" BunsetsuID, t4."StartTime:1"
StartTime, t4."EndTime:1" EndTime, t4."OrthographicTranscription:1"
OrthographicTranscription, t6.len mora_num, t4.modified_bunsetsu_accent Accent,
t4."LUWPOS:1" LUWPOS, t4.AP1 AP1, t4.AP2 AP2
FROM T_VN t4
INNER JOIN relMora2Bunsetsu t5 ON (t4.TalkID=t5.TalkID AND t4.BunsetsuID=t5.
BunsetsuID)
INNER JOIN relMora2Bunsetsu t6 ON (t4.TalkID=t6.TalkID AND t4."BunsetsuID:1"=t6.
BunsetsuID)
UNION
SELECT DISTINCT t7.talkid TalkID, t7.bunsetsuid BunsetsuID, "NN" FiveType,
t7.modifier_bunsetsu_accent||t7.modified_bunsetsu_accent AccentPair,
t7.StartTime StartTime, t7.EndTime EndTime, t7.OrthographicTranscription
OrthographicTranscription, t8.len mora_num, t7.modifier_bunsetsu_accent
Accent, t7.LUWPOS LUWPOS, t7."BunsetsuID:1" BunsetsuID, t7."StartTime:1"
StartTime, t7."EndTime:1" EndTime, t7."OrthographicTranscription:1"
OrthographicTranscription, t9.len mora_num, t7.modified_bunsetsu_accent Accent,
t7."LUWPOS:2" LUWPOS, t7.AP1 AP1, t7.AP2 AP2
FROM T_NN t7
INNER JOIN relMora2Bunsetsu t8 ON (t7.TalkID=t8.TalkID AND t7.BunsetsuID=t8.
BunsetsuID)
INNER JOIN relMora2Bunsetsu t9 ON (t7.TalkID=t9.TalkID AND t7."BunsetsuID:1"=t9.

228 | 付録3

```
BunsetsuID)
UNION
SELECT DISTINCT t10.TalkID TalkID, t10.BunsetsuID BunsetsuID, "gaV" FiveType,
t10.modifier_Bunsetsu_Accent||t10.modified_Bunsetsu_Accent AccentPair, t10.
StartTime StartTime, t10.EndTime EndTime, t10.OrthographicTranscription
OrthographicTranscription, t11.len mora_num, t10.modifier_Bunsetsu_Accent
Accent, t10.LUWPOS LUWPOS, t10."BunsetsuID:1" BunsetsuID, t10."StartTime:1"
StartTime, t10."EndTime:1" EndTime, t10."OrthographicTranscription:1"
OrthographicTranscription, t12.len mora_num, t10.modified_Bunsetsu_Accent Accent,
t10."LUWPOS:1" LUWPOS, t10.AP1 AP1, t10.AP2 AP2
FROM L_gaV t10
INNER JOIN relMora2Bunsetsu t11 ON (t10.TalkID=t11.TalkID AND t10.BunsetsuID=t11.
BunsetsuID)
INNER JOIN relMora2Bunsetsu t12 ON (t10.TalkID=t12.TalkID AND
t10."BunsetsuID:1"=t12.BunsetsuID)
UNION
SELECT DISTINCT t13.TalkID TalkID, t13.bunsetsuid bunsetsuID, "woV" FiveType,
t13.modifier_Bunsetsu_Accent||t13.modified_Bunsetsu_Accent AccentPair, t13.
StartTime StartTime, t13.EndTime EndTime, t13.OrthographicTranscription
OrthographicTranscription, t14.len mora_num, t13.modifier_Bunsetsu_Accent
Accent, t13.LUWPOS LUWPOS, t13."BunsetsuID:1" BunsetsuID, t13."StartTime:1"
StartTime, t13."EndTime:1" EndTime, t13."OrthographicTranscription:1"
OrthographicTranscription, t15.len mora_num, t13.modified_Bunsetsu_Accent Accent,
t13."LUWPOS:1" LUWPOS, t13.AP1 AP1, t13.AP2 AP2
FROM L_woV t13
INNER JOIN relMora2Bunsetsu t14 ON (t13.TalkID=t14.TalkID AND t13.BunsetsuID=t14.
BunsetsuID)
INNER JOIN relMora2Bunsetsu t15 ON (t13.TalkID=t15.TalkID AND
t13."BunsetsuID:1"=t15.BunsetsuID)
ORDER BY t1.TalkID, t1.BunsetsuID
```

● FiveType_mora_dephrasing(dephrasing が生じたデータ)

```
CREATE TABLE FiveType_mora_dephrasing AS
SELECT DISTINCT t1.TalkID TalkID, t1.BunsetsuID BunsetsuID, "AN"
FiveType, t1.modifier_Bunsetsu_Accent||t1.modified_Bunsetsu_Accent
AccentPair, "YES" dephrasing, t1.StartTime StartTime, t1.EndTime EndTime,
t1.OrthographicTranscription OrthographicTranscription, t2.len mora_num,
t1.modifier_Bunsetsu_Accent Accent, t1.LUWPOS LUWPOS, t1."BunsetsuID:1"
BunsetsuID, t1."StartTime:1" StartTime, t1."EndTime:1" EndTime, t1."Orthogra
```

```
phicTranscription:1" OrthographicTranscription, t3.len mora_num, t1.modified_
Bunsetsu_Accent Accent, t1."LUWPOS:1" LUWPOS, t1.AP1 AP1, t1.AP2 AP2
FROM T_AN_noNAI_2 t1
INNER JOIN relMora2Bunsetsu t2 ON (t1.TalkID=t2.TalkID AND t1.BunsetsuID=t2.
BunsetsuID)
INNER JOIN relMora2Bunsetsu t3 ON (t1.TalkID=t3.TalkID AND t1."BunsetsuID:1"=t3.
BunsetsuID)
UNION
SELECT DISTINCT t4.TalkID TalkID, t4.BunsetsuID BunsetsuID, "VN"
FiveType, t4.modifier_bunsetsu_accent||t4.modified_bunsetsu_accent
AccentPair, "YES" dephrasing, t4.StartTime StartTime, t4.EndTime EndTime,
t4.OrthographicTranscription OrthographicTranscription, t5.len mora_num,
t4.modifier_bunsetsu_accent Accent, t4.LUWPOS LUWPOS, t4."BunsetsuID:1"
BunsetsuID, t4."StartTime:1" StartTime, t4."EndTime:1" EndTime, t4."Orthogra
phicTranscription:1" OrthographicTranscription, t6.len mora_num, t4.modified_
bunsetsu_accent Accent, t4."LUWPOS:1" LUWPOS, t4.AP1 AP1, t4.AP2 AP2
FROM T_VN_2 t4
INNER JOIN relMora2Bunsetsu t5 ON (t4.TalkID=t5.TalkID AND t4.BunsetsuID=t5.
BunsetsuID)
INNER JOIN relMora2Bunsetsu t6 ON (t4.TalkID=t6.TalkID AND t4."BunsetsuID:1"=t6.
BunsetsuID)
UNION
SELECT DISTINCT t7.TalkID TalkID, t7.BunsetsuID BunsetsuID, "NN"
FiveType, t7.modifier_bunsetsu_accent||t7.modified_bunsetsu_accent
AccentPair, "YES" dephrasing, t7.StartTime StartTime, t7.EndTime EndTime,
t7.OrthographicTranscription OrthographicTranscription, t8.len mora_num,
t7.modifier_Bunsetsu_Accent Accent, t7.LUWPOS LUWPOS, t7."BunsetsuID:1"
BunsetsuID, t7."StartTime:1" StartTime, t7."EndTime:1" EndTime, t7."Orthogra
phicTranscription:1" OrthographicTranscription, t9.len mora_num, t7.modified_
Bunsetsu_Accent Accent, t7."LUWPOS:2" LUWPOS, t7.AP1 AP1, t7.AP2 AP2
FROM T_NN_2 t7
INNER JOIN relMora2Bunsetsu t8 ON (t7.TalkID=t8.TalkID AND t7.BunsetsuID=t8.
BunsetsuID)
INNER JOIN relMora2Bunsetsu t9 ON (t7.TalkID=t9.TalkID AND t7."BunsetsuID:1"=t9.
BunsetsuID)
UNION
SELECT DISTINCT t10.TalkID TalkID, t10.BunsetsuID BunsetsuID, "gaV" FiveType,
t10.modifier_Bunsetsu_Accent||t10.modified_Bunsetsu_Accent AccentPair,
"YES" dephrasing, t10.StartTime StartTime, t10.EndTime EndTime, t10.
```

```
OrthographicTranscription OrthographicTranscription, t11.len mora_num, t10.
modifier_Bunsetsu_Accent Accent, t10.LUWPOS LUWPOS, t10."BunsetsuID:1"
BunsetsuID, t10."StartTime:1" StartTime, t10."EndTime:1" EndTime, t10."Orthogra
phicTranscription:1" OrthographicTranscription, t12.len mora_num, t10.modified_
Bunsetsu_Accent Accent, t10."LUWPOS:1" LUWPOS, t10.AP1 AP1, t10.AP2 AP2
FROM L_gaV_2 t10
INNER JOIN relMora2Bunsetsu t11 ON (t10.TalkID=t11.TalkID AND t10.BunsetsuID=t11.
BunsetsuID)
INNER JOIN relMora2Bunsetsu t12 ON (t10.TalkID=t12.TalkID AND
t10."BunsetsuID:1"=t12.BunsetsuID)
UNION
SELECT DISTINCT t13.TalkID TalkID, t13.BunsetsuID BunsetsuID, "woV" FiveType,
t13.modifier_Bunsetsu_Accent||t13.modified_Bunsetsu_Accent AccentPair,
"YES" dephrasing, t13.StartTime StartTime, t13.EndTime EndTime, t13.
OrthographicTranscription OrthographicTranscription, t14.len mora_num, t13.
modifier_Bunsetsu_Accent Accent, t13.LUWPOS LUWPOS, t13."BunsetsuID:1"
BunsetsuID, t13."StartTime:1" StartTime, t13."EndTime:1" EndTime, t13."Orthogra
phicTranscription:1" OrthographicTranscription, t15.len mora_num, t13.modified_
Bunsetsu_Accent Accent, t13."LUWPOS:1" LUWPOS, t13.AP1 AP1, t13.AP2 AP2
FROM L_woV_2 t13
INNER JOIN relMora2Bunsetsu t14 ON (t13.TalkID=t14.TalkID AND t13.BunsetsuID=t14.
BunsetsuID)
INNER JOIN relMora2Bunsetsu t15 ON (t13.TalkID=t15.TalkID AND
t13."BunsetsuID:1"=t15.BunsetsuID)
ORDER BY t1.TalkID, t1.BunsetsuID
```

dephrasing「YES」を除外した残りのデータに dephrasing「NO」を記入する。
● FiveType_mora_non_dephrasing
```
CREATE TABLE FiveType_mora_non_dephrasing AS
SELECT "NO" dephrasing, t1.*
FROM L_Union_FiveType_mora t1
WHERE NOT EXISTS (SELECT * FROM FiveType_mora_dephrasing t2 WHERE t1.TalkID=t2.
talkid AND t1.BunsetsuID=t2.BunsetsuID)
ORDER BY t1.TalkID, t1.BunsetsuID
```

● data_14774(dephrasing「YES」「NO」テーブルを結合する)
```
CREATE TABLE data_14774 AS
SELECT TalkID, BunsetsuID BunsetsuID_1, FiveType, AccentPair, dephrasing,
StartTime StartTime_1, EndTime EndTime_1, OrthographicTranscription
OrthographicTranscription_1, mora_num mora_num_1, Accent Accent_1, LUWPOS
```

```
LUWPOS_1, "BunsetsuID:1" BunsetsuID_2, "StartTime:1" StartTime_2, "EndTime:1"
EndTime_2, "OrthographicTranscription:1" OrthographicTranscription_2, "mora_
num:1" mora_num_2, "Accent:1" Accent_2, "LUWPOS:1" LUWPOS_2, AP1 AP1, AP2 AP2
FROM FiveType_mora_dephrasing
UNION
SELECT TalkID, BunsetsuID BunsetsuID_1, FiveType, AccentPair, dephrasing,
StartTime StartTime_1, EndTime EndTime_1, OrthographicTranscription
OrthographicTranscription_1, mora_num mora_num_1, Accent Accent_1, LUWPOS
LUWPOS_1, "BunsetsuID:1" BunsetsuID_2, "StartTime:1" StartTime_2, "EndTime:1"
EndTime_2, "OrthographicTranscription:1" OrthographicTranscription_2, "mora_
num:1" mora_num_2, "Accent:1" Accent_2, "LUWPOS:1" LUWPOS_2, AP1 AP1, AP2 AP2
FROM FiveType_mora_non_dephrasing
ORDER BY TalkID, BunsetsuID
```

　以上，修飾関係5種類，アクセント型の組み合わせ4種類を検索し，
dephrasing の有無を認定するためのスクリプトを示した。上記の14774 デー
タから，さらに「有核＋有核」を除外し，2文節の合計モーラ数を限定する
など，分析の目的に合わせて必要なデータを抽出するが，詳細なスクリプト
は割愛する。

謝　辞

　本書は，筆者が 2015 年 7 月に一橋大学大学院言語社会研究科に提出した博士学位請求論文を基にしたものです。博士論文を無事に提出し，本書が刊行されるまで，終始暖かいご指導と激励をいただいた前川喜久雄先生に心より感謝申し上げます。

　筆者が本研究の重要性を感じ興味を持つようになったのは，前川喜久雄先生がお書きになった『言語の科学 2　音声　第 1 章　音声学』（岩波書店）を読んでからです。当時，一橋大学大学院の修士課程に入学する前の研究生でしたので，進学後博士課程までこのテーマを持って前川喜久雄先生のもとで研究できたことは，相当の幸運であったと思います。

　第 4 章で行った修飾関係及び統語機能を要因とした研究に関して，庵功雄先生から貴重なご助言をいただき，また関連文献を紹介していただきました。修士課程から博士課程 3 年生までの 5 年間，毎週ゼミで文法の偉大さを実感いたしました。文法に疎い私にも議論できる機会をいただき，本研究で統語的な観点を取り入れることができました。深く感謝いたします。

　山崎誠先生には常に暖かい激励とご支援をいただきました。感謝申し上げます。『日本語話し言葉コーパス』の利用については小磯花絵先生からも技術的なご助言をいただきました。感謝いたします。音声実験にご協力いただいた一橋大学の学生の皆様，ありがとうございました。

　また，韓国外国語大学大学院修士課程の在学中に修士論文をご指導いただいた韓国外国語大学の権景愛先生，音声学の研究にあたっての貴重なご助言をいただいた建國大学の閔光準先生，帰国後暖かく迎えていただいた仁川大学の黃美玉先生，曺紗玉先生，李健相先生，朴晋熯先生にこの場を借りてお礼を申し上げます。

　最後に，いつも心の支えになってくれた家族に感謝の意を表します。

2017 年 3 月　全 美 炷

[報告]

本書にまとめた研究成果の一部は以下の論文に報告されています。

全美炷 (2014)「『日本語話し言葉コーパス』を用いた dephrasing 生起要因の分析―修飾関係及びモーラ数の効果―」『音声研究』18 (3)，pp. 1–13.

全美炷 (2015)「東京方言における dephrasing の生起要因―統語機能，モーラ数及び発話速度による影響―」『言語社会』9，pp. 34–48.

全美炷 (2016)「CSJ を用いた発話速度及び話者の年齢による dephrasing 生起の分析」『一橋日本語教育研究』4，pp. 31–39.

全美炷 (2016)「東京方言の統語境界における dephrasing 生起の分析」『日語日文學研究』96 (1)，pp. 173–188.

なお，本書の刊行にあたっては韓国外国語大学日本研究所より出版助成をいただきました。

索 引

A 〜 Z

accent reduction rule 88
accent sandhi 10
Accentual Phrase: AP 3, 6
Akaike's Information Criterion（AIC） 127, 133, 170, 172, 178, 181, 182, 187

compression of minimal minor phrases 10
contrastive focus 105
CSJ-RDB 22

dephrasing 10
downstep 17

foot 6

GLM 39, 99, 103
GLMM 39, 40, 46, 48, 50, 51, 67–69, 76, 79, 80, 101, 103, 128, 133, 139, 146, 148, 156, 163–166, 176, 177, 180–182, 188, 189

identificational focus 105
information focus 105

micro prosody 28
minor phonological phrase incorporation 10
minor phrase 35
minor phrase boundary deletion rules 10
minor phrase formation 10

narrow focus 105
Nasal Assimilation（NA） 32

operator focus 105

Praat 28, 96
presentational focus 105

R2 173

s-Voicing（SV） 33

wide focus 105

■あ行

R 言語 40, 99, 127, 171
IP 境界 6, 31–34, 49, 91, 115, 153
頭高型 3
アノテーション 20, 22, 24, 28, 48, 95, 96
あらたまった発話 164, 165
イタリア語 31, 51
一元配置分散分析 157, 162
一般化線形混合モデル（Generalized Liner Mixed Model: GLMM） 39, 45, 47, 67, 69, 75, 100, 128, 139, 156, 163, 176, 189
一般化線形モデル（Generalized Liner Model: GLM） 39, 99
イントネーション 1, 2, 28, 71, 108, 110, 129, 131
イントネーションの中心（intonation center） 108, 109
韻律研究用付加情報（アノテーション） 22
韻律単位 2, 6, 9, 23, 36
AP 境界 6, 28, 34, 49, 54, 56, 87–90, 115, 120, 137, 140, 153, 185

枝分かれ構造 112
尾高型 19
オッズ 39
音節数 34

■か行

階層構造 1, 6
格助詞 24, 72–77, 80, 101, 186, 189
下降アクセント 4, 86
鹿児島 159
過剰適合 (Overfitting) 170
カタセシス (catathesis) 17
韓国語 31, 51
義務的要素 59, 62, 73, 78
強調ストレス 142
ギリシャ語 31, 51
くだけた発話 154, 164, 166
Kruskal-Wallis 検定 66, 68, 75, 98, 100, 122, 123, 125, 138, 145, 155
glm 関数 99, 127, 171
glmer 関数 40
京阪語 130
言語使用域 (registers) 151
限定的連体 61
語彙アクセント 16, 18, 95, 96, 102, 185
語順 142
固定効果 39, 40, 45, 47, 48, 50, 51, 67, 69, 75, 76, 79, 80, 100, 101, 128, 139, 146, 148, 156, 163, 165, 166, 176, 180, 188
語頭無声破裂音 34
Gorgia Toscana 規則 (GT) 32

■さ行

最大対数尤度 170
最適モデル 133, 170, 171, 176, 178, 180, 184, 187–189
サウンドスペクトログラム 28, 137
札幌 159
実際のアクセント 18, 24, 95, 96, 185
実際のアクセント核 185

自発性 21
自由度調整済決定係数 (R2) 173
準アクセント 130, 131
上位階層 6
焦点 58, 61, 107
情報付加連体 61
新情報 106
真部分集合 60
随意的要素 59, 60, 62, 72, 73, 78, 80, 81
stepAIC 関数 127, 171
ストレス 108
スペイン語 31, 51
正規分布 66
正答率 39, 40, 46, 48, 50, 51, 68, 70, 76, 79, 80, 99, 101, 103, 129, 133, 139, 148, 156, 164–166, 176, 177, 180–182, 184, 188
接頭辞 12
説明変数 39, 40, 45, 47, 66, 67, 69, 75, 76, 98–100, 103, 122, 123, 125, 127, 133, 138, 139, 145, 155, 156, 163, 170–172, 176, 178, 180–182, 184, 188, 189
潜在的焦点位置 59, 60, 72, 78

■た行

対数オッズ 39
多義性 1
多重比較 66, 68, 75, 98, 100, 122, 123, 125, 155, 157
WH 句 106
定量分析 13, 36, 51, 58, 94, 129
t 検定 161
統計モデルの逸脱度 (deviance) 170
統語構造 9
統語的フォーカス 61, 71, 79–81, 131, 186, 190
倒置構造 140, 148, 187
倒置要素 148, 149

■な行

中高型 19

ヌルモデル 39, 40, 46, 48, 50, 51, 68, 70, 76, 79, 80, 99, 101, 103, 129, 133, 139, 148, 157, 164–166, 177, 181, 188

■は行

発話速度の差 159, 164, 166, 187

発話の即興性 154

パラ言語 1

パラメータ 39, 40, 45, 46, 48, 67, 69, 76, 99, 101, 128, 139, 156, 163, 170, 176, 177

パラメータ推定 128

パラメータ推定値 76, 180

パラメータ数 170

破裂音 28

左枝分かれ構造 8, 112–114

必須補語 53, 73, 74, 78, 169, 186, 190

ピッチレンジのリセット 8, 153

非流暢性現象 63

非流暢性タグ 153

非流暢性要素 63

副次補語 53, 73, 74, 78, 81, 169, 186, 190

部分集合 71, 105

分節音 11

分裂構造 107

閉鎖区間 11

平板アクセント 71, 130

ポーズ 11, 21, 63, 153, 155

■ま行

右枝分かれ構造 8, 112–114

無声化 4

無声破裂音 4, 31, 32

無標 59

名詞修飾節 56

目的変数 39, 40, 45–48, 66–69, 75, 76, 99–101, 122, 123, 125, 127, 128, 138, 139, 145, 155, 156, 163, 171, 176, 178, 180

文字列（string）の長さ 31, 33

モデル選択 170, 171, 176, 178, 182

■ら行

ランダム効果 39, 40, 45–48, 50, 51, 67, 69, 75, 76, 79, 80, 100, 101, 128, 133, 139, 146, 148, 156, 163, 165, 166, 176, 180–182, 188

ロジット 39

■わ行

y ハット 40

［著者］

全　美炷（じょん・みじゅ）

一橋大学大学院博士後期課程単位取得満期退学。博士（学術）。
現在，韓国外国語大学非常勤講師，仁川大学非常勤講師。
専門は音声学（日本語，韓国語）。
おもな論文に，
「『日本語話し言葉コーパス』を用いた dephrasing 生起要因の分析
―修飾関係及びモーラ数の効果―」　　　　（『音声研究』18(3), 2014）
「東京方言における dephrasing の生起要因―統語機能，モーラ数及び
発話速度による影響―」　　　　　　　　　（『言語社会』9, 2015）
「CSJ を用いた発話速度及び話者の年齢による dephrasing 生起の分
析」　　　　　　　　　　　　　（『一橋日本語教育研究』4, 2016）
「東京方言の統語境界における dephrasing 生起の分析」
　　　　　　　　　　　　　　　（『日語日文學研究』96(1), 2016）
などがある。

東京語におけるアクセント句の形成
―実験及びコーパスによる dephrasing の分析―

2017 年 10 月 22 日　　初版第 1 刷発行

著　者　　全　美炷

発行人　　岡野秀夫

発行所　　株式会社　くろしお出版

　　　　　〒 113-0033　東京都文京区本郷 3-21-10
　　　　　TEL: 03-5684-3389　FAX: 03-5684-4762
　　　　　URL: http://www.9640.jp　e-mail: kurosio@9640.jp

印刷所　　株式会社　三秀舎

装　丁　　大坪佳正

© Jeon Miju 2017　Printed in Japan
ISBN 978-4-87424-739-6　C3081
乱丁・落丁はおとりかえいたします。本書の無断転載・複製を禁じます。